Daniel Rosenblatt

W0054104

ZWISCHEN MÄNNERN

Gestalttherapie und Homosexualität

Herausgegeben von Anke und Erhard Doubrawa
Aus dem Amerikanischen und mit einem Vorwort
von Thomas Bliesener

Peter Hammer Verlag
Eine Edition des Gestalt-Instituts Köln/
GIK Bildungswerkstatt

Die Deutsche Bibliothek --- CIP-Einheitsaufnahme

Rosenblatt, Daniel:
Zwischen Männern : Gestalttherapie und Homosexualität / Daniel
Rosenblatt. Mit einem Vorw. von Thomas Bliesener. Hrsg. von Anke
und Erhard Doubrawa. Aus dem Amerikan. von Thomas Bliesener. -
Erstveröff. - Wuppertal : Hammer, 1998
    (Eine Edition des Gestalt-Instituts Köln/GIK Bildungswerkstatt)
    ISBN 3-87294-790-7

© Daniel Rosenblatt 1998
© für die deutschsprachige Ausgabe
Peter Hammer Verlag GmbH, Wuppertal 1998
Alle Rechte ausdrücklich vorbehalten.
Herausgegeben von Anke und Erhard Doubrawa.
Umschlaggestaltung: Magdalene Krumbeck
Satz: GIK, Köln
Druck: GRAFO, S.A., Bilbao
Printed in Spain

Inhalt

5

Geleitwort der Herausgeber

Während Psychoanalyse und Psychiatrie jahrzehntelang von Perversion sprachen und im „besten" Falle Beihilfe zur Anpassung boten, distanzierten sich Fritz und Lore Perls – die Begründer der Gestalttherapie – von dieser herkömmlichen Betrachtung sexueller Vorlieben. Sie orientierten sich bei der Wahl ihrer Mitarbeiter, Gefährten und Freunde nicht an deren sexuellen Neigungen, sondern an ihren persönlichen Qualitäten – so sehr, daß Gestalttherapie zeitweilig als pro-schwul verschrien war.

Lore Perls betonte gerne, daß Gestalttherapie keine Anpassungstherapie sei, doch insgesamt hat die gestalttherapeutische Theorie das Thema Homosexualität mehr als 40 Jahre lang übergangen.

Nun erscheint endlich ein Buch zu diesem wichtigen Thema. Der Autor, der amerikanische Gestalttherapeut Dan Rosenblatt, Schüler und enger Vertrauter von Lore Perls, erzählt in seinem sehr persönlichen und lebendigen Buch über seine Erfahrungen aus mehr als 30 Jahrens gestalttherapeutischer Arbeit mit schwulen Männern, in der Einzeltherapie und in der Gruppentherapie. Großzügig – und keineswegs selbstverständlich - gibt er dabei auch Einblick in seine eigenen inneren Prozesse als Therapeut.

Seit vielen Jahren schon dürfen wir seine Großzügigkeit erfahren. Dan war unser Therapeut und Lehrer. Er leitete zahlreiche Gestalttherapie-Workshops in unserem Institut und war Trainer im Rahmen unserer Gestalttherapie-Ausbildungsgruppen. Darüber hinaus hat er unsere Institutsarbeit wohlwollend als Freund und Ratgeber unterstützt und begleitet.

Aus dieser Zusammenarbeit sind bereits drei weitere GIK-Veröffentlichungen entstanden, auf die wir an dieser Stelle gerne hinweisen möchten: Es sind zwei Bücher: *Gestalttherapie für Einsteiger. Eine Anleitung zur Selbst-Entdeckung* (1) und *Der Weg zur Gestalttherapie. Lore Perls im Gespräch mit Daniel Rosenblatt* (2). Und schließlich eine Audio-Cassette: *Bin ich meines Bruders Hüter? Gestalttherapie mit Aids-Patienten* (3).

7

Jetzt, wo Dan sich von seiner aktiven Gruppenleitertätigkeit zurückzieht, wünschen wir seinem neuen Buch, daß es seine Arbeit in der breiten Öffentlichkeit fortsetzt.

Und Dir, lieber Dan, wünschen wir alles Liebe und Gute. Wir sind froh und dankbar, daß wir Dich kennen.

Köln, im März 1998
Anke und Erhard Doubrawa, Herausgeber
Gestalt-Institut Köln / GIK Bildungswerkstatt

Vorwort
„Plus ça change, plus c'est la même." (1)

Wie viel hat sich doch verändert in der schwulen Lebenswelt seit den Tagen, in denen sich aus den Nebeln der Nachkriegszeit die Galaxis der Gestalttherapie kondensierte und sich Dan Rosenblatt dazu entschloß, als einer der ersten offen schwulen Therapeuten eine Gestaltgruppe mit schwulen Männern zu starten. Wie viel von dem, was Dan aus jener Zeit erzählt, erscheint uns heute beinahe fremd, zumal dem deutschen Leser: Amerika ist trotz unserer raschen Übernahme modischer Trends ein weitgehend unbekanntes Land, New York gar ist eine Welt für sich, und die fünfziger und sechziger Jahre sind uns sogar im eigenen Land schon wieder so weit entschwunden, daß sich schwule Historikergruppen an die Arbeit einer aktiver Wiederaneignung dieser Epoche machen und dazu Zeitzeugen befragen und Dokumente sammeln und ausstellen, z.b. in *Hundert Jahre Schwulenbewegung* (2), über die wir heute staunen.

Staunen kann man auch über Zusammenhänge, die Dan Rosenblatt mit leichter Hand und großer Selbstverständlichkeit nachzeichnet, z.b. wie sich in den persönlichen Haltungen von Fritz und Lore Perls eine Linie vom kosmopolitischen und schwulenfreundlichen Berlin der zwanziger und frühen dreißiger Jahre hinüber in die auch sexuell antikonventionelle Boheme des New York der vierziger Jahre zieht. Staunen kann man auch darüber, wer wen kannte und wer mit wem wie zusammenhing; die zahlreichen Fußnoten geben indirekt Ausdruck davon. Überrascht sein kann man auch bei einigen Themen, mit denen sich Dan Rosenblatt auseinandersetzt, welche Haltungen er dabei einnimmt und welches Vokabular er verwendet. An Liebesbeziehungen zwischen Männern bewußt die Perspektive und die Bezeichnung der „Ehe" heranzutragen klingt doch ungewöhnlich – jedenfalls so, wie es Dan tut, nämlich jenseits der gegenwärtigen Diskussionen um rechtliche Gleichstellung schwuler Partnerschaften, sondern mit Blick auf die menschlichen Qualitäten einer Beziehung. Existenzielle Bindungen zwischen Männern in unseren neunziger Jahren der Love Parades, one-nightstands und Zwei-Wochen-Beziehungen, Sexparties in jeder Farbe des Regenbogens, Highlife und Fun ohne Ende? Ist das nicht ein Relikt von „damals"?

Die nächste Überraschung, die zumindest ich bei der Beschäftigung mit Dans Texten erlebte, ist ihre Kraft, mich anzurühren.

9

Nach wenigen Absätzen verfliegt der Eindruck, es handele sich hier um zeitgeschichtliche Darstellungen und stattdessen werde ich neugierig, gespannt, mitfühlend. Ich erlebe – vor allem in den vier Fallgeschichten – das Schleppende und Feurige, das Traurige und das Freudige in den Prozessen mit, als fänden sie gerade eben statt. Was damals und dort geschah, fühlt sich an und belebt sich beim Lesen zu etwas, das hier und heute weiterlebt, das mich selber betrifft und mit dem ich mich auf einen Prozeß des Nachdenkens und Nachspürens auch bei mir selber einlassen kann. Dans therapeutische Arbeit im schwulen New York der fünfziger bis achtziger Jahre erscheint jetzt wie ein *ferner Spiegel* (3) unseres Hier und Jetzt.

Aber womöglich ist sie noch viel mehr. Sie ist durch ihre spezifische Qualität, *Türen zu öffnen* (4) und den einzelnen Menschen beim Ausgang aus seiner selbstgemachten Verschließung und Behinderung zu unterstützen, so daß er mit ganzem Herzen und ganzem Leib mit anderen Menschen in Kontakt kommen kann, geradezu ein Modell der Gemeinschaftsbildung und speziell von schwuler „community work". Denn für niemanden mehr als für schwule Männer ist die Neuschaffung von authentischer Gemeinschaft die zentrale Herausforderung ihres Lebens.

Männer, die vor allem andere Männer sexuell anziehend finden und lieben, können in den heterosexuell verfaßten Gesellschaften unseres Planeten nur dadurch ihrer Orientierung genügend Entfaltungsmöglichkeit einräumen, daß sie sich innerlich und oft auch materiell und räumlich aus der Normalität ihrer Herkunft, ihrer Familie und ihres ersten Freundeskreises lösen und auswandern. Nicht umsonst sind New York genau wie Berlin oder Köln Zufluchtsorte für hunderttausende schwuler Exilanten. Aber Coming-out und Emigration sind Leistungen, die nur jedes Individuum für sich alleine erbringt, und sie führen zunächst nur aus Bindungen heraus, noch nicht in neue hinein. Wie aber kommt der Emigrant zu einer neuen Heimat, wie gelingt ihm nach dem Coming-out auch ein Coming-home?

Die kommerzielle Massenkultur für Schwule bietet an, diesen Mangel durch den Konsum von Attributen zu beheben. Unmittelbar nach erfolgreichem Coming-out kann mann sich auf der anderen Seite der mittlerweile verdoppelten Welt einrichten und ausrüsten: im schwulen Restaurant speisen, beim schwulen Reisebüro buchen, den schwulen Klassik-Sampler kaufen, an Karneval zur Rosa-Sitzung gehen, den Regenschirm in den Regenbogenfarben aufspannen, die Socken mit den schwulen Ralph-König-Motiven anziehen und dabei einen Spendenanteil an den schwulen Sozialfonds abführen. Und trotzdem bleibt ihm die Aufgabe, sich als schwuler Mann individuell und persönlich weiterzuentwickeln und mit anderen wahre Freundschaften und innige Partnerschaften einzugehen, ja, eine ganze Wahlfamilie oder, wie man im Französischen noch schöner sagt, eine „Familie des Herzens" zu schaffen, ungelöst. Erst ein Ansatz wie *Gestalt*, der immer schon mehr meinte als partielle Therapie, sondern das ganze Leben lebendig gestalten will, nimmt sich der Aufgabe der Gemeinschaftsbildung konstruktiv an.

Die schwule Gestaltgruppe, die Dan Rosenblatt mehr als fünfundzwanzig Jahre lang anbot, war sicher vor allem ein Raum zum Üben für persönliches Wachstum und für Kontakte außerhalb der Therapie, aber auch ein Ferment für die umgebende schwule Szene von New York, ja sogar in sich selber bereits eine Form von sozialer Gemeinschaft, von einer Herzensfamilie, wie sie ihresgleichen sucht. So gesehen ist sie auch – oder gerade – für die heutige Zeit modellhaft. Sicher wird man sie nicht einfach imitieren können oder gar ein schwules „Modellprojekt" der Gründung zwanzig ähnlicher Gestaltgruppen durchführen können. Aber vorbildhaft sein können Dans Ansatz, Haltung und Geist, seine spezielle Verbindung der eigenen Emanzipation als *schwuler Therapeut* (5) mit den Anliegen vieler Schicksalsgenossen, seine radikale Authentizität und sein ganzherziger Einsatz für sich entfaltende Menschlichkeit. Davon etwas mitzuerleben und weiterzuführen, möge auch dieses Buch in Gang bringen.Manchmal habe ich mich gefragt, aus welcher Quelle Dan wohl seine Kräfte schöpft. Vielleicht gibt die folgende Begebenheit keine Antwort darauf, aber sie benennt das Phänomen, ja das Wesen von Gestalttherapie, auf überraschende Weise:

Beim letzten Gestaltworkshop, den Dan in Köln anbot, stellte er die Eingangsfrage: „Wenn ich ein Magier wäre, welche Wünsche hättet ihr gerne von mir erfüllt?" Auf diesen Satz nahm ich zum Schluß Bezug und sagte: „Dan, ich hab' dich diese Woche hindurch so offen, nah, einfach und klar erlebt, du bist wirklich kein Magier, sondern einfach zutiefst menschlich." Daraufhin erwiderte Dan lächelnd: „Vergiß nicht, es gibt auch eine weiße Magie."

Köln, im März 1998

Thomas Bliesener

11

1. Eine Gestaltgruppe mit schwulen Männern

Wie lange schon ist Gruppentherapie eine Methode der Gestalttherapie? Fast, jedoch nicht ganz, von Anfang an. Als nämlich Ende der vierziger Jahre Paul Goodman in Zusammenarbeit mit Fritz Perls die erste Fassung von *Gestalt Therapy* (1) schrieb, da gab es noch keine gestalttherapeutischen Gruppen. Allerdings bildete sich gleich nach dem Erscheinen des Buchs 1950 eine Gruppe um Fritz und Laura Perls, zu der Isadore From, Elliot Shapiro, Paul Weisz, Buck Eastman und auch Paul Goodman gehörten. Sie trafen sich zur Diskussion von Theorie und Therapie, und allmählich wurde daraus eine Theorie-Therapie-Ausbildungs-und Supervisions-Gruppe. Sie entwickelte sich in bester organismischer Gestalttradition informell, ohne große Planungen und Kerncurriculum, sondern als eine Möglichkeit für alle Interessierten, sich zu treffen und herauszufinden, was ihnen gerade wichtig war. In der Zwischenzeit hatte Moreno seine Arbeit über Psychodrama begonnen, und Fritz, der nützlichen Anleihen nie abgeneigt war, übernahm daraus einige Elemente, insbesondere die Technik des Rollenspiels.

Eine ähnlich luftige und anarchische Angelegenheit war übrigens auch die Gründung des *New Yorker Instituts für Gestalttherapie* (2). Ich meine dies gar nicht abwertend, sondern will damit nur betonen, wie sehr diese frühen Entwicklungen dem Augenblick und den Umständen folgten. Eine offizielle Anmeldung beim Staat New York erfolgte erst über zehn Jahre später, als ich für kurze Zeit die Geschäftsführung innehatte, während Laura die Position der ständigen stellvertretenden Leiterin einnahm. Fritz hatte zu jener Zeit New York verlassen und kam nur noch gelegentlich vorbei, um alte Bekannte wiederzusehen, Gruppen zu veranstalten und Erklärungen abzugeben.

Von Beginn an wurde in Gestalttherapie die Ausbildung ohne akademische Formen betrieben. Damit unterschied sie sich sehr von den üblichen Therapieausbildungen. Theorie, Ausbildung und Technik wurden in der Gruppe diskutiert. Aussagen der Teilnehmer zufolge hämmerten bei diesen frühen Gruppentreffen die Mitglieder aufeinander ein, wie Stoehr in seinem Buch über *Ursprünge der Gestalttherapie* ausführt (3). Dies wurde allmählich zu einer der Grundlagen des berühmten harten, zeitweilig brutalen Therapiestils von Fritz. Manche Klienten haben deswegen Gestaltgruppen gemieden, andere wiederum haben sie deshalb gesucht. Unterdessen entwickelte Laura einen sanfteren und unterstützenderen Therapiestil, wobei auch sie nötigenfalls scharfe Töne an den Tag legen konnte. In dieser Frühzeit der Gestalttherapie war die Trennung zwischen Ausbilder, Ausbildungsteilnehmer, Klient und Therapeut unscharf. Die ersten Gruppenmitglieder waren noch ganz damit beschäftigt, eine neue Basis für therapeutischen Wandel zu schaffen. Erst allmählich ging aus alldem das Gefüge der Gruppentherapie hervor, das heute bei Gestalttherapeuten in aller Welt gängig ist.

Ich leitete mehr als fünfundzwanzig Jahre lang eine gestalttherapeutische Gruppe mit schwulen Männern. Meines Wissens war dies die erste Therapiegruppe, die sich den Belangen schwuler Männer widmete. Wir fingen mehrere Jahre vor dem Aufstand in der *Stonewall-Bar* im New Yorker Greenwich Village (4) an. Zu dieser Zeit fanden das die Männer und ich ein wenig gewagt und neuartig. Allerdings hielten wir uns nicht für kämpferische Vorreiter an der vordersten Front schwuler Politik. Unschuldig wähnte ich mich jedoch auch nicht. Als ich mit der Gruppe anfing, konnte ich auf eine Reihe persönlicher Erfahrungen zurückgreifen, die mir Unterstützung gaben und die ich im folgenden beschreiben möchte. Diese Elemente in meinem Hintergrund erlaubten es mir, bei meinem Unternehmen guten Mutes zu sein.

Meine wichtigste Erfahrung war die Teilnahme an einer gestalttherapeutischen Gruppe von Laura Perls Anfang der sechziger Jahre. Bereits zuvor, 1947–1950, war ich bei Laura in Einzeltherapie gewesen, bis ich nach Harvard ging, um zu promovieren. Als ich 1956 nach New York zurückkehrte, begab ich mich für zweieinhalb Jahre in Psychoanalyse. Ich hatte fünfmal in der Woche eine Sitzung morgens um acht. Diese Analyse wurde kein Erfolg. Mein Analytiker schloß gerade seine eigene Lehranalyse ab und arbeitete mit einer sehr traditionellen Technik, er sagte nämlich praktisch nichts. Ich konterte damit, daß ich ihm jeden Morgen vier bis fünf Träume vorstellte, und wenn ich damit fertig war, sie zu erzählen, war die Stunde herum. Der nächste Morgen war wieder genauso gefüllt, und so kamen wir nie dazu, meine Träume zu analysieren. Nach über sechshundert Analysestunden verloren er und ich die Geduld. An einem Morgen schlief er ein, an einem anderen hatte er einen Notfall zu versorgen, ließ mich aber nicht wissen, daß die Stunde ausfiele. Ich fand seine Praxis leer vor und saß fünfzig Minuten herum, bis die Sitzung beendet war. Diesen Vorfall nahm ich denn zum Anlaß, ihm Vorwürfe zu machen und die Therapie abzubrechen. Er fühlte sich schuldig, verletzt und verärgert. Wir gingen in Unfrieden auseinander. Danach beschloß ich, wieder zu Laura zu gehen und an ihrer Gruppe teilzunehmen.

Als ich mich dazu entschloß, eine Gruppe zu leiten, war Gruppentherapie noch ziemlich neu. Fritz und Laura Perls und Paul Goodman hatten Anfang der fünfziger Jahre mit dem Experiment begonnen, Therapie mit Klienten im Rahmen einer Gruppe durchzuführen. Sie wurden dazu wohl durch Morenos Arbeiten mit dem Psychodrama angeregt. Die Perls' und Moreno waren als emigrierte Therapeuten in New York miteinander bekannt, und Fritz erkannte oft sehr schnell den Wert neuer Techniken, um sie sogleich in seinen eigenen Ansatz miteinzubeziehen. Dabei benutzte er die Gruppe vor allem als Hintergrund, vor dem er eine Einzelarbeit durchführte. Dadurch bekamen die anderen Gruppenmitglieder die Rolle von Zuschauern in einer Art von „Chor". Seine Beziehung zur Gruppe blieb außen vor, seine Aufmerksamkeit galt dem einzelnen Klienten, der Person auf dem „heißen Stuhl". Laura Perls und Paul Goodmann dagegen achteten mehr auf die Gruppe als Ganzes, auf die Kontakte zwischen den Gruppenmitgliedern und zwischen diesen und dem Leiter. Um diese Stilunterschiede noch deutlicher zu machen: Fritz hatte mehr Einfluß in einer begrenzten Zweier-Beziehung, Laura und Paul ließen sich mehr in einen Prozeß mit dem System aller Gruppenmitglieder ein. Natürlich arbeiteten auch Laura und Paul gelegentlich mit einem einzelnen Gruppenmitglied, währenddessen die anderen nur Zuschauer waren, aber dies war nur eine ihrer Möglichkeiten, wogegen es für Fritz praktisch die einzige Methode war.

Ich habe aus einer Reihe von Gründen den Stil von Laura und Paul übernommen. Vor allem war ich überzeugt, daß der Rahmen, den ich als „offenes System" bezeichnen möchte, mehr Interaktionsmöglichkeiten bereithält, als die Methode von Fritz, die ein geschlossenes System mit größeren Einschränkungen ist. In Fritz' geschlossenem System liegt die Quelle von Weisheit und Geschick im großen Therapeuten, beim offenen System dagegen liegen die Ressourcen in der ganzen Gruppe. Das ist so ähnlich, wie eine Gruppe von Geschworenen vielleicht nicht so bewandert ist wie ein einzelner Rechtsanwalt, jedoch der Gerechtigkeit mit mehr Zuverlässigkeit dient. Dabei geht es in Therapiegruppen natürlich nicht um Wahrheit und Gerechtigkeit, sondern darum, daß Menschen lernen, für ihre Lebenswünsche mehr Engagement aufzubringen und Verantwortung zu übernehmen.

Ich habe mich bei diesen Grundfragen der Gruppenarbeit so lange aufgehalten, weil mir die Entscheidung, selber eine Gruppe zu leiten, nicht leicht fiel. Als junger Therapeut hatte ich Angst vor jeder Begegnung mit einem Klienten in einer Einzelsitzung. Ich zweifelte, ob ich den vielen Bedürfnissen eines Klienten gewachsen wäre. Bei Gruppen mit ihren komplexen Vorgängen fand ich dies sogar noch bedrohlicher. Ausführliche Literatur über Gruppentherapie gab es nicht, und allgemein war die Angst groß, die Klienten könnten sich gegen den Therapeuten verbünden. Viele meiner Kollegen haben die Leitung von Gruppen wegen dieser Angst vor dem Versagen und wegen ihrer unzureichenden Ausbildung einfach abgelehnt. Ich fühlte mich jedoch durch eine Reihe von Umständen ermutigt, eine Gruppe anzubieten.

Der wichtigste Faktor war sicher meine Teilnahme an einer Gruppe, die Paul und Laura Mitte der sechziger Jahre leiteten. Laura war als Gruppenleiterin sehr entspannt, warmherzig und ermutigend. Scharf, direkt, gar schneidend war sie nur dann, wenn sie dies für unerläßlich hielt. Sie fand Retroflexionen sehr wichtig und achtete viel auf die Körperpanzerungen eines Klienten. Gestaltexperimente verwendete sie in freier und schöpferischer Weise. Ihre Gruppenmethoden waren vor allem die folgenden: zum einen verwendete sie die Runde so, daß der Klient ein Gruppenmitglied nach dem anderen ansprechen mußte; zum anderen ließ sie in einem Rollenspiel andere als wichtige Personen seines Lebens auftreten, um dann das Eingehen von Risiken bei ihnen auszuprobieren. Auch Laura verlangte, daß die Gruppenmitglieder für ihre Handlungen die Verantwortung übernahmen. Ich war zwei Jahre bei Laura in einer Gruppe, und dabei bekam ich nicht nur selber Therapie, sondern lernte auch als teilnehmender Beobachter, wie man Gruppentherapie machen kann.

Danach war ich für zwei oder drei Jahre in einer Gruppe von Isadore From, die sich auf theoretische Fragen konzentrierte. Bei unseren Bemühungen, Perls, Hefferline und Goodman zu verstehen, kamen viele Verwirrungen und Widerstände an die Oberfläche, mit denen Isadore in therapeutischer Weise umging. Seine Gaben lagen im Lehren wie im Fördern gleichermaßen.

Außer meinem gestalttherapeutischen Hintergrund hatte ich noch andere persönliche Quellen, aus denen ich für meine Gruppenarbeit schöpfen konnte.

Die persönlichste Quelle für meine Gruppenarbeit war das Leben in meiner Herkunftsfamilie. Meine Eltern stammten beide aus dem Teil Polens, den die Russen besetzt hatten. Meine Großeltern lebten nicht im Ghetto, sondern waren Bauern und durften eigenes Land besitzen. Begegnet sind sich meine Eltern in Kanada, dort war auch ihre Hochzeit, und dort kam auch meine älteste Schwester zur Welt. Später zogen sie in die Vereinigten Staaten und wohnten lange Zeit in Michigan. Ich habe zwei ältere Schwestern und noch einen Zwillingsbruder. Mein Vater hing keinem Glauben an und war Sozialist, so daß unser Haus weder orthodox noch konservativ war. Meine Mutter briet uns liebevoll Schweineschinken, aß jedoch als Kompromiß selber nichts mit. Den Haushalt führte sie nicht koscher, und wir wuchsen frei von religiösen Ritualen und Synagogenbesuchen auf. Unter uns vier Kindern herrschte ein unkompliziertes Geben und Nehmen, nur manchmal Rivalität und Kampf, aber alles im Rahmen einer größeren Zusammengehörigkeit und eines starken Familienbewußtseins. Unsere Eltern erwarteten, daß wir ihnen gehorchten, aber sie hatten auch für andere Ansichten Gehör. Wir wurden als Individuen angenommen und fühlten uns geliebt, wenn dies auch bisweilen im Stil der besitzergreifenden jüdischen Mutter geschah und uns dann wie eine Last erschien. Gelegentlich klagten wir über erlebtes Unrecht und hegten darüber Groll, aber erst sehr viel später sah ich, wie viel Glück wir hatten mit unserem Anteil an Lasten und Druck ohne all die Kämpfe, die sonst so viele Kinder durchmachen müssen. Auch als Erwachsene hielten wir vier Geschwister engen Kontakt und trauerten zusammen, als wir unsere Eltern verloren hatten. Ich fand in dieser Familie einen guten Boden, um zu lernen, wie man den Kontakt zu einem anderen Menschen hegen kann und Wege finden kann, einander zu verzeihen und sich um einander zu kümmern. Ich möchte hier kein Idealbild malen; wir hatten Kämpfe miteinander, fühlten uns verletzt, betrogen und mißverstanden. Aber in einem größeren Bild waren wir ein enges Familienganzes mit starken und innigen Bindungen untereinander.

Eine wichtige andere Quelle waren meine Erfahrungen als Lehrer. Ich habe in verschiedenen Zusammenhängen als Schullehrer gearbeitet. Ein Jahr lang war ich an der Hessian Hills Schule, einem fortschrittlichen Modell einer Internatsschule, tätig. Der Leiter stand dem Ansatz von *John Dewey* (5) nahe, und die Gründerin, Elisabeth Moos, hatte bei Dewey studiert und war seine persönliche Schülerin. Übrigens war auch Paul Goodman von Dewey beeinflußt, und so fügte es sich besonders glücklich, daß ich bei Laura Perls in Einzeltherapie und gleichzeitig als Lehrer an einer fortschrittlichen Schule tätig war. Da die Schüler zusammenwohnten, hatten wir Lehrer mit allen Themen von Kindern zu tun: Lernen, Aggression, Sexualität, Beziehungen mit vernachlässigenden oder mißbrauchenden Eltern, Kämpfe mit Autoritäten. Außerdem tauchten diese Themen auch im Umgang zwischen den Lehrern und im Kontakt mit den Eltern wieder auf. Das war schon eine heftige Mischung, und dann kamen auch noch politische Fragen dazu, denn ein Teil der Eltern standen der Sowjetunion und der Kommunistischen Partei nahe und hatten bei der Wahl 1948 Henry Wallace und seine Progressive Party unterstützt, ein anderer Teil waren die unbeliebten Liberalen mit guten Beziehungen zur Arbeitswelt und zur Demokratischen Partei. Da wir am Beginn des Kalten Krieges standen, führten die politischen Auseinandersetzungen zu einer Spaltung der Elternschaft und zur Auflösung der Schule. Dennoch: Für mich war dies eine Gelegenheit, die Beziehungen in einem komplexen System zu studieren: Lehrer, Angestellte, Schüler, Eltern, Beiräte; dabei alle mit ihren jeweiligen Themen: Politik, Gesellschaft, Sexualität, Moral und Geld. Das alles hatte Ähnlichkeit mit dem englischen Schulversuch Summerhill, wenn es auch vielleicht ein bißchen traditioneller und nicht ganz so exzentrisch war.

Bei einer anderen Schule in der Nachfolge von John Dewey, dem Bank Street College, habe ich ebenfalls einmal gearbeitet. Ihr Bemühen galt besonders der Verbindung der Theorie des kindlichen Erfahrungsprozesses mit der Praxis des Unterrichts und der Forschung.

Außerdem habe ich Psychologie am Brooklyn College unterrichtet. Dabei wollte ich nicht nur Vorträge halten, sondern Diskussionen fördern und die Schüler für eine größere Aufgabe als bloß das Nachplappern des Lehrers und das Bestehen der Prüfungen gewinnen. Allerdings hat das Kollegium dieses tradionell akademischen Ortes meine Bemühungen nicht immer sehr geschätzt.

Eine weitere Quelle waren meine Erfahrungen bei Dwight Macdonald und seiner ersten Frau Nancy Rodman. Dwight hatte anfänglich für Henry Luce und sein *Fortune Magazine* (6) gearbeitet, sich dann aber Anfang der dreißiger Jahre bei den Vorbereitungen für einen Bericht über *US Steel* (7) radikalisiert. Durch seine Recherchen und Interviews waren ihm die wirtschaftlichen und politischen Exzesse kapitalistischer Großunternehmen bewußt geworden, und er wurde Trotzkist. Als ich ihn später kennenlernte, war er auch damit unzufrieden und inzwischen Anarchist und Herausgeber des *politics magazine* (8) geworden, für das ihm die Stiftung seiner Frau Nancy das Geld gab. In der Zeit dazwischen waren er Herausgeber und Nancy Geschäftsführerin von *Partisan Review* (9) gewesen, hatten jedoch ihre Ämter niedergelegt, als die Redaktionskonferenz Roosevelts Forderung nach bedingungsloser Kapitulation und den Abwurf der Atombomben auf Hiroshima und Nagasaki befürwortete. Da Dwight und Nancy dies kurzsichtig, unmenschlich und brutal fanden, gründeten sie mit politics magazine ihre eigene Zeitschrift. Trotzki soll einmal gesagt haben: „Jeder Mensch hat das Recht, sich zum Narren zu machen, aber Dwight Macdonald übertreibt es damit".

Das Politics Magazine hatte ich zu lesen begonnen, als ich noch Student an der Wayne State University war und nebenher als dritter Sekretär von Walter Reuther jobte, dem Vorsitzenden der *United Automobile Workers* und späteren Vorstand der gesamten Industriearbeiter-Vereinigung *CIO* (10). Als einmal Dwight Macdonald über Walter Reuther schrieb, er hätte einen Mordanschlag überstanden und sich daraufhin einen Leibwächter zugelegt, schrieb ich ihm einen Brief und widersprach ihm. Aber als ich die Sache genauer untersuchte, entdeckte ich, daß er doch recht hatte und im fernen New York besser informiert war als ich in Detroit als Mitarbeiter von Reuther. Bei einem späteren Urlaub in New York rief ich Dwight an, und er begegnete mir freundlich und offen. Er und seine Frau Nancy waren der Mittelpunkt eines lebhaften Kreises New Yorker Literaten, Linksintellektueller und Anarchisten, und durch sie lernte ich Paul Goodman, Harald Rosenberg, Lionel Abel, Mary McCarthy, Hannah Arendt und Fritz und Laura Perls kennen. Bei Dwight übernahm ich einen Teilzeitjob, hauptsächlich das Ausschneiden und Archivieren von Artikeln der New York Times. Dabei lernte ich ihn und Nancy näher kennen. Obwohl Dwight in Yale studiert hatte und Nancy aus einer Familie kam, die ihren Stammbaum bis vor die Unabhängigkeitserklärung zurückverfolgen konnte, beeindruckten sie mich sehr durch ihre Aufrichtigkeit, Bescheidenheit, Offenheit und den Versuch, ihr Leben nach anarchistischen und sozialistischen Ideen zu gestalten. Ihre ernsthaften Bemühungen, den marxistischen Leitsatz „jedem nach seinen Bedürfnissen" zu verwirklichen, beeinflußten sehr stark die Art, in der ich später mit den Bedürfnissen einzelner Gruppenmitglieder umging. Daß Herkunft und soziale Klasse für sie keine Kriterien waren, fand ich sehr bedeutsam. Ich fühlte mich nicht dafür geschätzt, wo ich herkam, sondern für das, was ich war. Dieser anarchistische Hintergrund bei der Gründern der Gestalttherapie (Fritz und Laura Perls, Paul Goodman und Isadore From) und das Vorbild von Dwights und Nancys Lebensstil prägten sehr meine sozialen Einstellungen, und eine gestalttherapeutische Gruppe ist nur einer der Orte, an denen ich mich nach diesen Grundsätzen zu handeln bemühe. Darin liegt auch einer der Gründe, warum ich Lauras offenen Stil der Gruppenleitung anziehender fand: weil er dem anarchistischen Ideal näherkommt.

Ich möchte noch zwei andere Quellen meiner Arbeit mit gestalttherapeutischen Gruppen nennen. Beide sind mit Cambridge, Massachusetts verbunden.

Im Hauptstudium belegte ich einen Lektürekurs bei George Homans, einem Bostoner mit direkter Abstammung aus der Familie Adams, dessen Mutter die Lieblingsnichte von Henry Adams war. Anfangs hatte sich Homans für das Leben in englischen Dörfern im Mittelalter interessiert, wurde dann aber durch die Zusammenarbeit mit Henderson zum Spezialisten in Kleingruppenarbeit, zunächst in der Industrie, danach überhaupt. In einer Untersuchung über informelle Strukturen von Kleingruppen arbeitete er heraus, wie Macht durch den Prozeß der Gruppe eingeschränkt wird. Gruppen finden ihre eigene Ordnung und Balance. Diese Untersuchungen und Theorien paßten wunderbar zu meinen Ansichten über die Kraft der Interaktionen zwischen den Gruppenmitgliedern.

Ich belegte außerdem einen Kurs in Gruppendynamik bei Henry Riecken, der von Kurt Lewin, dem vor den Nazis emigrierten Gestaltpsychologen, sehr beeinflußt war. Riecken unternahm zahlreiche Studien zu Entstehung, Aktivitäten und Verlauf von Gruppen. Er war ein begabter Lehrer, freundlicher Mensch und Gegner von „Stuß", wie er mit amerikanischer Direktheit sagte. Aus seinem Werk übernahm ich weitere Vorstellungen über das Wesen von Gruppen.

Um mein Studium weiterzufinanzieren, arbeitete ich für die Studienberatung der Harvard Universität. Seinerzeit wurde Psychotherapie für Studenten in Not noch nicht offiziell angeboten, jedoch unter der Hand ermöglicht. Als ich mich bei Laura Perls mit meiner eigenen Therapieerfahrung vorstellte, wurde ich ausgesprochen offenherzig empfangen. Viele waren Schüler von Rogers und interessierten sich sehr für jemanden, der nicht psychoanalytisch arbeibeitete, aber doch ein breiteres Methodenarsenal für die Arbeit mit Studenten mitbrachte als es die begrenzte Roger'sche Sichtweise erlaubte. Deshalb räumten sie mir ein großes Feld zum Experimentieren mit Therapie für Studenten ein.

Danach war ich als Psychologe in der Psychiatrie der Universitätsklinik von Harvard, dem McLean Hospital, tätig. Alfred Stanton, der zusammen mit Morris Schwarz *The Mental Hospital* (11) verfaßt hatte, war gerade auf dem Sprung zum neuen Klinikleiter. Er wollte bei Klienten und bei Mitarbeitern Kleingruppenarbeit einführen und beauftragte mich, seinem Assistenten Paul Howard informell dieses Konzept nahezubringen. Howard war als Mensch wunderbar. Er hatte allerdings eine Ausbildung als Psychoanalytiker und meinte zunächst, eine Gruppe gäbe es überhaupt nicht, sondern sie sei eine reine Abstraktion. Als Psychiater könne er keine Gruppe behandeln, sondern nur Individuen in ihrer individuellen Welt. Meinen Erklärungen über das Wesen von Gruppen stand er jedoch sehr aufgeschlossen gegenüber, und trotz seines Hintergrunds ging er auf den Gruppenprozeß mit einer wunderbaren Feinfühligkeit ein.

Mit Howards Segen hatten zwei junge Klientinnen, Sylvia Plath und Sue Anderson, begonnen, so etwas wie eine Klienten-Mitverwaltung nach dem Vorbild der Bostoner Psychiatrie aufzubauen, und ich war begeistert, daß ich mit Unterstützung der Klinik diesen Prozeß für meine Doktorarbeit untersuchen durfte.

So schien alles genau zusammenzupassen. Das einzige Problem dabei war meine Homosexualität. Diese war öffentlich ganz unannehmbar für das Department of Social Relations an der Harvard Universität, für das McLean Hospital, für das Bank Street College of Education, für das Brooklyn College. Einzig die Künstler und Anarchisten akzeptierten sie. In jeder Institution lebte ich wie hinter verschlossenen Türen, versteckt, verstellt und unter dem Druck der Entlassung, falls meine sexuellen Neigungen an die Öffentlichkeit kämen. Ich schämte mich, fühlte mich gedemütigt und schwor mir, wenn ich je als Psychotherapeut arbeiten würde, dann nur von vornherein offen über meine sexuelle Orientierung, und ohne je einen Klienten wegen der seinen zu verletzen. Diese Überzeugungen und Vorsätze gaben letztlich den Ausschlag bei meiner Entscheidung, unter meiner Leitung eine Gruppe für schwule Männer anzubieten.

Schwule Männer wurden in den sechziger Jahren von den meisten Therapeuten als krank, abstoßend und umerziehungsbedürftig betrachtet; ihre Suche nach männlichen Partnern sollte durch die Suche nach Frauen ersetzt werden. Erst in den siebziger Jahren nahm der amerikanische Psychiaterverband Homosexualität aus dem Diagnoseschlüssel für Krankheiten heraus. Ich selber habe bei Therapeuten, die ich darum auch nur kurz konsultierte, mildere Formen dieses Vorurteils erlebt. Horrorgeschichten hörte ich jedoch von meinen Klienten über manche ihrer früheren Therapeuten. Einige waren sogar sogenannter Aversionstherapie unterzogen worden: sie mußten sich Bilder nackter Männer ansehen und bekamen dazu dann Elektroschocks verpaßt. Und eine lesbische Frau erzählte mir noch im August 1997, daß ihr ein Therapeut auf den Kopf zugesagt hätte, ohne Ehemann und Kinder könne sie niemals glücklich werden; sie war in Tränen ausgebrochen, aus der Sitzung gelaufen und nie wieder zurückgekehrt. Ich könnte die Variationen zu diesem Thema beliebig vermehren.

Meine Entscheidung war also klar: Ich wollte als Therapeut mit einer anderen Grundhaltung arbeiten. Ich wollte Verständnis und Unterstützung für jedwede sexuelle Orientierung anbieten, zu der sich ein Indididuum entschlossen hatte. Zu meiner Überraschung entdeckte ich jedoch, daß auch ich meine Vorurteile hatte und daß ich in meiner eigenen Therapie daran arbeiten mußte. Vor allem gegenüber Transvestiten, Transsexuellen und Praktikern des Sadomasochismus hatte ich keine besonders positive Einstellung. Ich weiß noch, wie mich Isadore dazu aufforderte, meine negativen Gefühle gegenüber Männern mit starken weiblichen Anteilen genauer zu untersuchen. Dieser Hinweis hat mich sehr weitergebracht.

In meiner Einzelpraxis waren vielleicht 20 bis 25 Prozent der Klienten schwul. Bei den Gruppen, die ich anbot, war es so ähnlich; ich bot nämlich vier Gruppen in der Woche an, von Montag bis Donnerstag, und eine davon war die schwule Gruppe, während in den anderen nur mal ein einzelner schwuler Mann oder eine lesbische Frau teilnahmen. Alle Gruppenteilnehmer wußten, daß ihr Therapeut schwul ist, und so war es ziemlich unwahrscheinlich, daß die schwulen Klienten in den gemischten Gruppen auf Vorurteile gestoßen wären. Ich selber erlebte in dieser Hinsicht auch nur sehr wenig, genau so wie mir nur selten antisemitische Vorurteile entgegengebracht wurden. Ich kann mich an eine Frau erinnern, die nur noch ein Auge hatte, krebskrank war und früher lesbische Beziehungen unterhielt, und die mir im Erstgespräch voll Abscheu mitteilte, mit einem schwulen Therapeuten würde sie niemals arbeiten. In einem anderen Fall betitelte mich eine junge Frau mit

Schwierigkeiten im Liebesleben und voller Ärger auf Männer als einen „Schwanzlutscher". Als einmal ein europäischer Kollege mich mit derselben Bezeichnung provozieren wollte, fragte ich einfach zurück, ob er etwas dagegen hätte, wenn seine Frau diese Praktik bei ihm täte. Schließlich fällt mir noch eine Frau ein, die bei der ersten Sitzung beleidigend über *Schwuchteln* redete. Ich sagte, daß sie besser wissen sollte, soeben mit einem schwulen Therapeuten zu sprechen. Daraufhin wechselte sie sofort das Lager und erzählte, eine Tante, die zur feinen New Yorker Gesellschaft gehörte und lesbisch sei, wäre ihre Lieblingstante. Weitere Beispiele, in denen ich mit Vorurteilen konfrontiert wurde, fallen mir nicht ein. Natürlich weiß ich nicht, was hinter meinem Rücken geredet wurde; aber was man mir nicht ins Gesicht sagt, erlaube ich mir zu ignorieren.

Meine erste eigene Gruppe begann 1965. Ich wohnte in der Madison Avenue bei der 54th Street, einen Sprung weit vom St. Regis Hotel, gegenüber der New Yorker Frauenvereinigung, mit einem Coffeeshop an der Straßenkreuzung. Im Erdgeschoß meines Backsteinhauses, einem der letzten, die in diesem Abschnitt der Madison Avenue noch stehen geblieben waren, hatte mein Hauswirt ein Hamburgerrestaurant. Die oberste Etage mit einer großen, dabei preisgebundenen Wohnung, gehörte mir ganz allein. Ich arbeitete wie Laura lieber bei mir zu Hause. Mir gefiel es einfach besser, keine Fahrten zu einer Praxis machen zu müssen, keine zweite Miete zu zahlen zu haben, und meine Klienten sehen zu lassen, wie ich wohnte, anstatt so eine geheimnisvolle und ferne Figur zu sein, wie sie mein früherer Analytiker war. Zu Beginn meiner Gruppe hatte ich keine zwölf Stühle, und so setzten wir uns auf Kissen auf den Boden. Unsere Sitzungen sollten normalerweise zwei Stunden dauern, aber wenn sich etwas besonderes ereignete, blieben wir drei oder vier Stunden zusammen. Ich war ja noch jung, Mitte dreißig, und meine Klienten waren Mitte bis Ende zwanzig.

Ich erklärte meiner Gruppe, daß jeder die Freiheit habe, zu sagen und zu tun was ihm beliebt, er müsse jedoch für seine Worte und Taten die Verantwortung übernehmen. Ich sagte, daß auch ich frei sei, zu tun und zu sagen was ich wolle. Darüberhinaus nannte ich meine Grenzen, nämlich daß kein Blut fließen und keine Knochen gebrochen werden dürften. Wir lebten in der Zeit der Encountergruppen, und manche Gruppenleiter ließen Verletzungen zu. Ich erlaubte zwar Kämpfe, Armdrücken, Ringen und ähnliche Formen körperlicher Aggression, aber ich machte stets klar, daß ich keine

23

Verletzungen wollte, und wenn ich die Gefahr dazu sah, rief ich laut „Ok, das reicht, stop!". Das genügte, um die Kämpfenden zu einem Ende zu bewegen. Ich sagte auch, daß ich Sex zwischen Teilnehmern während der Gruppensitzung nicht gut fände, und daß bei Sex zwischen ihnen außerhalb der Sitzung jeder das Recht hätte, darüber zu diskutieren.

Die meisten Männer in meiner Gruppe hatten einen Hochschulabschluß und Berufe wie Arzt, Psychiater, Rechtsanwalt, Psychologe, Sozialarbeiter, Lehrer. Einige waren Künstler, Schauspieler, Reiseberater, Werbeleute, Journalisten; einer begann eine Laufbahn bei der Bank, ein anderer als Spendenwerber. Ein Frisör war lange zu ängstlich, sich frei auszusprechen, aber als er einmal damit angefangen hatte, ging es ihm wie dem Zauberlehrling, und er konnte sich kaum wieder bremsen. Auch ein Playboy und ein Callboy waren dabei. Zeitweilig waren ein oder zwei Gruppenmitglieder ohne Arbeit, nachdem sie gezeigt hatten, daß sie schwul sind und sich für Männer interessieren. Im ganzen bestand die Gruppe aus schönen, gebildeten, liberalen Männern der Mittelschicht, die entschlossen waren, mit ihrer Homosexualität und anderen Themen besser zurechtzukommen. Ich lachte manchmal und sagte, ich hätte keine unattraktiven Mitglieder, oder falls doch, so würden sie als Ergebnis der Gruppenarbeit attraktiv werden. Zum Teil stimmte das sogar, denn wenn Menschen freier und mehr mit sich selber im Einklang leben, strahlen ihre Gesichter diesen Frieden aus. In den ganzen siebenundzwanzig Jahren der Gruppe war nur ein Mitglied alkoholkrank, keines drogenabhängig, prostituiert oder langzeitarbeitslos. Nur ein Mitglied war schwarz und nur zwei waren Latinos. Ganz selten nur sah ich Lesben, wahrscheinlich weil sie lieber zu Frauen in Therapie gingen. Zum größten Teil hatte die schwule Gruppe eine ungewöhnlich privilegierte Stellung im Leben und konnte, wenn man von den Verheerungen durch Aids absieht, blühen und gedeihen.

Die Moral der Gruppe war außerordentlich. Das war sicher dadurch mitbedingt, daß der Therapeut offen schwul und unterstützend war und damit einen anderen Weg als den üblichen beschritt. Die Mitglieder fühlten sich dabei als etwas besonderes, im Vergleich zu anderen begünstigt; eine Art von Elite. Hier wurden sie nicht wie in den etablierten Therapien angeprangert, für pervers erklärt, ausgestoßen oder als Schwuchteln abgetan. Sie hatten ein Gefühl des Angenommenseins, gaben sich dies auch bald gegenseitig und entwickelten eine eigene Form von kameradschaftlichem Umgang. Ich will nicht sagen, es hätte in der Gruppe keine Konflikte gegeben, aber vorherrschend war das Grundgefühl, gemeinsam etwas Besonderes in einem einmaligen Experiment zu sein.

Während der Gruppensitzungen saßen die Mitglieder oft nah beieinander, hielten sich bei den Händen und streichelten sich gelegentlich. Es herrschte ein Gefühl von Wärme und Freiheit. Mir lag daran, daß sich die Mitglieder ohne Scham und Schuld wegen ihrer sexuellen Gefühle einbringen konnten. Die Männer waren dankbar, daß sie einen Therapeuten hatten, dessen Haltung zu Homosexualität unmißverständlich war. Es gab eine große Erleichterung und Aufregung darüber, daß sie nicht wegen ihrer sexuellen Neigungen als Bürger zweiter Klasse oder Vorzeigeschwule behandelt wurden. Ein Mitglied zögerte sehr, in der Gruppe mitzumachen, und beschloß, mit einem nach dem andern in alphabetischer Reihenfolge, unbesehen seiner Attraktivität, ins Bett zu gehen. Er kam mit seinen Verführungskünsten bis zum dritten oder vierten, begann dann aber die Gruppe selbst zu schätzen und stellte sein Vorhaben ein. Von diesen Vorgängen im Verborgenen erfuhr ich allerdings erst Jahre später.

Die Gesten der Nähe, die Berührungen und Umarmungen waren nicht Ausdruck von Liebesbeziehungen, sondern einfach der Freude und des Stolzes, daß dies unter Männern nun kein Tabu mehr war. Die Gruppe ging bald sehr entspannt damit um. Allerdings hatten einzelne Mitglieder weiterhin große Scheu vor solchen Kontakten. Sie vermieden ängstlich, anderen körperlich oder gefühlsmäßig nahe zu kommen. Zum Beispiel setzten sie sich lieber auf einen Stuhl als auf das Sofa, wo andere vielleicht zu dicht herankommen könnten. Ich respektierte ihre Grenzen gegenüber Berührungen und Berührtwerden mit großer Gewissenhaftigkeit. Nur wenn es sich ergab und für den einzelnen in Ordnung war, stellte ich ihre Haltung in Frage, aber selbst dann ging ich langsam, vorsichtig und in kleinen Schritten vor, damit der Klient keine Angst bekäme, sondern im Kontakt bleiben konnte.

Das Gefühl, daß wir etwas Besonderes waren, hatte zwei Gesichter. Auf der einen Seite war es etwas Besonderes, daß wir als Schwule, als Ausgestoßene, nun eine eigene Gesellschaft miteinander bildeten und innerhalb ihrer die gleichen Themen behandelten wie Heteros, nämlich Probleme bei der Arbeit, mit Vorgesetzten, Eltern, Geschwistern und in Beziehungen; Veränderungen in den sexuellen Wünschen und Fragen der Sexualität selbst. Wir freuten uns, diese Fragen ohne eine Abqualifizierung als typisch schwul frei besprechen zu können. Auf der anderen Seite galt aber auch genau das Gegenteil: Die Gruppe sonnte sich im Ruhm ihrer Einmaligkeit. Sie war eben keine normale Gruppe der Heterowelt. Wir überschritten die Konventionen und waren auf unsere Ungewöhnlichkeit stolz. Beides stimmte also zugleich: Die Feier des Normalen, Alltäglichen, Prosaischen, und die Feier der einmaligen Konstellation und der unvergleichlichen Qualitäten dieser Gruppe. Wir hatten das beste aus zwei Welten in einer: Marie-Antoinette als Königin von Frankreich, und Marie-Antoinette in der Rolle des Milchmädchens im *Petit Trianon* (12). Was könnte das Leben noch besseres geben? Dreißig Jahre sind seit Gründung der Gruppe vergangen, und noch heute bekomme ich von früheren Mitgliedern zu hören, was für eine wichtige und starke Erfahrung dies damals war und woran sie sich noch heute genau erinnern. Dabei haben natürlich im Laufe der Jahre die Mitglieder gewechselt. Es sind Mythen entstanden: „Oh wie wunderbar war es, als die Gruppe begann", „Oh wie wunderbar war es, als die Gruppe zusammenwuchs", „Oh wie wunderbar war die Gruppe, als Rosenblatt noch auf der Madison Avenue wohnte", „Oh wie wunderbar war es vor der Reagan-Ära", „Oh wie anders war es vor Aids". Jede Generation von Gruppenmitgliedern erfindet ihr eigenes Goldenes Zeitalter. Ich als Leiter höre mir diese Vertraulichkeit und diese Begrenztheit der Perspektive mit Vergnügen an. Manchmal wollen sie, daß ich einstimme und sage, welche Phase der Gruppe die beste war. Aber ich antworte nur, wie es gute Eltern täten, daß ich keiner den Vorzug gäbe. Und wenn ich die Geschichte der Gruppe im ganzen betrachte, freue ich mich tatsächlich über ihre verschiedenen Stadien. Nur bei einer fällt es mir wirklich schwer, mich zu freuen: ihrem Todeskampf in der Ära von Aids. Aber darauf komme ich noch zurück.

Manchmal erlebte ich statt hoher Gruppenmoral und Zuneigung auch das Gegenteil. Zum Beispiel war einmal ein Mitglied mit ganz ungewöhnlicher Aggression gegen die anderen Männer dabei. Mit sicherem Gespür fand er die schwächste Stelle eines andern und griff ihn dann bösartig an. Dabei waren seine Wahrnehmungen oft zutreffend und genau. Aber sein Ziel bestand nicht in hilfreicher Unterstützung, sondern in treffsicherer Verletzung. Ich erinnerte ihn daran, daß der Zweck der Gruppe Therapie sei und nicht Zielschießen. Das hörte und verstand er zwar, beachtete es aber kaum. Ich sagte ihm, solange er sein Gift nicht besser bei sich behalten könne, bliebe er der Gruppe besser fern. Er fuhr mit seinen ätzenden Kommentaren fort. Schließlich sagte ich ihm, er würde besser darüber nachdenken, was er in dieser Gruppe eigentlich täte, und schickte ich ihn für sechs Wochen nach Hause. Nach vier Wochen kam er wieder und war in der Lage, seine Kommentare so zu formulieren, daß sie für andere weniger einen Angriff als vielmehr ein Angebot darstellten. Ich war davon sehr beeindruckt. Allerdings spürte ich, daß er untergründig den alten Ärger weiterhegte, und wollte mit ihm deshalb in Einzelsitzungen an seinem Bedürfnis, andere zu verletzen, weiterarbeiten. Als Gruppenleiter hatte ich meine Entscheidung getroffen, um die Gruppe zu schützen. Wohl hatte ich seinen Haß als Mittel verstanden, um frühere eigene Verletzungen anderen zurückzuzahlen, aber ich war der Ansicht, daß ich seine Angriffe auf andere Menschen nicht zulassen könne. Wenn ich mich hier so ausgiebig mit ihm beschäftige, dann deswegen, weil er meinen Glauben an die guten und heilenden Kräfte einer Gruppe sehr auf die Probe stellte. Ich war wenig glücklich darüber, mich in der Rolle des Ordnungshüters wiederzufinden, statt die Gruppe ihre eigene Lösung finden zu lassen. Aber hätte ich ihn mit seinem zerstörerischen Werk fortfahren lassen, so hätte ich es damit gebilligt. Kindern in Summerhill oder in Bettelheims Orthogenic School hätte man diesen Raum vielleicht gewährt, aber dann hätte es sich um Kinder und noch dazu schwer gestörte gehandelt. Er jedoch war ein Erwachsener, der genau wußte, was er bewirkte, und dies auch noch gut fand. Ich hatte körperliche Gewalt gegen Klienten untersagt; verbale Gewalt hätte ich genau so wenig entschuldigen können.

In einer anderen Gruppe kam ich in eine ähnliche Situation. Dieses Mal war es eine kluge und wortgewandte Frau, die die anderen Frauen systematisch angriff. Jetzt traf ich die Entscheidung, sie gewähren zu lassen. Dabei war ich mit mir nicht ganz im reinen, doch ich wollte erleben, wie die Gruppe mit dieser Bedrohung umgehen würde. Ergebnis war, daß mehrere Mitglieder gingen und die Gruppe beinahe zerstört wurde. Die labileren Gruppenmitglieder wollten nicht dableiben und mit solch einem schrecklichen Gegner kämpfen. Die anderen blieben und wogen ab zwischen dem Kontakt mit einem Tiger und innerem Rückzug.

Die meisten Mitglieder der schwulen Gruppe empfanden sich als Seelenverwandte bei der Suche nach Heilung und Trost. Ihre gegenseitige Unterstützung war eine mächtige Energie, die ich mit

Freude mitansehen konnte, ohne sie selber spenden zu müssen. Ich will es präziser sagen: Als Gruppenleiter und Rollenvorbild wollte ich die Mitglieder dann unterstützen oder konfrontieren, wenn sie es brauchten, und im günstigen Falle erleben, wie sie sich wechselseitig konfrontierten. Dabei sollten Unterstützung wie Konfrontation nie bloß aus sentimentaler Liebe oder aus Spaß an der Auseinandersetzung erfolgen, sondern für den Klienten immer einen spezifischen therapeutischen Wert haben.

Nach den Gruppentreffen gingen viele Klienten noch in eine irische Kneipe um die Ecke, um etwas zu essen, zu trinken und ihr eigenes Nachtreffen zu haben. In den sechziger Jahren waren die Aura von Vertraulichkeit und Anonymität um Therapie herum noch so groß, daß es Konservative von mir mutig fanden, wie ich meine Klienten miteinander Kontakte haben ließ, ohne selber dabeizusein und für sie dasein zu können. Solche Vorbehalte gegen ein „Fraternisieren" von Klienten hatten meines Wissens Paul Goodman und Laura Perls nie gehabt, allerdings war die Frage der Vertraulichkeit auch für mich ein offenes Thema. Ich bat meine Klienten, keine Inhalte aus der Gruppenarbeit mit ihren Freunden zu besprechen, auch wenn ich wußte, daß es doch passieren würde. Ich sah ein Dilemma: Was in der Gruppe vor sich ging, sollte eine besondere Erfahrung sein, aber daß Klienten gerade solche wichtigen Erfahrungen ihres Lebens vor anderen zurückhielten, wäre doch sehr unnatürlich gewesen. Mein Kompromißversuch bestand darin, sie zur Achtung der Vertraulichkeit anzuhalten, während ich wußte, daß sie sich nicht daran halten würden und ich sie dafür auch nicht belangen konnte. Hin und wieder beschwerte sich ein Klient, die Gruppe diskutierte darüber und schlug sich schließlich auf die Seite der Vertraulichkeit, aber ich ahnte, daß dies nicht lange vorhalten würde.

Tratsch wurde vom Gestaltansatz mißbilligt. Erzählen gegenüber Dritten galt als Vermeidung einer direkten Konfrontation mit dem Beteiligten. Allerdings pflegten alle Gestalttherapeuten, die ich kannte, mich selber eingeschlossen, gelegentlich über Dritte zu reden. Es wäre ein Lippenbekenntnis, wenn ich dagegen zu Felde zöge. Genau wie beim Thema Vertraulichkeit würde daraus Doppelbödigkeit erwachsen. Also bemühte ich mich einerseits, nichts Verletzendes zu sagen, andererseits aber auch ehrlich zu zeigen, wie wir sind.

Als sich die Gruppe weit genug entwickelt hatte, richtete ich einmal im Monat eine Sitzung ohne mich ein. Die Mitglieder trafen sich reihum in der Wohnung eines andern. Über diese privaten Treffen erfuhr ich wenig, nur manchmal indirekt durch Diskussionen in einer Sitzung mit mir. Ich bemühte mich auch nicht, genaueres herauszufinden. Manchmal hatten diese Gruppentreffen wohl Mühe, in Gang zu kommen, manchmal sollen sie großartig und hilfreich gewesen sein, manchmal sei es nur um Sex gegangen, weil sich einige in meiner Gegenwart zu gehemmt dazu fühlten. Mit gefiel ihre Begeisterung über diese leiterlosen Treffen. Natürlich wurde die Leiterrolle von verschiedenen Gruppenmitgliedern eingenommen. Ich wollte ja auch, daß Klienten entdeckten, daß sie selber leiten und helfen konnten, und daß die Rolle des Therapeuten und der Therapie etwas von ihrem Mythos verlor. Gemäß dem alten marxistischen Glauben hoffte ich mitzuerleben, wie sich der Staat auflöst und sich zuletzt die anarchistischen Haltungen durchsetzen. Außerdem, muß ich offen gestehen, freute ich mich auch auf einen freien Abend. Nicht alle waren über die leiterlosen Gruppenabende glücklich. Einige wollten den Therapeuten immer dabeihaben, um sich sicherer zu fühlen, andere, weil der Prozeß ohne mich weniger Wert wäre, wieder andere vermißten Anleitung und Unterstützung durch mich. Es kam auch mal vor, daß eine leiterlose Sitzung entgleiste. Dann wurde dies in eine reguläre Sitzung eingebracht: Mitglieder seien weggeblieben, etwas Wertvolles sei nicht zustande gekommen, einige Mitglieder hätten das Treffen in eine Party umfunktioniert. Darüber wurde dann ausgiebig diskutiert, und jeder konnte seine Ansichten darlegen. Am Ende des Diskussion sah die Gruppe dem nächsten leiterlosen Treffen gewöhnlich mit neuer Energie entgegen. Leiterlose Treffen funktionierten erst dann nicht mehr, als die Aids-Ära anbrach und die Gruppe zuende ging.

Vor über 2.500 Jahren hatten die Athener eine energiegeladene Form von Theater aus den bis dahin üblichen Ritualen der Bockopferung hervorgebracht. Die Tragödie (von gr. *tragos ode = Bocksgesang*) wurde zum Grundmuster der Religionsausübung der Städter. Bei der Darbietung mehrerer tragischer Stücke schob man komische Einlagen dazwischen. Für beides, Tragödien wie Komödien, setzten die Schauspieler Masken auf, so daß der Wechsel ihrer Identitäten augenfällig wurde. Zu den Vorgängen im Spiel gab eine besondere Gruppe von Mitgliedern der Gemeinde, der Chor, seine Kommentare ab. Die Handlung nahm häufig Bezug auf die Ereignisse im Leben der Stadt. Durch die packende Darstellung wurden die Zuschauer zu Erschrecken oder tiefem Mitgefühl bewegt, und als Ergebnis dessen erlebten sie eine gründliche innere Klärung. Sie verließen den Theaterplatz gereinigt und erfrischt.

Ich erinnere hier deshalb an das griechische Drama, weil es so viel von dem enthält, was auch in meinen Therapiegruppen über die Jahre hinweg geschah: Ein paar Bewohner der Stadt New York, die sonst nichts miteinander zu tun haben, treffen sich einmal die Woche zwei Stunden lang in meinen Räumen zur Improvisation eines Dramas, dessen Stoff aus ihren akuten Bedürfnissen besteht. New York ist eine Stadt der Fremden, und man sagt, der gewöhnliche New Yorker stamme eben nicht aus New York. Auch in meinen Gruppen waren die gebürtigen New Yorker nur eine Minderheit. Die meisten Mitglieder hatten hier eigentlich keine Bindungen. Sie gehörten keiner religiösen Vereinigung an, ihre Eltern und Verwandten wohnten oft in einer anderen Stadt, Schulen und Universitäten hatten sie meistens woanders absolviert. So könnte man sie vielleicht „wurzellose Weltbürger" nennen. Die Therapiegruppe wurde ihr Ersatz für Heimat und Familie. Das traf in ganz besonderem Maße auf die schwule Gruppe zu, denn viele waren extra nach New York gekommen, um der Enge und Feindlichkeit ihrer Herkunft, ihrer Gemeinde, Familie und Religion, zu entfliehen. Sie lebten in New York, dem Zufluchtsort so vieler Schwuler der Ostküste, praktisch wie im Exil. Sie waren aber hierher in der Hoffnung entflohen, frei zu sein für ein schwules Leben mit wenigstens einem Ansatz zum aufrechten Gang. In diesem Sinne empfanden sie sich nicht als Exilanten, sondern eher als Auswanderer in ein schwules Paradies, wo es so wenig Unterdrückung gab wie nirgendwo sonst auf der Welt. So wie nun die Stadtbewohner von Athen im Drama ein neues gemeinsames Band finden konnten, so bot die schwule Therapiegruppe eine Form sozialer Gemeinschaft.

Zur Eröffnung einer Gruppensitzung habe ich oft eine Runde angeregt, in der jedes Mitglied sagen konnte, was ihm gerade in den Sinn kam, also eine Art „Check-In". Vielen gefiel diese Einladung sehr gut, weil sie zeigen konnten, wo sie sich gerade befanden, ohne für diese Offenbarung selber verantwortlich zu sein. Die scheueren Gruppenmitglieder wollten sich natürlich nicht zum Reden verpflichten lassen, aber auch sie schätzten die Runden, weil hier niemand übersehen oder vergessen wurde. Der Sinn von Runden war auch gar nicht, die stilleren Teilnehmer unter Druck zu setzen, und oft war schon das kleinste sprachliche Signal genug. So gesehen stand es allen einfach frei, sich aktiv zu beteiligen, womit ich nicht sagen möchte, Schweigen könne nicht auch eine Form der Beteiligung sein. Es kam schon mal vor, daß jemand einschlief. Oft war dies ein Anzeichen dafür, daß ihn das Thema sehr belastete und ihm der Schlaf eine Zuflucht bot. Da wir keinen puritanischen Gottesdienst veranstalteten, durften die Eingeschlafenen ihr Nickerchen ohne Störung weitergenießen.

Den nächsten Abschnitt einer Sitzung leitete ich mit der Frage ein: „Wer möchte arbeiten, wer möchte Zeit für sich?" Damit war das Drama eröffnet. Der Protagonist konnte einbringen, was er wollte. Das konnte ein Gefühl sein oder eine Antwort auf jemanden in der Gruppe, es war vielleicht eine unerledigte Geschichte aus seinem Leben oder ein frischer Traum, ein Erlebnis bei der Arbeit oder ein unglückliches Telefongespräch mit Verwandten. Er konnte sogar sagen: „Ich möchte arbeiten, aber ich weiß nicht woran" oder „Ich habe schon länger nicht mehr gearbeitet und möchte jetzt etwas Zeit für mich". Indem er sich geäußert hatte, was mit ihm war, fing die Arbeit an. *Kathy Spaeth* (13) meinte einmal, „Arbeit" in Gestalttherapie bedeute eine Art von Trance, und ich glaube, daß das stimmt. Wenn ein Mensch in sich hineinfühlt und der Gruppenleiter dazu Unterstützungen anbietet, entwickelt sich ein veränderter Bewußtseinszustand. Manche würden dies als „Hypnose" bezeichnen, wie ja auch die Zuschauer eines Theaterstücks oder Kinofilms in einem gewissen Grade „hypnotisiert" sein müssen, um das, was sie sehen, irgendwie für real zu halten. Darauf bezieht sich auch *Coleridges* (14) Ausdruck des „bereitwilligen Aufgebens von Vorbehalten". Wenn eine Person auf dem „heißen Stuhl" sitzt und „dran ist", geht sie tiefer in ihren eigenen Prozeß hinein, so daß eine neue Art von Wirklichkeit entsteht. Durch Rollenspiele kann man in dieses unbekannte Land noch tiefer als durch jede andere Methode hineingeführt werden. Was dabei geschieht, ist oft so machtvoll oder noch mächtiger als das, was sich im „normalen" Alltag ereignet.

Ein weiteres Element, das zur Entstehung einer neuen Wirklichkeit beiträgt, ist die Gegenwart der anderen Gruppenmitglieder, ähnlich wie früher der Chor. Das Drama wird durch die zuschauenden Teilnehmer auf die Spitze getrieben.

So kommt eine Stimmung wortloser Unterstützung auf; ein Gefühl gemeinsamen Ausprobierens durchwebt den Raum. Wenn in ein laufendes Rollenspiel andere Gruppenmitglieder miteinsteigen, wird der Spieler, der gerade „arbeitet", noch mächtiger von seinem eigenen Drama gepackt. Dann wird der Protagonist gefragt, was ihm klarwurde, und die anderen Mitglieder steuern ähnliche Erfahrungen bei. Danach wird die Gruppe nach Kommentaren gefragt. Manchmal ist es nützlich, das Rollenspiel mit vertauschten Rollen zu wiederholen, so daß der Protagonist nun nicht sich selber, sondern einen wichtigen anderen spielt. Danach geht es wieder mit Feedbacks weiter. Ob dabei eine Katharsis stattfindet, kann ich nicht mit Gewißheit sagen; ich kann auch nicht schwören, daß Schrecken und Mitleid um sich greifen. Aber ich bin überzeugt, daß etwas sehr Wirkungsvolles geschieht, eine Veränderung der Sichtweise und des Gewahrseins, woraus beim Einzelnen und in seinem Verhältnis zur Welt weitreichende Änderungen folgen können.

Wenn ich Rollenspiel als Technik benutze, will ich damit auch den dramatischen Konflikt so weit wie möglich verstärken. Dabei kann man ein Rollenspiel auf viele Weisen strukturieren und die Rollen zum Beispiel wie folgt vorgeben: „Sprich mit deiner Mutter" oder „Sprich mit deiner Mutter über ihre Einstellung zu Sexualität" oder „Sprich mit deiner Mutter über ihre Einstellung zu Homosexualität" oder „Sprich mit deiner Mutter über ihre Einstellung zu Homosexualität und was sie empfand, als sie entdeckte, daß du einen Freund hast, der sie kennenlernen möchte". Es liegt auf der Hand, daß die letzte Vorgabe dem Spieler am meisten bietet, um in die Rolle einzusteigen, mit Gefühlen in Kontakt zu kommen und Entdeckungen an seinem eigenen Prozeß zu machen.

Ich kann mir jedoch nie die Zeit lassen, eine Nacht lang über die beste Rollenvorgabe zu brüten, die den Spieler am tiefsten in seinen Prozeß hineinführt. Ich stehe im Rampenlicht und muß in diesem Moment selber improvisieren. Also übte ich, solche hochdramatischen Rollenvorgaben schnell zu erfinden, dann aber nicht an meiner Schöpfung zu hängen und den Spieler nicht zur Annahme zu zwingen. Ein Therapeut, der Rollenspiele verwendet, sollte sich gründlich mit dem Wesen von Schauspiel und Dramatisierungen befassen, denn wenn ein Individuum die geeignete Rollenvorgabe bekommt, winkt therapeutisches Gold.

Ähnlich wirkungsvoll wie Rollenspiele kann es sein, wenn eine Person in die Runde schaut, ein Mitglied nach dem anderen anblickt und sich daraus vielleicht ein Dialog entwickelt. Der Kontakt zwischen zwei Mitgliedern kann dabei so intensiv werden, daß die anderen gebannt die Luft anhalten oder es kaum abwarten können, bis sie an die Reihe kommen. Auch nach solch einer Runde ist wieder Zeit für Feedback. Die freimütigen Mitteilungen der Zuschauer über das, was in ihren Herzen vorging und was ihnen durch den Sinn ging, zeugten oft von einer ganz erstaunlich genauen Wahrnehmung und inneren Anteilnahme. Ihre persönliche Beteiligung am Prozeß konnte so lebhaft, kraftvoll und engagiert sein, daß es sie fast zu sehr in Erregung versetzte. Deswegen gingen viele nach dem Gruppentreffen auch noch zusammen aus und diskutierten weiter.

Wenn ich mit einem Klienten arbeite, erhebt sich allgemein die Frage, mit welcher Intervention ich beginne. Grundsätzlich kann natürlich jede Intervention zu etwas Nützlichem führen, aber wir haben zum Probieren nicht unbegrenzt Zeit. Wie also wählen wir eine passende, fruchtbare Intervention? Ich finde es dazu nützlich, die Gestalten, an denen ich arbeiten will, in Mikro- und Makrogestalten einzuteilen. Ein Beispiel für eine Mikrogestalt wäre etwa „Spürst du deinen Atem? Wie atmest du?" Sie hat also oft mit körperlichen Aspekten dessen zu tun, was mir beim Klienten im Vordergrund gewahr wird. Sie kann sich aber auch auf ein Gefühl oder einen Gedanken beziehen: „Was empfindest du gerade jetzt?" und „Was denkst du gerade eben?" Oder sie kann in der Suche nach weiteren Informationen bestehen: „Kannst du mir mehr darüber erzählen?" „Ist da noch etwas, was du sagen willst?" Auf der anderen Seite hat die Makro-Gestalt einen viel weiteren Bereich im Blick. Außer der Aufmerksamkeit für das, was gerade geschieht, kann ich auch die Frage im Sinn haben, was der Klient für sexuelle Wünsche an seine Mutter hat. Meine Entscheidung, dies genauer zu untersuchen, hängt immer ab von dem, was der Klient in der Sitzung von sich zeigt. Ich habe keinen Fahrplan vorweg. Irgendwann einmal muß ich allerdings entscheiden, ob ich immer nur dem Klienten folgen will, oder ob ich mir auch einmal erlaube, ihn dahin zu führen, wo er meinem Eindruck nach gerne hinginge oder wo ich ihm eine breitere Grundlage für ein Verständnis seiner selbst anbieten kann. Ich bin immer vorsichtig damit, einen Klienten zu führen, und wenn ich spüre, daß er widerstrebt, gehe von der größeren Gestalt, dem Neuen, schnell wieder weg. Ich finde es allerdings wertvoll, mir bei einer Arbeit mit einem Klienten stets darüber im klaren zu sein, ob ich lieber an einer kleineren oder an einer größeren Gestalt arbeiten möchte. Meine Daumenregel lautet: Wenn der Klient genug Boden unter den Füßen hat, sich wohlfühlt und entspannt ist, kann ich es wagen, ein heißes Eisen und einen größeren Zusammenhang dessen, woran wir arbeiten, anzusprechen. Natürlich ist nichts narrensicher, aber ich meine, es gibt eine Zeit zum Führen, und es gibt eine Zeit zum Folgen, und ich muß mir nur darüber im Klaren sein, wann ich mir das eine und wann das andere erlaube.

Wenn ein Klient einen Traum erzählt hat, frage ich ihn zuerst, was er seiner Meinung nach bedeutet. Nach seiner Äußerung dazu sage ich zum Beispiel: „Wir können uns den Traum auch noch auf andere Weise anschauen". Dann benutze ich oft Fritz' Technik, daß sich der Träumer mit einem Element seines Traums identifizieren soll. Natürlich brauchen manche Mitglieder Ermutigung, etwas so scheinbar albernes zu tun, aber wenn sie sich erst einmal darauf eingelassen haben, den verschiedenen Traumelementen eine Stimme zu verleihen, können die wundersamsten Dinge geschehen. Ein Gruppenmitglied hatte einmal von einem Stück Stiltonkäse geträumt. In der Rolle des Käses sagte er: „Ich bin edel, teuer und stinkig". Darauf brach er in lautes Gelächter aus, denn er hatte damit ahnungslos auf den Punkt gebracht, wie er seinen englischen Freund empfindet. Während einer Traumarbeit wirke ich die meiste Zeit als Führer, während die anderen Zuschauer bleiben. Wenn die Traumarbeit beendet ist, kann die Gruppe wieder Kommentare und Feedbacks abgeben, durch die ein Schatz an weiterem Material zusammenkommt. Ich bin im Laufe der Jahre immer mehr vom hohen Wert der Feedbacks für denjenigen, der arbeitet, für die Gruppe und für den ganzen Prozeß überzeugt.

Ich hatte schon von der Komödie gesprochen und möchte nun auf die bedeutende Rolle des Humors in der Gruppenarbeit eingehen. Wer sich einer Gruppe anschließt, kann nicht mehr auf die Sicherheit und Bequemlichkeit der Einzeltherapie bei einem unterstützenden oder auch gelegentlich konfrontierenden Therapeuten bauen. Sogar der Therapeut selber verliert diese Sicherheit, weil ihm die Gruppe zahlenmäßig weit überlegen ist. In einer Gruppe herrscht ein wildes Gefühl von Aufregung. Was alles kann auf dieser Bühne mit zehn oder zwölf Beteiligten passieren? Von dieser Spannung des Augenblicks kann oft Humor erlösen. Manchmal lachen Gruppenmitglieder bei Spielereien miteinander, manchmal werden Witze erzählt, manchmal geschieht in einem Rollenspiel etwas Urkomisches, manchmal mache ich selbst einen Scherz. Wenn sich Menschen mit ihrer dunklen Seite befassen, ihren Dämonen und Lebensgefahren, darf sie auch mal das Lachen entlasten; wir müssen dabei nicht immer nur weinen. Es kann beides wertvoll sein. Lachen macht klar, daß es auf die Qualen, die wieder bearbeitet werden, auch noch eine andere Antwort geben kann. Ich erinnere mich an die

Bandaufnahme einer Sitzung mit Fritz in Esalen. Darauf war ganz viel Lachen zu hören. Besonders beeindruckend fand ich, daß vieles an sich nicht sonderlich amüsant oder sogar ganz und gar nicht komisch war, aber trotzdem wurde schallend gelacht. Ich gelangte zu der Auffassung, daß Lachen nicht durch den Inhalt bedingt ist, sondern durch das Bedürfnis der Gruppe, von Spannungen erleichtert zu werden und ihre Angst bei all der Aufregung und Anspannung zu überwinden. Traurig folgerte ich, daß vielleicht ein Großteil des Lachens in meinen eigenen Gruppen aus dieser Quelle stammte. Daneben hat Freud in seiner Abhandlung über den Witz herausgestellt, daß Lachen dazu dienen kann, verborgene Feindseligkeit auf sozial erlaubte Weise auszudrücken. So wurden in der griechischen Komödie Führungsgestalten oft zu Zielscheiben des Gelächters gemacht. Davon war in meinen Gruppen sicher auch etwas zu finden. Und wir hatten in der schwulen Gruppe auch immer wieder Spaß, gemeinsam *herumzutucken* (15). Übrigens machte ich das auch manchmal in meinen Heterogruppen; und die Teilnehmer schätzen dann meinen Humor durchaus. Sie konnten dabei aber nicht erkennen, daß seine Wurzeln in der schwulen Subkultur lagen.

Zweimal im Jahr pflegte ich die Gruppe zu einem Wochenende auf meinem Hof im Umland von New York einzuladen, einmal im Sommer, einmal im Winter. Mein Lebensgefährte übernahm die Gastgeberpflichten und sorgte für gutes, gesundes, schmackhaftes Essen mit großen Portionen. Zum Abendessen gab es auch Wein. Unsere Treffen dauerten zwei Tage und hatten sechs Arbeitsstunden täglich. Den Bauernhof hatte ich umgebaut, darunter auch eine alte Scheune, ein früheres Geflügelhaus und mehrere Wirtschaftsgebäude. Mein Angebot so vieler Schlafräume und Übernachtsmöglichkeiten wurde, wie ich wiederum erst Jahre später erfuhr, von einigen auch für Sex miteinander genutzt. Ich fand das nicht richtig, weil ich durch sexuelle Beziehungen zu viele Komplikationen erwartete, aber natürlich stand dahinter auch mein eigener Konservatismus. Als ich in Europa Gruppen leitete und diesen Standpunkt vertrat, lachten viele darüber; denn für sie war es eine der Hauptattraktionen einer Wochenendgruppe, Sex mit jemand anderem als dem Ehepartner zu haben. Am Abend nach der Gruppenarbeit ging ein Joint herum, wogegen ich keine Einwände hatte. Wiederum Jahre später erfuhr ich jedoch, daß auch andere Substanzen genommen wurden. Das hätte ich nicht gern gesehen, denn auch wenn ich grundsätzlich die Freiheit des einzelnen zum Drogengebrauch akzeptierte, wünschte ich mir an diesen Wochenenden doch eine Konzentration auf die Therapie und nicht auf Drogen. Auch wenn Fritz und Laura ganz offen Erfahrungen mit Meskalin und LSD gemacht hatten, war ich in dieser Hinsicht eben konservativer.

In den 27 Jahren meiner Gruppenarbeit hatte ich zwei feste Beziehungen, die eine mit Charles acht Jahre lang, die andere bis heute, und das sind nun schon 18 Jahre, mit James. Ich nenne meinen Lebensabschnitt mit Charles und James auch manchmal die Epoche meiner *Stuart-Könige* (16). Welche Beziehungen nun hatten sie zu den Gruppenmitgliedern?

Einer der Gründe, warum ich nicht länger für große Organisationen arbeiten wollte, war mein Wunsch, mein privates und sexuelles Leben nicht mehr vertuschen zu müssen wie etwa: „Ich habe mit jemand eine Verabredung" (unklares Geschlecht), „Ich werde bei Freunden anrufen" (neutrale Mehrzahl), „Wir hatten einen wunderbaren Abend" (ziemlich nebulös). Von meinem Freund als „sie" zu reden, also „Sie ist ein wunderbarer Mensch", „Sie hat gestern gekocht", verbot mir meine Aufrichtigkeit. Also formulierte ich „Was für ein wunderbarer Mensch" und „Ich hatte gestern ein köstliches Essen". Von derartigen Täuschungsmanövern hatte ich genug. Jedoch, hätte ich offen gesagt, wen ich traf und was ich erlebte, wäre ich mit großer Wahrscheinlichkeit des Jugendverderbs bezichtigt und aus meinen akademischen Stellen gefeuert worden. Paul Goodman war Ende der dreißiger, Anfang der vierziger Jahre von seiner Stelle an der Universität von Chicago wegen sexueller Beziehungen mit seinen Studenten entfernt worden. Ich selber hatte niemals sexuelle Beziehungen mit einem meiner Studenten, denn durch meine Stellung als Professor wäre die Beziehung ungleich gewesen, und ich hätte darin einen Mißbrauch meines Ansehens und meines Einflusses gesehen. Auch als Therapeut empfand ich dieselbe Verpflichtung und hielt sie stets ein, abgesehen von einem kleinen Ausrutscher, auf den ich gleich zu sprechen komme. Gewiß hatten Paul Goodmann und Fritz Perls in dieser Hinsicht weniger Skrupel, aber das war ihre Angelegenheit, und dafür mußten sie die Verantwortung übernehmen, so wie ihre Klienten die Verantwortung dafür übernehmen mußten, was sie taten und wie sie sich ihren Therapieprozeß erschwerten. Ich hatte mich entschieden, nicht dem Weg von Paul und Fritz zu folgen, auch wenn dies nicht das naheliegendste war.

Charles ist ein Südstaatler aus Alabama, gesellig, charmant und lebensfroh. Er ist ein begabter und erfolgreicher Innenausstatter. Er kann hervorragend kochen, und wenn die Gruppe zu einem Wochenende kam, hatte er ein Festmahl vorbereitet. Die Teilnehmer schätzten seine Kochkunst und seinen Umgangston sehr. Außerhalb der Gruppensitzungen hatte er leicht Kontakt mit ihnen, und es kam vor, daß sie ihm Hilfe beim Kochen oder Putzen anboten. Von festen Verpflichtungen zur Hilfe im Haushalt hielt ich allerdings nichts, denn ich wollte, daß die Atmosphäre möglichst frei war, kein Ärger wegen unerledigter Pflichten entstünde und die Teilnehmer ohne Druck selber entscheiden konnten, was und wieviel sie helfen wollten. Falls jemand gar nichts täte und dies andere störte, konnte man in einer Sitzung darüber reden.

Charles mochte die Gesellschaft der Gruppe und ihr Lob für sein gutes Essen. Er hatte bei Jacques Pepin gelernt, der bei Charles de Gaulle Chefkoch war und später als Autor und durch Fernsehauftritte international bekannt wurde.

Ich kann mich nicht entsinnen, daß ihn jemals ein Teilnehmer der schwulen Gruppe sexuell angemacht hätte. Allerdings machte ein Teilnehmer aus einer der anderen Gruppen ein ungewohnliches Problem. Mein Hof im New Yorker Umland ist 60 Hektar groß, vier Stunden weit weg von Manhattan und mit öffentlichen Verkehrsmitteln kaum zu erreichen. Eine junge Frau bat mich darum, daß ihr Freund sie hinbringen und die Nacht über auf dem Hofe bleiben dürfe. Ich fand das etwas ungewöhnlich, war aber einverstanden. Ihr Freund war ein großer, kräftiger, blonder, schöner junger Mann, der sich auf der Stelle in Charles verschoß. Er zeigte sein Interesse an Charles in aller Offenheit, so daß es alle miterlebten. Ich glaube, dies war seine Methode eines Coming-out gegenüber seiner Freundin. Charles fühlte sich geschmeichelt, sie fühlte sich verlegen und herabgesetzt, ich fühlte mich gestreßt. Als der junge Mann nach Hause fuhr, waren Charles' Tugend und Ansehen unbeschädigt, aber die unglückliche junge Frau zerfloß in Tränen und brauchte in der Gruppenarbeit viel Zeit für das, was sie mitgemacht hatte. Kurze Zeit später wurde der junge Mann Aktivist in der Schwulenbewegung.

Als Charles und ich uns nach acht Jahren trennten, waren darüber einige Gruppenmitglieder sehr erschrocken. Ich ließ mich aber über die Hintergründe nicht weiter aus und wurde auch nicht nach ihnen gefragt, eine Zurückhaltung auf beiden Seiten, die ich heute fragwürdig finde. Ich wollte mit Charles ein gutes Verhältnis bewahren und nach einiger Zeit gelang mir dies auch. In der Zeit nach der Trennung, die ich gerne als Interregnum bezeichne, hatte ich eine Reihe von Abenteuern. Eines davon war mit einem jungen, sehr hübschen und klugen Psychologen aus Kalifornien. Einmal, als wir zusammen bei der Eröffnung der Kunstausstellung eines Gruppenmitglieds waren, kam ein anderes Gruppenmitglied, Donald, sofort auf ihn zu, verwickelte ihn in Gespräche und überreichte ihm seine Visitenkarte. Ich fühlte mich in der Zwickmühle. Donalds Baggern konnte ich nicht gut ertragen, aber auf den Psychologen hatte ich auch keine Besitzanrechte. Wir sprachen in der Gruppe darüber. Ich äußerte die Vermutung, daß Donald Ärger auf mich habe und ihn auf diese Weise indirekt ausdrücke, er jedoch meinte, er hätte überhaupt nicht erkennen können, daß der Psychologe mein persönlicher Gast war. Weil jedoch der Psychologe kein besonderes Interesse an Donald hatte, ließen wir die ganze Geschichte auf sich beruhen. Kurze Zeit später machte ich die Bekanntschaft mit James. Nun legte Donald ihm gegenüber dasselbe Verhalten an den Tag, doch auch James ging nicht darauf ein. Ich war jetzt sicher, daß Donald ein anderes Motiv haben mußte als bloß sexuelles Interesse. Er wies dies aber weiterhin von sich. Die Gruppe war über die Verwicklung, daß der Gruppenleiter und ein Mitglied am gleichen Mann sexuelles Interesse haben, großenteils amüsiert. Bald danach erklärte Donald auf diplomatische Weise, daß er mit Therapie erst einmal aussetzen wolle, und verließ die Gruppe. Ich fand es schade, daß er sich sein Verhalten nicht genauer anschauen wollte.

James stammt aus Südkarolina, ist also wie Charles ein Südstaatler. Er ist Künstler und hat eine Teilzeitbeschäftigung am Metropolitan Museum in der Abteilung für Reproduktion von Skulpturen. Er ist groß, schön und auf eine leise Art genial. Auch er ist ein guter Koch, aber ganz anders als Charles. Während Charles französische Küche gelernt hatte, kocht James experimentell nach eigenen Rezepten und in freier Improvisation. Die Gruppe war wieder sehr angetan von seiner Kochkunst, sie schätzte sehr seine Malerei, und sie entwickelten bald ein gutes Verhältnis miteinander. James eröffnete in unserer Wohnung eine kleine Kunstgalerie. Unter anderem zeigte er auch die Fotografien von einem früheren Gruppenmitglied, die inzwischen internationale Beachtung gefunden haben. Er stellte auch die Arbeiten einer ausgezeichneten englischen Aquarellmalerin aus, die mit dem Fotografen befreundet ist und noch keine so große Anerkennung gefunden hatte. Und er stellte auch seine eigenen Malereien und Skulpturen sowie meine einfachen Pastelle aus. Wir nahmen bescheidene Preise, und ich glaube nicht, daß wir die Mitglieder der Gruppe ausgenutzt haben. Wer unsere Werke kaufte, sieht sie sich noch heute an und hat seine Freude daran.

James und Charles haben beide die gediegenen Umgangsformen der Südstaaten, und ich bin glücklich, mit welchem Geschick und welcher Brillianz sie die komplizierten Verhältnisse regelten, wenn ich mich an Wochenenden oder bei gesellschaftlichen Anlässen mit den Gruppenmitgliedern beschäftigte. Manche der Männer konnten schwierig sein, fordernd und verletzend, aber James und Charles schafften es, dem intensiven Gruppenprozeß keine Komplikationen hinzuzufügen und ihre eigenen Belange zurückzustellen. Ich war sehr froh, daß ich mein Privatleben weder verbergen und noch verschließen mußte. Aber wie die Geschichte mit Donald zeigt, konnte dies auch eine Quelle für Unstimmigkeiten sein.

An einem anderen Ereignis wird das noch klarer. Als ich mit der Gruppenarbeit begann, hatte ich noch keine feste Beziehung. Gelegentlich passierte es, wenn ich in eine schwule Kneipe ging, daß ich dort ein Gruppenmitglied antraf. Wir tranken dann zusammen ein Glas, und jeder ging wieder seiner Wege. Zu der Zeit kam ein attraktiver junger Puerto Ricaner in die Gruppe, seiner Kleidung und seinem Auftreten nach der Inbegriff des jungen Schönen. Anders als die meisten anderen war er nicht in Einzeltherapie. In der Gruppe bewegte er sich mit Vorsicht und Höflichkeit. Ich kann heute, dreißig Jahre danach, kaum noch rekonstruieren, warum ich ihn so attraktiv fand. Sicher sah er gut aus und hatte Charme. Er hat mir wohl auch geschmeichelt und mich gelockt, und ich habe mich wohl sehr einsam gefühlt. Ich weiß, daß er mich geradezu verfolgte, und eines Tages besuchte er mich in meiner Wohnung, um über Nacht zu bleiben. Ich fühlte mich allerdings schon bei dem Gedanken daran, mich mit einem Klienten sexuell einzulassen, so schuldig, daß es zu nichts dergleichen kam, nicht einmal zu einem Kuß. Trotzdem, da war er nun, in meiner Wohnung. Und diesen Erfolg ließ er auch nicht still vorüberziehen, sondern brachte ihn irgendwie unter die Gruppenmitglieder. Diese reagierten darauf sehr verschieden: mit Ärger, Eifersucht, Neid, dem Gefühl verraten worden zu sein, aber auch mit Zustimmung. Wir sprachen über ihre Gefühle und weil meine Grenzüberschreitung mehr im Kopf als in der Tat stattgefunden hatte, ging dieser Zwischenfall glimpflich vorüber. Dennoch, mein Schamgefühl ist noch heute, wo ich darüber schreibe, zu spüren. Dieses Ereignis war wirklich wichtig für mich, und ich bin stolz, daß es sich nicht wiederholte. Meine Haltung ist die, daß es auf der Welt doch genug attraktive Männer gibt, warum soll man dann nicht das Dutzend derer, die zufällig Gruppenmitglieder sind, übersehen können? Sex mit und zwischen Klienten kann den Therapieprozeß sehr beeinträchtigen. Wenn alle Beteiligten bereit sind, vorbehaltlos ihr Herz und ihren Sinn zu prüfen, was hier vor sich geht, und wenn sie den andern das gleiche erlauben, kann das sehr erhellend wirken. Aber persönlich wünsche ich mir nicht, in solch einem anstrengenden Prozeß beteiligt zu sein. Deswegen suche ich meine sexuelle Befriedigung anderswo und verlange dasselbe von meinen Klienten. Freilich liegt es bei ihnen, ihre eigenen Entscheidungen zu treffen und die Verantwortung dafür zu übernehmen.

Cherry Grove auf Fire Island ist seit mehr als sechzig Jahren ein Mekka für schwule Männer und manche lesbischen Frauen. Die Insel liegt langgestreckt wie ein Wall zwischen der Great South Bay und dem offenen Atlantik, ein schmaler Streifen Sand mit Kieferngebüsch und wildem Gehölz, den man von Manhattan aus über die Fähre bei Sayville erreichen kann. Für schwule Männer mit weniger Geld gibt es auch innerhalb von New York Nacktbadestrände, zu denen man mit der U-Bahn fahren kann, um einen Tag mit Sonnen und *Cruisen* (17) zu verbringen. Sogar in Jones Beach finden sich fern der großen Parkplätze abgelegene Stellen, wo schwule Männer nackt herumlaufen können und wo sich sich daraus vielleicht noch mehr ergibt. Der Unterschied zwischen diesen Stränden und Cherry Grove sowie später The Pines auf Fire Island ist, daß letztere auch Übernachtungsmöglichkeiten haben, ja eine ganze Ortschaft bilden mit eigener Verwaltung, Polizei, Wassertaxis, Immobilienmaklern, schwulen Kneipen und Restaurants. Die Einwohner waren nicht nur nett wie in Capri, sondern waren fast alle selber nur Gäste für einen Teil des Jahres. Dabei waren die meisten, die in den Restaurants und Bars, im *Boatel und im Monster* (18) den Sommer über arbeiteten, selber schwul. Wer auf Fire Island ein Anwesen hatte oder sich eine zeitlang einquartierte, mochte vielleicht behaupten, daß ihn die Schönheit der Natur, die Ruhe, das Fehlen von Automobilverkehr dorthin zogen, aber das hätten sie auch gegenüber in der Bay of Hamptons haben können. Was an Fire Island wirklich einmalig war, waren der hohe Anteil schwuler Männer und die damit verbundenen sozialen und sexuellen Möglichkeiten. Übrigens gibt es auf Fire Island auch noch eine ganze Reihe weiterer Gemeinden wie zum Beispiel Davis Park, die alle nichtschwul sind; aber wenn ich hier von Fire Island rede, meine ich immer nur Cherry Groves und The Pines.

Das Interessante an Fire Island war, daß hier eine ganze Gemeinde fast ausschließlich aus schwulen Männern bestand, oder genauer gesagt, weil ja Eisenbahn, Fähre, Hotel usw. ihr Geld kosten, begüterter weißer Schwuler. Was für eine Gesellschaft kommt dabei heraus, was für Werte herrschen vor? Nun, bis zum Auftauchen von Aids in den achtziger Jahren beherrschten Lust, Genuß und Konsum die Szene. Der wichtigste Wert war die Schönheit: Gesicht, Figur, Genital. Jeder, der auf der Strandpromenade spazierte, wurde als erstes nach seiner Schönheit taxiert. Diejenigen unter uns, die damit nicht mithalten konnten, hätten von vornherein unsichtbar bleiben können. Da nun aber auch Häuser gebaut und hergerichtet, Parties organisiert, Drogen besorgt und Betten verteilt werden mußten, wurden ältere reiche Männer als Quellen dieses Komforts toleriert. Der Auftakt zum allabendlichen Cruising war der *Tanztee* (18), und wer dort nicht den Passenden abbekam, hatte dann den *Fleischmarkt* (19) im Buschgelände, wo von der gerade entstandenen Schwulenbewegung überall Gleitmittel kunstvoll plaziert waren, so daß der schnelle Sex jederzeit reibungslos vonstatten gehen konnte.

Wer nicht mit der Schönheit des Körpers aufwarten konnte, warf stattdessen die Schönheit seines Hauses oder seiner Party auf den Markt. Es gab einen regelrechten Wettbewerb darum, wer die tollste Party, das sensationellste Haus, Mobiliar oder Gartengelände hatte, wer die erlesensten Speisen und Weine anbieten konnte, die gesuchtesten Persönlichkeiten kannte oder die schönsten Designerdrogen besorgte.

Ich schildere dies so ausführlich, weil viele meiner Gruppenmitglieder dort im Sommer hinfuhren und oft ganz erschüttert von ihren Erfahrungen in die Gruppe zurückkamen. Die heftige Mischung aus totalem Hedonismus, strikten Schönheitsmaßstäben und großen Mengen Alkohol und Drogen führten dazu, daß sie nach dem Wochenende ziemlich erledigt waren. Auch wenn sie vielleicht meinten, sie hätten doch nur ein ruhiges Wochenende abseits der Hektik der Stadt verbringen wollen, finden konnten sie das auf Fire Island kaum. Viele Dauergäste von Fire Island haben ihre Abwehrkräfte dort so ruiniert, daß sie, als Aids auftauchte, dem Virus leicht zum Opfer fielen. Fire Island an sich sorgte nicht für die Ansteckung, aber es bot trotz seiner Naturschönheiten ein Milieu, das ich nicht gerade gesundheitsförderlich nennen würde. Dann leerten sich Cherry Groves und The Pines wie Geisterstädte, bis Heterosexuelle auf den Plan traten und die Häuser aufkauften.

An Fire Island kann man im Kleinen einen Aspekt des schwulen Lebens studieren, der gerne vermieden oder für feindselig erklärt wird: den Narzismus vieler schwuler Männer. Ihr Kreisen um ihre eigene Erscheinung, Schönheit, Kleidung, Wohnung, Einrichtung bedarf der Erklärung. Ist dies der Versuch einer verstoßenen Gruppe, sich wieder Ansehen zu verschaffen, ja, die Mehrheit sogar in den Schatten zu stellen? Vielleicht ist dies ein Teil der Gründe.

Dennoch, in meiner Arbeit mit schwulen Männern war ich immer wieder sehr beeindruckt, wie sehr ihr Handeln dem Mythos des Narzißus ähnelt. Selbstliebe ist nicht dasselbe wie Liebe zu Männern. Oft wußte ich nicht, wie ich einem Individuum, das an niemand anderen als sich selber denkt, den Gedanken an eine Partnerschaft nahebringen konnte. Unter Schwulen ist die folgende Scherzdefinition von Narzismus sehr beliebt: Marlene Dietrich erzählt in einem Interview in aller Länge und Breite über ihr Leben. Dann bemerkt sie: „Aber mein Lieber, wir haben jetzt wirklich genug über mich gesprochen. Reden wir jetzt über Sie! Wie fanden Sie meinen letzten Film?"

Meine Kritik an Fire Island war, daß es so sehr die Werte des herrschenden Kapitalismus widerspiegelte: unbezahlbare Häuser, Antiquitäten, Diners. Man konnte sogar den Snobismus verkehren und sich mit einer kleinen Hütte großtun. Außerdem lehnte ich den massiven Drogenkonsum ab, denn mit all den vielen Uppers und Downers, mit Kokain, Shit, Speed usw. , die man überall bekam, kann man meiner Meinung nach doch keinen wirklich guten Sex oder guten Kontakt bekommen.

Ich fand Besuche auf Fire Island immer interessant, aber besonders genossen habe ich sie nicht. Die dauernde Spannung, wer welchen jungen Gott abbekommt oder zu welcher ultimativen Party eingeladen wird, war mir zu anstrengend. Tut mir leid, aber ich habe mich lieber feige in die Rolle des Forschers geflüchtet. Ich hatte dort auch nie ein sexuelles Abenteuer, aber nicht, weil ich dazu zu puritanisch gewesen wäre, sondern weil die Atmosphäre nichts außer Konkurrenzgefühlen in mir weckte. In der Gruppe bekam ich natürlich viele Geschichten und Mißgeschicke von Fire Island erzählt. Ich teilte von meinen Bedenken hauptsächlich die Hochspannung und den Drogenkonsum mit. Damit habe ich die Einstellungen zu Fire Island wahrscheinlich nicht wesentlich beeinflussen können. Aber immerhin zeigte ich meine eigenen Gefühle authentisch.

Was waren nun überhaupt die Themen, denen wir in der Gruppe nachgingen, und welche ließen wir unbearbeitet? Als erstes natürlich, weil es sich um eine schwule Gruppe handelte und alle Teilnehmer mehr oder weniger unter der Schwulenfeindlichkeit der Gesellschaft zu leiden hatten, die Frage, wie man mit dieser Situation umgehen und leben kann. Wenn ein Gruppenmitglied die Beziehungen zu seiner Familie einbrachte, war die kritische Frage stets, ob seine Familie von seinem Schwulsein wußte und wie sie darauf reagiert hatte. Genau so wenn jemand die Beziehungen bei seiner Arbeit einbrachte, war die Frage stets, wie viel sein Chef und seine Kollegen von seinem Schwulsein wußten und wie sich dies auf seine Karriere auswirkte. Wenn ein Gruppenmitglied selbständig war, änderte sich die Frage einfach dahin, wie er von seinen Kunden oder Lieferanten eingeschätzt wurde. Irgendwie mußte die Frage der sexuellen Orientierung immer angeschnitten werden.

Wir untersuchten dabei weniger Homosexualität an sich, als vielmehr, wie sie im jeweiligen Lebenslauf zu einem Thema geworden war. Homosexualität ist doch zu komplex, als daß man sie in ein paar Sätzen abhandeln könnte. Jenseits der Mechanik von Sexualität, der bloßen Techniken, wer seinen Schwanz und seinen Mund wohin tut, kann sich Homosexualität gerade so vielfältig ausdrücken wie Heterosexualität. Wie es unter Schwulen einen Fetischismus für Leder, Gummi, Uniformen oder Windeln gibt, so auch unter Hetero-sexuellen. Wie Schwule auf *Natursekt, Scat, Einlauf, Bondage, Drill und Sadomasochismus* (20) stehen können, so auch Heteros. Ja, sogar für *Fummel* (21) und Travestie können sich auch Heteromänner erwärmen, und manche von ihnen, die transsexuell wurden, wähnen sich besser dran als die anderen mit homosexueller Herkunft. In der schwulen Gruppe wurden alle diese Formen ohne Abwertung für akzeptable Wahlmöglichkeiten gehalten. Am meisten Angst bestand vor Sadomasochismus, Scat und Transsexualität, wobei es in der Gruppe keinen Transsexuellen gab und nur einen mit Erfahrungen in Scat und gelegentlich Sado-masochismus. Als dieser Mann über sein Verhältnis zu Scat arbeitete, reagierte ein Teil der Gruppe abwertend, so daß er lieber in Einzelsitzungen daran weiterarbeiten wollte. Mich persönlich hat die Vorstellung, wie er mit Fäkalien umgeht, sehr aufgewühlt, aber ich wollte ihn das nicht so deutlich wissen lassen, um dem Therapieprozeß nicht zu schaden.

So entschied ich mich, hierin nicht authentisch zu bleiben. Je mehr er im Laufe der Therapie an Stärke gewann und sich selber an Achtung entgegenbrachte, um so mehr ging sein Interesse an Kot zurück. Als er in die Gruppe gekommen war, übte er eine Tätigkeit als persönlicher Diener einer Lady auf der Park Avenue aus. Fast wie in einem Stück von Genet mußte er sie ankleiden, ihr die Socken und Schuhe anziehen, Massagen geben und als Kummerkasten für ihre Eheprobleme dienen. Mit der Zeit hatte er aber genug Geld gespart, um die Stelle aufgeben zu können und einen eigenen Blumenladen mit speziellen Blumensteckereien zu eröffnen. Er begann sogar eine sexuelle Beziehung mit einem anderen Mann. Dann erfuhr er, daß er Aids hat. Er trug seine Krankheit mit Größe, und es ist nicht nur ein Jammer, daß er daran starb, sondern auch, wie sein Wachstumsprozeß dadurch abbrach. Eine seiner wunderbaren Fähigkeiten war, aus Stoffresten fantasievolle Fummel zu nähen. Ein Amateurfotograf aus der Gruppe war davon so fasziniert, daß er seine verschiedenen Spontanauftritte in Divenrollen von der Qualität einer *Duse* oder *Bernardt* (22) aufnahm. Ich habe noch ein paar von diesen Fotos, und sie erzählen mir wundervolle Geschichten von dieser Bühne. Er brach ein Stück mit so viel unverwirklichten Möglichkeiten jäh ab. Mich schmerzt sein Tod noch heute.

Eine Untersuchung der sexuellen Fantasien bei Heterosexuellen fand am häufigsten die folgenden drei: 1. Sex mit einem anderen Menschen als dem festen Partner, 2. Sex mit einem Menschen desselben Geschlechts, 3. Sex in Fesseln und Ausgeliefertsein. Es ist klar, daß es Bondage und Sadomasochismus nicht nur bei schwulen Männer gibt. Trotzdem finde ich die Vorstellung sehr beunruhigend, daß man einem Wehrlosen um der Lust willen Schmerz zufügen oder seinen Willen aufzwingen kann. Bei einem meiner sadomasochistischen Klienten wollte ich wieder unauthentisch sein und meine wahren Gefühle verbergen, aber er durchschaute mich. Ich sagte ihm, er könne mich in diese mir fast unbekannte Subkultur einführen, dann würde ich genauer wissen, wie offen ich ihm fortan gegenübertreten könne. Anders als viele englische Schuljungen meiner Generation bin ich ja nie mit einem Stock oder einem Riemen geschlagen worden und habe auch nie gelernt, dabei Lust zu empfinden. Ich hatte de Sade und Sacher-Masoch gelesen, aber das war genau so, als hätte ich einen fremden Planeten besucht. Mein Klient traute sich nicht, seine Erfahrungen mit Sadomasochismus in die Gruppe einzubringen, und ich wollte ihn auch nicht der erwartbaren Kritik aussetzen. Ich hatte gerade genug damit zu tun, meine eigenen Bewertungen im Zaum zu halten. Er war ein guter Informant und benutzte großzügig einen Teil seiner Therapiezeit, um mir die Welt von Fesseln und Gehorsam und das Ethos des Sadomasochismus beizubringen. Ich las mir auch noch einiges an und verlor manches von meiner Kritik, besonders gegenüber denen, die die Grenzen ihrer Partner respektieren und nur eine Art dramatische Inszenierung durchführen. Hierbei war mir wieder Genet sehr hilfreich. Ich erkannte auch, daß „Soft-Sex" genauso seine Begrenzungen haben kann. Gewisse Zweifel jedoch behielt ich bis heute. Als mein Klient mehr an Stärke gewann, sich aktiver um sein Leben statt um seine Fantasien kümmerte und an einer Berufskarriere zu arbeiten anfing, schwächte sich (ähnlich wie bei dem Klienten mit Scat) sein Interesse an Sadomasochismus ab. Ich will nicht behaupten, daß es verschwand, aber es verlor an Gewicht und zog sich auf gewisse Rituale mit seinem Partner zurück. Ich bin ihm für seine Belehrungen noch heute dankbar, und sie sind nützten mir auch sehr bei der Arbeit mit heterosexuellen Gruppen. Mit ihrer Hilfe bin ich sado-masochistischen Prozessen gegenüber, die ich früher wahrscheinlich übersehen hätte, aufmerksamer, weniger ängstlich und weniger wertend geworden. Ich kann damit jetzt mehr auf therapeutische Weise umgehen.

Ich will nicht behaupten, daß mit wachsendem Selbstbewußtsein jeder Sadomasochismus einfach verschwindet, sondern er kann, wenn er nicht vom Gefühl persönlichen Versagens angetrieben wird, eine eigenständige sexuelle Ausdrucksform sein. Ohne das ganze Leben eines Menschen in zerstörerischer Weise zu beherrschen, kann er in bestimmten sexuellen Ritualen einen wohldefinierten Platz einnehmen. Je mehr sich außerdem seine Akzeptanz in der Gesellschaft vergrößert, um so durchschnittlicher und unaufregender wird er, und wenn sich seine Überschreitungen und Gefahren entschärfen, verliert er auch an erotischer Schärfe. Das kann man sehr anschaulich in Schroeders Film *La Maitresse* (23) sehen.

Ein oder zwei Mitglieder der Gruppe gingen neben ihrem Beruf der Prostitution nach, schwiegen aber darüber in der Gruppe. Auch einige Frauen, die nebenher anschafften, sagten darüber nichts in der Gruppe. Die Männer und die Frauen hatten wohl ähnliche Beweggründe. Aus Geldmangel versuchten sie es mit dem Verkauf von Sex und entdeckten zu ihrer Aufregung, daß sie für diese Dienstleistung hoch bezahlt wurden. Gleichzeitig hatten sie wenig Freude an ihrer Arbeit. Nach einigen Kontakten mit Freiern hörten sie wieder auf und suchten sich eine neue Beschäftigung. Ihre Erfahrungen nahmen in ihrem Leben nur einen begrenzten Raum ein und waren Teil ihrer Experimente, die Mittelschichtnormen zu überwinden. Ich hatte auch einmal kurz eine Klientin, die Kokain nahm und sich das Geld dafür mit Prostitution verdiente. Sie war aber nicht in der Lage, am vereinbarten Tag zur vereinbarten Zeit zu erscheinen, und brach nach wenigen Sitzungen die Therapie wieder ab. Ich deute dies so, daß sie wohl noch nicht an dem Punkt war, sich ernsthaft mit ihren Themen auseinanderzusetzen. Mir schien, sie war noch ganz geblendet vom Glanze großer Mengen Kokain und vom Reichtum ihrer Freier, die ihr den Zugang zu höheren Kreisen verschafften. So konnte sie sich noch nicht ihr Verhalten und seine Folgen vor Augen führen.

Hier ist die Stelle, um auf den Gebrauch von Drogen in der schwulen Gruppe zu kommen. Wie ich schon sagte, schnitt ich in der Gruppe Themen wie Scat, SM und Prostitution nicht von mir aus an, weil ich befürchtete, viele Mitglieder könnten sogar noch moralisierender reagieren als ich selbst. Dabei hätte ich meine Ansichten noch aus therapeutischen Gründen zurückhalten können, aber die Gruppenmitglieder unterlagen keiner solchen Beschränkung. Beim Thema Drogen war das etwas anders. Ich war schon immer gegen Drogen. Als ich in Harvard erlebte, wie *Leary* und *Alpert* (24) ihren Studenten LSD verabreichten, indem sie es heimlich dem Partygetränk beimischten, war ich entsetzt. Als man in der Drogenwelle der sechziger und siebziger Jahre in New York an jeder Straßenecke Drogen bekam, war ich darüber überhaupt nicht begeistert. Sicher, Laura und Fritz hatten viel mit LSD experimentiert, aber das mußte ich ja deshalb nicht gutfinden. Laura berichtete, daß Fritz in *Esalen* (25) manchmal von hohen Dosen LSD richtig paranoid geworden war. Ich war selbst nicht völlig unerfahren. LSD habe ich einmal ausprobiert und mich dabei wie auf einer Welle der Empfindungen davongetragen gefühlt; und weil ich beschlossen hatte, nicht dagegen anzukämpfen, sondern mit der Welle mitzuschwimmen, war mein Trip ganz vernünftig verlaufen. Aber ein zweites Mal mußte ich das nicht haben. Gras gab es überall, und ich habe hin und wieder welches geraucht. Ich fand es ganz interessant und schön, wie sich die Farben und das Zeiterleben veränderten und das sexuelle Empfinden verstärkte. Wenn ich heute zurücksehe, fällt mir jedoch auf, daß ich mir niemals auch nur eine Unze davon ge-

46

kauft hatte, ähnlich wie ich ja auch nicht an Tabak und Alkohol hänge. Kokain habe ich ein- oder zweimal geschnupft; ich fand die Hochstimmung gut, aber sehr kurz, teuer bezahlt und mit zu hohem Suchtpotential behaftet, so daß ich wieder die Finger davonließ. Angel Dust war schlecht; ich bekam Kopfschmerzen und Depressionen davon. *Poppers* (26) gefiel mir gut, brachte allerdings manchmal Kopfschmerzen und Erschöpfung mit sich. Ich mochte Amphetamine, doch als ich am nächsten Tag zusammenbrach, wollte ich nie wieder welche anrühren. *Quaaludes* (26) ich auch einmal probiert, dabei aber kaum etwas erlebt. Als ich mir mal die Hand gebrochen hatte, verschrieb mir der Arzt *Darvon* (26), das machte ein wunderbares heiteres Hochgefühl; ich habe allerdings auch nicht versucht, davon mehr zu bekommen. Heroin habe ich nie probiert; jedoch habe ich mal in einem Forschungsprojekt über Heroinabhängige mitgearbeitet und dabei erfahren, daß es viele Heroinkonsumenten schaffen, davon nicht abhängig zu werden; anderseits sind diejenigen, die doch der Sucht verfallen, arm dran. Crack habe ich auch niemals versucht. Ich trinke gern Kaffee, auch wenn er keine Wunder bewirkt. Zusammenfassend muß ich feststellen, daß ich wohl von Natur aus einen Widerstand gegen chemische Substanzen besitze. Sie sind nicht mein Ding. Ich bin dafür dankbar.

In irgendeiner Hinsicht sind wir natürlich alle Abhängige; man muß nur lange genug suchen, wovon. Bei mir dürfte dies wohl Schokolade sein, und ich mag mich gerne als Schokoholiker bezeichnen. Wer mich kennt, schenkt mir keine Designerdrogen, sondern Godiva, Cadbury und Belgische Schokolade. Ich bin davon überzeugt, daß Drogen zerstörerisch wirken. Viele Menschen unterschätzen das Potential und das Tempo, mit dem Drogen die Herrschaft über ihr Leben bekommen. Mit welchen persönlichen Problemen es auch angefangen haben mag, sobald Drogen dazukommen, spielen sie sich in den Vordergrund, verlangen von einem Menschen überwältigend viel und verdecken die anfänglichen Probleme, denen er sich besser zuwenden sollte. Das ist meine Haltung gegenüber Drogen. Aber ich bin auch nicht in der Drogenschwemme der sechziger und siebziger aufgewachsen wie meine jüngeren Klienten und die Mitglieder der schwulen Gruppe. Von daher war mein Grundgefühl anders als das ihre. Ich habe gegen Drogen Stellung bezogen, ohne dabei zu moralisieren, weiß aber nicht mehr genau, wie viel ich ihnen von meinem Hintergrund erklärte und was sie mit meiner Haltung anfingen. Auf jeden Fall machten sie ihre eigenen Erfahrungen mit

Drogen und sprachen mit mir nicht viel darüber. Ich habe mich auch nicht bemüht, mehr aus ihnen herauszubekommen; nur wenn sie das Thema aufbrachten, ging ich darauf ein. Gewiß nahm die Mehrheit von ihnen diese oder jene Substanz; allerdings einen wirklich Drogenabhängigen hatten wir auch nicht dabei. Bei den Gruppenwochenenden ließ ich es zu, daß sie abends ein Joint rauchten, und zog auch selber mal mit, um zu zeigen, daß ich das nicht verurteilte. Manche Teilnehmer schwärmten mir von LSD und Ecstasy vor und boten mir wiederholt welches an, aber ich bedankte mich nur und sagte, ich wäre glücklich genug. Hätte ich einen Kreuzzug dagegen geführt, hätten sie mich einfach ignoriert. Rückblickend glaube ich, daß wir ein stillschweigendes Abkommen hatten, das Thema Drogen nicht allzu ausgiebig zu diskutieren.

In ähnlicher Weise vermieden wir wohl auch Diskussionen über das Thema wechselnder Sexualpartner. Das Wort „Promiskuität" möchte ich hier nicht benutzen, weil es mir zu moralisch klingt. Viele homosexuelle Männer verstehen sich als Männer, die sexuell auf Jagd gehen oder Beutezüge unternehmen. Wahrscheinlich haben auch viele heterosexuelle Männer diese Haltung gelernt, unterliegen aber stärker den gesellschaftlichen Werten Monogamie, Ehe, Treue und richten sich auch mehr nach ihnen. In der schwulen Welt gibt es aber keine Ehe, und mit dem unerlaubten sexuellen Akt ist es oft auch um Treue und Monogamie geschehen. So sagen schwule Männer zum Beispiel, sie hätten eine „Nummer geschoben". Ich finde, mit solch einer anonymen Ausdrucksweise wird ein menschliches Wesen zu einer Nummer abgewertet. Vielleicht steckt hinter der Jagd nach „Abenteuern" und „Nummern" außer dem sexuellen Begehren ja auch tatsächlich das Bedürfnis, einen Partner zu einer schwulen Nutte zu degradieren. Dabei war ich nicht so unschuldig zu glauben, daß man nur einmal einen Liebespartner zu finden brauche und dann für immer mit ihm glücklich zusammenbliebe. Ich fand es aber wertvoller, mit jemanden sein Leben, seine Sexualität und Gesellschaft teilen zu wollen, als endlos auf der Jagd nach flüchtiger Lust zu sein. Ich wußte wohl, daß das nicht leicht zu verwirklichen ist und seine Schwierigkeiten hat, aber ich fand es ein besseres Ziel als der Sklave seines Triebs zu werden. In der Gruppe habe ich meine Haltung wohl hie und da durchblicken lassen, und so wurde über wechselnde Partner nicht viel gesprochen. Eingebracht wurden die Schwierigkeiten beim Aufbau einer dauerhaften sexuellen und emotionalen Beziehung. Dafür boten die Gruppe und ich

Unterstützung und Klärung. Wenn es dagegen um Abenteuer außerhalb einer Beziehung ging, bestand kein großes Interesse, ihre mögliche Bedeutung genauer zu erkunden. Meiner Ansicht nach steckt oft dahinter, daß ein wichtiges Thema zwischen den Partnern vermieden wird, zum Beispiel versteckter Ärger, Schuldgefühle oder Provokation. Wenn ich diese Auffassung in Europa vertrete, wird gerne gewitzelt, ich sei halt ein puritanischer Amerikaner, aber Abenteuer hätten nun wirklich keine besondere Bedeutung in einer festen Partnerschaft. Vielleicht manchmal wirklich nicht, aber ähnlich wie Drogen verführerisch sind und über ein Leben bald die Oberhand gewinnen können, so können Abenteuer eine feste Beziehung schon bald mit Eifersucht, Ärger oder Schuldgefühlen untergraben. In Einzeltherapien war es leichter, diesen Gedanken zu besprechen. In der schwulen Gruppe aber hätte ich für meine Ansichten über viele Abenteuer genau so wenig Resonanz wie für meine Ansichten über Drogen gefunden, und so verständigten wir uns stillschweigend, dem Thema nicht sehr viel Zeit zu widmen. Allerdings holten sich viele Männer der Gruppe schon vor dem Aufkommen von Aids andere Geschlechtskrankheiten wie Amöben, Syphilis, Gonorrhö. Bei solchen Gelegenheiten konnte ich vorbringen, daß dies auch eine Folge von zahllosen Abenteuern ist. Ich predigte nicht von der Kanzel, wollte aber doch, daß die Gruppe darüber nachdachte, wenn sie sich so viele sexuelle Abwechslung holte, um der Depression und den Gefühlen der Wertlosigkeit und des Selbsthasses zu entfliehen. Viel Gehör dafür fand ich nicht. Mit dem Thema des Coming-out hatte ich mehr Erfolg. Man muß auch bedenken, daß dies noch vor *dem Aufstand von Stonewall der sexuellen Liberalisierung* (4) war, und daß sogar danach die Gesellschaft und die Schwulen nicht auf einen Schlag anders wurden, sondern nur in einem langsamen Prozeß.

Ich hatte den Standpunkt, wenn ein Familienglied, Freund oder Kollege jemanden wirklich mochte, würden sie auch seine sexuelle Orientierung akzeptieren. Das wäre aber nicht immer mit einer bloßen Mitteilung getan, sondern könne ein längerer Prozeß sein. Typischerweise zogen die Gruppenmitglieder zuerst ihre Mutter ins Vertrauen und fanden bei ihr auch meistens Verständnis. Danach sagte es die Mutter dem Vater weiter, oder das Gruppenmitglied sagte es ihm selber. Dann pflegte die Angelegenheit vom Tisch zu sein und zu versanden, so daß der Betreffende sie in Erinnerung halten mußte. Brüder und Schwestern waren oft sehr verständnisvoll.

Aber nicht immer ging alles so glatt. Es gab auch heftige Kämpfe und Phasen der Entfremdung. Manchmal war die Mutter über die Homosexualität des Sohnes hellauf empört. Dennoch, mit der Zeit nahm es die Familie in aller Regel hin.

Bei vielen Coming-out-Arbeiten setzte ich Rollenspiele ein. Die spontanen Dramen halfen sehr, Befürchtungen, Zweifel und Ängste zu klären. Einmal war ein junger Mann mit sizilianischem Hintergrund felsenfest überzeugt, er würde niemals als schwul akzeptiert. Aber im Rollenspiel fiel ihm plötzlich ein, daß einer seiner Onkel nicht verheiratet war, mit einem Mann zusammenwohnte und dabei dennoch von seiner ganzen Familie akzeptiert wurde. Niemand pflegte ihn nach seiner sexuellen Ausrichtung zu fragen oder über ihn zu herzuziehen. Bei diesem Einfall entspannte sich der junge Mann und lachte auf. In der nächsten Sitzung berichtete er, seine Eltern seien zwar nicht sehr erfreut gewesen, hätten aber trotzdem ihn und seine sexuelle Wahl akzeptiert.

Eine gute Gelegenheit, den Eltern das große Geheimnis zu lüften, boten Feiertage wie Thanksgiving und Weihnachten, wo man aus dem New Yorker Exil heimfuhr zur Familie im Süden, Mittelwesten oder Neuengland. Rollenspiele halfen entscheidend, vorher die Angst abzubauen. Und nach den Ferien freuten wir uns, wenn ein Mann berichtete, er habe seiner Familie alles gesagt und dabei entdeckt, daß er nun ein viel tieferes Verhältnis mit ihr haben könne als jemals zuvor. Der Kampfruf der sexuellen Befreiung, „Raus aus dem Versteck, geht auf die Straße", war noch nicht zu hören, aber diese Männer wollten sich in dieser Zeit auf eine freundlichere und sanftere Weise ihrer Umgebung öffnen.

Mit dem Coming-out gegenüber dem Chef ging ich vorsichtiger um. Während Familie, Freunde und Kollegen sich ja schon auf eine persönliche Beziehung mit dem Betreffenden eingelassen und deshalb gute Gründe hatten, ihn dann auch ganz zu akzeptieren, können Chefs viel distanzierter sein. Es gab und gibt da noch viele Vorurteile bei einem Coming-out, so daß ein Chef vielleicht einerseits sagt „Okay, das ist ihre Privatangelegenheit, solange sie weiterhin gute Arbeit machen", aber andererseits Beförderungen verschiebt oder ganz unterläßt. Deswegen ließ ich schwule Männer selber genau abwägen, ob sie ihren Chef von ihrer sexuellen Orientierung in Kenntnis setzen wollten. Was hingegen Freunde und Verwandte betrifft, redete ich ihnen eher zu, ihre Beziehungen von Täuschungsmanövern zu befreien und lebenswichtige Informationen zu teilen. Fast immer kam die Familie nach den ersten Stürmen damit zurecht, und der Mann war danach ganz erleichtert.

Ich möchte nicht das Bild vermitteln, die Gruppe hätte keine Konflikte gehabt. Sicher war die wechselseitige Unterstützung ganz außergewöhnlich, weil jeder erkannte, daß der andere auch mit seinen Problemen und Dämonen kämpfte und Mitgefühl und Unterstützung brauchen konnte. Dennoch war die Gruppe ähnlich wie jede Familie fortwährend in Konflikten, Rivalitäten, Ärger, Neid, Eifersucht und Häme befangen. Ich war nicht unglücklich, daß solche aufwühlenden Gefühle und zerstörerischen Energien an die Oberfläche traten. Dadurch konnten die Mitglieder lernen, Prozesse, die dem Wesen einer Gruppe entsprangen, auch wieder in einer Gruppe zu bearbeiten. Am deutlichsten erkennbar waren Prozesse der Übertragung. Ein Teilnehmer hatte einen schönen und klugen älteren Bruder, der Mutters Liebling war. In der Gruppe kehrte dieser verhaßte Bruder wieder, wenn ein schönes, kluges Gruppenmitglied von seinen sexuellen Erfolgen erzählte oder sich bei anderen Mitgliedern beliebt machen wollte. Rollenspiele eigneten sich sehr gut, die Quellen des damit verbundenen Ärgers aufzudecken.

Ein anderer Teilnehmer war mißtrauisch, hochmütig, fordernd und feindselig. Er löste bei einer Reihe von Gruppenmitgliedern viel Ärger aus, so daß er fast zum Sündenbock geworden wäre, den alle hassen. Durch Arbeit mit den Polaritäten erkannten wir jedoch seinen verzweifelten Wunsch nach Liebe, seine große Angst jemandem zu vertrauen, seine Unsicherheit und Schüchternheit hinter der Arroganz; wir erfuhren, daß er seine Feindseligkeit früh im Leben entwickelt hatte zur Verteidigung gegen eine verwahrloste, notleidende Familie. Danach wurde er von der Gruppe nicht gerade geliebt, aber sie hatte die Angst vor ihm verloren und konnte ihn verstehen und akzeptieren. Er freundete sich mit einem anderen Gruppenmitglied mit einer ähnlichen Geschichte an: überlegen, unnahbar, abweisend, bedürftig. Dieser hatte nun an unerwarteter Stelle einen Bündnispartner gefunden: immer wenn er die Gruppe gegen sich aufgebracht hatte, stellte sein Verbündeter mit großer Beredtheit heraus, daß dies eine Methode war, seine Verzweiflung und seine Sehnsucht nach Liebe zu zeigen. Er erklärte, daß er auf diese Weise sicher nicht bekäme, was er suche, und bat die Gruppe, dahinter zu blicken. Die Gruppe ließ sich auf dieses Plädoyer seines Alter Ego ein, und der Konflikt war dadurch beendet. Ich war für seine Interventionen immer sehr dankbar, denn ich hatte sogar mich selbst in der Front gegen den unnahbaren Mann wiedergefunden und wurde nun daran erinnert, daß man die Situation doch besser begreife, als sich dem Ärger hinzugeben, den er so gut auszulösen verstand.

Ein anderer Gruppenteilnehmer hatte kaum mitmenschliche Kontakte zu schwulen Männern, sondern benutzte sie fast nur als Sexualobjekte. Entweder dominierte er sie oder unterwarf sich ihnen. Seinen Selbsthaß und seinen Ekel vor Homosexualität projizierte er einfach auf andere. Dabei fühlte er sich stolz, einsam, vorwurfsvoll und wütend. Doch trotz seines Ärger und seiner Feindseligkeit fand er in der Gruppe etwas für ihn Wertvolles und entwickelte selber im Laufe der Zeit ein kostbares Einfühlungsvermögen und tiefes Verständnis für die Ängste und Schmerzen der anderen Mitglieder. Später machte er noch ein Aufbaustudium und wurde ein begabter Therapeut.

Ein anderes Mitglied der Gruppe war sehr schön, der Liebling seiner Familie und der Star der Frauen, die ihn anbeteten. Er war selber vom Wunder seiner Schönheit, Eleganz und Überlegenheit so überzeugt, daß er von uns dasselbe erwartete. Natürlich löste er keine allgemeine Bewunderung aus, sondern die Gruppe riß Witze über ihn und nahm ihn mit seinem Anspruch, der Tollste zu sein, hoch. Immerhin war er der Einsicht zugänglich, daß ihn vielleicht nicht jeder Mensch auf der Welt so göttlich finden müsse wie seine Familie. So stellte er in der Gruppe seine Suche nach Bewunderung ein. Allerdings in seinem Sexualleben hielt er weiter nach Männern Ausschau, die ihn auf den Altar der Schönheit erhoben.

Mit fortschreitendem Gruppenprozeß wurden die Themen der einzelnen Mitglieder deutlicher sichtbar, aber weil Therapie keine Expreßreparatur leistet (was Fritz Perls der *Encounterbewegung* (27) ironisch nachsagte), entwickelte die Gruppe einen Tenor der wechselseitigen Anerkennung von Schwierigkeiten und des Mitgefühls miteinander. Die Gruppe lernte, mit ihrer anfänglichen Feindseligkeit dadurch umzugehen, daß sie die individuellen Schwächen mit Heiterkeit hinnahm.

Im großen und ganzen hat mich die Gruppe nicht überfordert. Zwar bekam auch ich meinen Teil an Seitenhieben und Dolchstößen ab, aber das gehört wohl dazu, denn „Schwer wird das Haupt, das die Krone trägt". Ich habe mich nicht darum bemüht, von der Gruppe geliebt und bewundert zu werden, und wollte wahrlich keine Jüngerschaft. Ich freute mich, wenn die Mitglieder in der Gruppe blieben, ihre Themen bearbeiteten und ihre Rechnungen bezahlten. Wenn jemand Grund zu Beschwerden gegen mich hatte, nahmen mich Gruppenmitglieder oft in Schutz oder diskutierten die Sache aus. Ich wollte Beispiel sein für eine wohlwollende Autorität, anders als jene, die sie bislang erlebt hatten. Gerade meine Gutmütigkeit zog aber auch Projektionen von schlummerndem Groll gegen Elternfiguren auf sich. Ich habe mich zum Glück nicht zu Verteidigungen hinreißen lassen, sondern mir die Vorwürfe angehört und der Gruppe die Klarstellung überlassen, wie ich gerade verteufelt wurde. Solche Angriffe auf meine Führungsqualität oder meine Persönlichkeit hörten aber bald auf, weil ich ihnen keine weitere Nahrung bot. Aus dem Film *For Whom the Bell Tolls* (28) zitiere ich gerne den Satz von Akim Tamiroff in der Rolle des Pablo: „Ich provoziere nicht".

Wenn ich auf die Konflikte in der Gruppe zurückblicke, sehe ich im Vordergrund die Aufrichtigkeit, die Offenheit für alle Gefühle und die Bereitschaft zur Arbeit an Verletzungen, Schmerz und Wut. Wir konnten nicht alle Schaden stiftenden Gefühle klären, aber wir erlebten, wie Achtsamkeit, Fürsorge und Verzicht auf Verteidigung es ermöglichten, daß oftmals echte Heilung gelang.

Die Tagesordnung einer Gruppensitzung ergab sich gewöhnlich aus den Antworten auf meine Frage „Wer möchte arbeiten, wer will Zeit für sich?" Manchmal aber schlug ich auch ein Thema vor. So sagte ich zum Beispiel „Heute abend geht es um Väter" oder „Heute abend geht es um Mütter". Diese beiden riefen mit Sicherheit so viel Begeisterung hervor, daß sich die Mitglieder um die Arbeit an den Eltern rissen. Und die Arbeiten wiederum riefen in der Gruppe eine Vielzahl von Reaktionen hervor. Als ich ein anderes Mal das Thema „Geld" vorschlug, löste dies ganz erstaunlich viele und starke Reaktionen aus. Ich schlug sogar einmal das Thema „Scheiße" vor und erlebte zu meinem noch größeren Erstaunen, wie hoch geladen dieses Thema wirklich ist. Angesichts solcher starken Resonanz bedaure ich sogar ein bißchen, daß ich derartige Themenabende nicht noch öfter anbot. Auf der anderen Seite fühlte ich mich aber auch verpflichtet, auf die aktuellen Bedürfnisse der Gruppe einzugehen und an dem zu arbeiten, was gegenwärtig im Vordergrund stand. Ich fand, eine Therapiegruppe ist nicht so sehr für heiße Themen gedacht, sondern vor allem für das, was die Gruppenmitglieder persönlich im Augenblick bewegt. Dennoch, die Intensität der damals ausgesuchten Themen kann ich noch heute spüren.

53

Wie ist es mit Theorie? Welche theoretischen Einsichten hat mir die Gruppenarbeit vermittelt? Welche Änderungen habe ich an meinen theoretischen Grundlagen vorgenommen? Gewiß ist hier die Einsicht zu nennen, daß Homosexualität keine klinische Einheit ist, sondern eine Kategorie, die sich bloß selektiv auf die Dimension des sexuellen Verhaltens bezieht. Im gleichen Sinne habe ich über Diagnostik generell gelernt, daß ihre Kategorien zu grob und zu starr, also einfach unangemessen sind. Ein Mann ist vielleicht bedrückt, wütend, mißtrauisch, fordernd, hat Migräne und Magenschmerzen sowie Angst vorm Fliegen. Welche Diagnose sollte ich ihm stellen? Und anders herum stellten sich manche mit einer ganzen Liste von Symptomen vor. Nun erwartet man von Gestalttherapeuten ja nicht, daß sie auf Symptome schauen und Diagnosen stellen, sondern den ganzen Menschen im Blick haben. Aber wie hätte ich nun wiederum den Alkoholismus eines Klienten übersehen können, der deswegen Arbeit und Partner verlor und der genau deshalb in die Gruppe kam, um sich aus diesen Verheerungen herauszuarbeiten? Ich erlaubte mir also, in einigen Fällen auf Symptome zu achten, in anderen Fällen darüber hinwegzusehen.

Ähnlich ging ich mit Introjektion, Projektion, Retroflexion um. Vielleicht nahm ich sie in der Arbeit mit einem Klienten wahr, aber sie waren doch oft so ineinander verwoben, daß die theoretischen Begriffe wenig halfen. Es mag also der Fall sein, daß ein Mann den Haß seines Vaters auf Homosexualität introjiziert und dann den Selbsthaß wegen seiner Homosexualität auf andere Männer projiziert. Aber in der Arbeit mit dem Klienten nützt dieses Wissen wenig. Ich wollte lieber näher an der Oberfläche seiner Erfahrungen bleiben und ihm diese ins Gewahrsein bringen. Er soll einen Sinn für sein Leben finden, nicht für meines.

Ich bin nicht der Ansicht, daß in den Theorien zu Gestalt alles enthalten ist. Gestalt ging aus der Psychoanalyse hervor. Paul Goodman hatte eine Reichianische Therapie hinter sich, und Fritz Perls war Klient bei Wilhelm Reich persönlich. Fritz und Laura Perls waren Anfang der dreißiger Jahre überzeugte Mitglieder des Berliner Psychoanalytischen Instituts gewesen. Isadore From hatte sich sehr für Otto Rank interessiert. Ich selber fand manches von Sullivan (29), Jung und Adler nützlich, später interessierten mich *Tart* (30), Binswanger und *Buber* (31). Allerdings sah ich keinen Bedarf, alles was geschehen kann, in eine Theorie von Gestalt zu übersetzen. Andersherum glaubte ich auch nicht, daß die Theorie von Gestalt den

Umgang mit allem, was passieren kann, anleiten muß. Einmal war ich in Big Sur Gasttrainer einer Gruppe von Jim Simkin. Er fragte mich, für wie wichtig ich es hielte, Gestalttherapeut zu sein. Ich antwortete, mir sei am wichtigsten, den Klienten erreichen zu können, und was mir dabei helfe, käme mir recht. Er erwiderte streng: „Für mich ist es immer am wichtigsten, Gestalttherapeut zu sein". Darauf sagte ich, daß ich nicht immer so puristisch sein könne, wenn die Bedürfnisse des Klienten etwas anderes verlangten.

In den letzten fünfzig Jahren Gestalttherapie hat die Theorie keine entscheidende Änderung erfahren, auch keine Korrektur an den ursprünglichen Texten von *Perls, Hefferline und Goodman* (1). Vielleicht hat das sein Gutes und liegt daran, daß in Gestalt die Theorie nicht so wichtig ist wie die Methode. Und vielleicht liegt gerade darin der Ruhm der Gestalttherapie.

Über Aids wurde schon so viel geschrieben, daß ich mich hier kurzfassen will. 1981 erfuhren als erste die Gesundheitsberufe von dieser Krankheit. Zunächst wählte man die Bezeichnung *GRID* (32), das bedeutet „schwule Abwehrschwäche", aber nachdem auch andere Teile der Bevölkerung davon betroffen waren, zum Beispiel Haitianer und Bluterkranke, änderte man sie ab zu *AIDS* (33), das bedeutet „erworbenes Abwehrschwäche-Syndrom". Im Sommer diesen Jahres erkrankte ein Mann aus der Gruppe, im November war er tot. Er gehörte zu den ersten zwanzig registrierten Aidstoten der Vereinigten Staaten.

In dieser frühen Phase diskutierten die Gruppenmitglieder über ihre Gedanken und Gefühle gegenüber Aids: Angst, Schrecken, Panik, Hypochondrie, wissenschaftliche Neugier, Verleugnung, Schuldgefühle, Verwirrung - alles kam hoch. Wir wußten zu jener Zeit nicht, wodurch Aids entsteht, wie es sich ausbreitet, welche sexuellen Verhaltensweisen dafür verantwortlich sind, welche Formen auftreten (z.B. Hautkrebs, *Kaposi* (34) Lungenentzündung), welche Heilmittel es gibt, wie man es entdeckt, wie man es verhindern kann. Wir wußten nur, daß die Epidemie wütete, viele Leute an fürchterlichen Symptomen litten und qualvolle Tode starben. Wir lebten im Zentrum der Seuche und des Holocausts an Schwulen. Als man später genaueres wußte, diskutierten die Gruppenmitglieder, ob sie den HIV-Test machen, Kondome benutzen, Anal- oder Oralverkehr beibehalten sollten oder nicht. Manche verlangten von mir klare Antworten. Aber natürlich konnte ich ihnen keine geben.

Die Gestaltgruppe mit schwulen Männern traf sich über einen Zeitraum von 27 Jahren, nämlich von Mitte der sechziger Jahre bis 1992. Insgesamt 55 bis 60 Männer nahmen an ihr jeweils mehrere Jahre lang teil. Ich zögerte zunächst, eine Totenliste der Gruppe zusammenzustellen. Ich fand es zu aufwühlend und zu gespenstisch, die Männer durchzuzählen, die gestorben oder mit HIV angesteckt waren. Nach meinem Beschluß, über die Gruppe zu schreiben, stellte ich jedoch eine Liste aller Mitglieder auf. Zu meinem Schmerz stellte sich heraus, daß 40 bis 50 Prozent von ihnen tot oder infiziert waren. Meine Zahlenangaben sind nicht bis aufs Komma genau, weil ich die Gruppe nicht als Forschungsprojekt betrieben hatte. Aber ich kann mich auf persönliche Mitteilungen und Hinweise stützen. Weil Manhattan eine kleine Insel ist, wußten ja viele Gruppenmitglieder davon, was im Leben der anderen passierte. Die Zahl von 40 bis 50 Prozent deckt sich übrigens mit der von schwulen Gesundheitsaktivisten geschätzten Infektionsrate in den Schwulengemeinden von San Francisco und New York.

Ich weiß gar nicht, wie ich anfangen soll, die Folgen von alledem zu beschreiben. Wir wußten damals noch nicht, wie viele angesteckt würden, aber wir sahen mit an, wie viele erkrankten. Hatten wir jemanden länger nicht gesehen, vermuteten wir sofort, er wäre tot oder läge im Sterben. Trafen wir jemanden auf der Straße, fielen uns sogleich die verräterischen Anzeichen von Abmagerung oder die roten Flecken des Kaposikrebses in den Blick. Einige schwule Männer suchten ihr Heil in der Flucht aus der Gruppe und aus New York, andere verzichteten völlig auf Sex und auf Partner, wieder andere setzten sich für Spenden und für die öffentliche Finanzierung von Forschung und Krankenversorgung ein, oder sie engagierten sich in Hilfsorganisationen für Infizierte. Wir wurden alle Fachleute für die Krankheit, ihre Symptome, die neuesten Medikamente und Forschungsergebnisse.

Ohne daß ich es wollte, wurde aus der schwulen Gruppe eine *Aidsgruppe* (35). Gewiß wollte auch ich nicht darüber hinwegsehen, was mit der Gesundheit der schwulen Gemeinde geschah; wie hätte ich das auch können, wo doch so viele in der Gruppe krank waren und im Sterben lagen. Dennoch war der eigentliche Sinn der Gruppe gewesen, schwule Männer bei der Selbstverwirklichung in einem schöpferischen Leben zu unterstützen. Nun aber wandelte sich ihr Sinn dahin, schwule Männer beim Ertragen von Krankheit und einem wenigstens halbwegs würdevollen Sterben zu unterstützen. Wir verwendeten zwar immer noch Zeit auf Eltern, Arbeit und Beziehungen, doch mehr und mehr wurde die Gruppe von Aids beherrscht. Im gleichen Maße nahm ihre Größe ab. Das lag zum Teil direkt an Krankheit und Tod, zum Teil aber wohl auch daran, daß gesunde schwule Männer zögerten, in einer Gruppe mit so vielen Kranken Mitglied zu werden.

Manchmal verlegten wir die Gruppentreffen ins Krankenhaus, damit sich ein krankes Gruppenmitglied nicht ausgeschlossen fühlte und wir ihm wenigstens den Ausdruck unserer Solidarität geben konnten. Manchmal fand ich mich in der Rolle eines Sozialarbeiters wieder, der über Behindertenversorgung, Krankentagegeld und Versicherungsansprüche berät. Dann bot ich einmal dem schwulen Gesundheitszentrum an, Forschungsprojekte ihrer Wahl unbezahlt durchzuführen. Ich habe auch in meinen eigenen Räumen zusammen mit Freunden eine große Benefizveranstaltung zugunsten von Aidsorganisationen durchgeführt. Kranken, die nicht mehr arbeiten konnten, erließ ich die Kosten für die Gruppenteilnahme. All das machte mich aber nicht zufrieden. Ich wollte Gesundung sehen. Zum ersten Mal in meinem Berufsleben wünschte ich mir, ich hätte Medizin studiert statt Psychologie. Denn was immer wir in der Gruppe taten, dadurch konnte ich auch nicht eine einzige Infektion wieder heilen.

Zum Schluß bestand die Gruppe nur noch aus vier bis fünf Männern. Normalerweise hatte ich eine Gruppengröße von zehn bis zwölf, damit ein breites Spektrum von Persönlichkeiten vertreten ist und dabei genug Zeit für die aktive Beteiligung jedes einzelnen bleibt. Und größer sollte die Gruppen auch nicht sein, damit sich die stilleren Mitglieder nicht an den Rand gedrängt fühlen, was sogar bei zwölf schon manch einer tat. Nun waren wir zahlenmäßig dezimiert, und unsere Zusammenkünfte waren mutlos und deprimiert. Wir sprachen nur noch von Toten, vom Sterben und von Neuigkeiten der Medizin. Wir schleppten uns durch die Sitzungen hindurch, im Grunde als Trauergruppe, und konnten die Gruppe einfach nicht beenden. Welches Ereignis schließlich doch zum Beschluß führte, uns nicht mehr zu treffen, weiß ich nicht. Meine Erinnerung an die letzten Sitzungen ist vom Grauen überschattet. Ich wollte die Gruppe nicht aufgeben, aber welchen Sinn sie noch hatte, wußte ich nicht mehr. Gute Stimmungen und Wohlgefühl brachte sie nicht mehr hervor. Ich glaube, wir beschlossen, uns nicht mehr zu treffen, nachdem wieder ein Mitglied gestorben war und nur noch vier übrigblieben, ausgelaugt von fortgesetzten Trauern über ein ganzes Jahrzehnt

(1981-1992), bis wir einfach nicht mehr konnten. Die Energie zum Weitermachen war weg. Ich selbst sah keinen Sinn mehr darin, die jüngsten Todesfälle und den neuesten Horror von Krankenhauseinweisungen durchzugehen. Die verbliebenen Mitglieder wußten nicht mehr, was sie verbindet und was sie noch anfangen sollten. So hörten wir auf. Einige Mitglieder sah ich in Einzeltherapien weiter. Hier mußten wir uns nicht so sehr von den Verheerungen der Epidemie absorbieren lassen, sondern konnten auch andere Themen aufgreifen.

Von den infizierten schwulen Männern sind im Laufe der Zeit alle gestorben. Als die Proteasehemmer auf den Markt kamen, kannte ich fast keinen Kranken mehr, der noch lebte. Da die meisten Gruppenmitglieder jünger waren als ich und da ihre Generation (die 30- bis 45-jährigen) viel schlimmer betroffen war als die meine, hatten manche keinen einzigen Freund mehr. Ich erinnere mich an einen Mann, dessen drei bisherigen Partner alle gestorben waren, und der dann selber erkrankte und starb. Mehrere schwule Männer erzählten mir, daß in ihren Adreßbüchern ganze Seiten voll Namen ausgestrichen sind. Ein Mann erzählte mir: „Als Georg gestorben war, wollte ich heraussuchen, wen ich benachrichtigen müßte. Ich fand keinen mehr. Sie waren alle schon tot." Ich selber bringe es nicht übers Herz, in meinem Adreßbuch die Namen der verstorbenen Männer durchzustreichen. Natürlich heißt das nicht, daß sie damit noch lebendig wären. Aber wenn ich ihre Namen stehen lasse, drücke ich damit symbolisch aus, daß ich sie nicht vergesse. Sie sind noch gegenwärtig.

2. Gestalttherapie und Homosexualität

Die Veröffentlichungen der Gestalttherapie blieben zum Thema Homosexualität weitgehend stumm. Dies steht in auffälligem Gegensatz zur Psychoanalyse mit ihrer weitläufigen Literatur über die Entwicklung und Behandlung von Homosexuellen. In der Mitte dieses Jahrhunderts vertrat die Psychoanalyse den Standpunkt, daß Homosexualität zu den Perversionen zähle und eine Persönlichkeitsstörung darstelle. Wie können wir verstehen, daß die erste Generation der Gestalttherapeuten über Homosexualität kaum sprach? Welche Ansichten hatten die Gründerväter und -mütter der Gestalttherapie zu diesem Thema? In welchem Verhältnis stand dies zu den psychoanalytischen und gesellschaftlichen Diskussionen über Homosexualität?

Im folgenden will ich ein persönliches Bild davon geben, wie die Gestalttherapie im Laufe ihrer Entwicklung über Sexualität und speziell Homosexualität dachte. Dabei stütze ich mich auf meine eigenen Beobachtungen und versuche, die Zusammenhänge mit dem kulturellen und gesellschaftlichen Umfeld verständlich zu machen. Beim vorliegenden Beitrag handelt es sich also um die Erinnerungen eines teilnehmenden Beobachters der Gestaltbewegung; ich beschreibe, was ich sah, fühlte, hörte und dachte. Hinzu kommt, daß ich eine Reihe informeller Interviews mit noch lebenden Vertretern jener fünfzig Jahre zurückliegenden Epoche führte, die das Glück hatten, Klienten bei Fritz und Laura Perls, bei Paul Goodman, Isadore From und Elliot Shapiro zu sein.

Das Buch *Gestalt Therapy* (1) von Perls, Hefferline und Goodman, das Mitte des Jahrhunderts veröffentlicht wurde, bezieht sich nur an einer einzigen Stelle auf Homosexualität und an ganzen fünf Stellen auf Sexualität überhaupt. Wie kann man sich diesen Mangel erklären? Als ich Anfang der fünfziger Jahre in Harvard studierte, mußten die Studenten der klinischen Psychologie auch Vorlesungen in Sozialpsychologie, Soziologie und Anthropologie besuchen. Dabei lernte ich kennen, was Anthropologen unter *Ausgrabung* verstehen. Man unternimmt eine Feldexkursion an einen entlegenen Ort, legt Ruinen frei und sucht in ihnen nach allem möglichen, was zur Rekonstruktion einer untergegangenen Kultur dienlich sein kann. Eine solche Ausgrabung möchte ich in der Hinterlassenschaft von Perls, Hefferline und Goodmans *Gestalt Therapy* unternehmen und hoffe dabei, auf Scherben zu stoßen, die die Ansichten der Gründer über Homosexualität wenigstens erschließen lassen, wenn in diesem „heiligen" Text der Gestalttherapie schon nicht explizit darauf eingegangen wird.

Ich möchte an die Atmosphäre erinnern, in der Mitte des 20. Jahrhunderts die Homosexuellen in Europa und Amerika ein Leben hinter verschlossenen Türen führten. In den Vereinigten Staaten gab es in jedem Bundesstaat ein Gesetz, daß Sodomie verbot. Der *Kinsey-Report* (2) schockierte die Öffentlichkeit mit dem Befund, daß 16% der amerikanischen Männer mindestens einmal im Leben einen homosexuellen Kontakt mit Ejakulation hatten. In England war der *Wolfenden-Report* (3) noch nicht erschienen. In Frankreich wurden die Homosexuellen nach dem geltenden Code Napoléon zwar nicht mit Gefängnis bestraft, aber sie wurden auch nicht gesellschaftlich akzeptiert, sondern bestenfalls toleriert. Um eines ehrbaren Erscheinungsbildes willen wurden oft Scheinhochzeiten gefeiert. Viele große Institutionen der westlichen Welt waren gegen Homosexuelle offen feindlich eingestellt. Allen voran drohten die etablierten Religionen den Sodomiten mit Feuer und Schwefel, Hölle und ewiger Verdammnis. Die Streitkräfte stellten homosexuelle Männer und Frauen an den Pranger und betrieben ihre Entlassung, im öffentlichen Dienst drohte ständig eine Entlarvung. Die Laufbahn als Lehrer war äußerst heikel. Die Polizei überführte Schwule mit Spitzeln und registrierte sie in Listen. Die Sprache war voll mit Ausdrücken, in denen sich die negativen Einstellungen der Gesellschaft niederschlugen: Warmer Bruder, andre Fakultät, andersrum, verkehrtrum, hintenrum, Homo, Hundertfünfundsiebziger, Detlef, Tunte, Tucke, Schwester, Schwuchtel, Schwanzlutscher, Arschficker. Wer würde es schon wagen, solche Titulierungen auf die leichte Schulter zu nehmen und mit Würde zu tragen?

Ein Wandel zeichnete sich in den Avantgarden, in Literaten- und Künstlerkreisen ab. In Frankreich beschrieben André Gide und Jean Cocteau, Colette und Jean Genet ihre homosexuellen Erfahrungen oder lebten sogar offen schwul. Unter den Amerikanern im Ausland wurden Gertrude Stein und Alice Toklas, Djuna Barnes und Bernice Abbott zu Ikonen der Sexualität. In England weckten Isherwood und Auden, Bacon, Britten, Gielgud, Coward, Radclyffe Hall und Virginia Woolf den Stolz von Homosexuellen und den Neid auf sie. In Kalifornien erwärmten Garbo, Dietrich, Hepburn, Cukor, Lew Ayres, Tallulah Bankhead und Paty Kelly die Herzen der Schwulen. In New York machten Truman Capote, Tennessee

Williams, Gore Vidal, Larry Hart und Paul Goodman den Homosexuellen Mut. Fire Island war eine offen schwule, wenn auch geschlossene Gesellschaft, und Capri gewährte einer Legion von Homosexuellen im Exil seine Gastfreundschaft. Damals scherzte Auden, so international wie die Comintern sei auch die *Homintern*. Wie man als Kommunist trotz rechtlicher Spielräume gesellschaftlich geächtet war, so wurde man als Homosexueller mit Rufmord und sozialem und wirtschaftlichen Bann belegt. Die genannten Künstler und Schriftsteller aber gaben ein Zeichen dafür, daß Schwule nicht unabwendlich ihr Ende in *Reading Goal* (4) beschließen müssen.

Selbst unter Hexenjägern und Säuberern gab es viel doppeltes Spiel. Man könnte leicht ganze Scharen schwuler Priester benennen, vom Dorfpfarrer bis zum New Yorker Erzbischof „Fanny" Spellman, vom FBI-Chef Edgar Hoover, der auf Travestie stand, bis zu Roosevelts Staatssekretär, der für seine Neigung für schwarze Schlafwagenschaffner bekannt wurde. Zahllos waren die Akademiker und Lehrer mit einem Hang zum griechischen Ideal jugendlicher Schönheit beiderlei Geschlechts.

Trotz der allgemeinen Unterdrückung konnten sich Schwule in manchen Kneipen, Saunen, Grünanlagen und bürgerlichen Wohnvierteln wie Greenwich Village in New York und Soho in London halbwegs sicher treffen und um den Preis geringerer Belästigungen und Nachstellungen offen schwul sein. Einige Schwule konnten in dieser Art Ghetto zumindest zeitweilig über ihre Scham und Schuldgefühle hinauswachsen und ein Zusammengehörigkeitsgefühl entwickeln. Eine verdrehte, aber unterhaltsame Ausdrucksform dieses Gefühls war *camp* (5), wovon die heterosexuelle Welt kaum etwas mitbekam. Dennoch, für die Mehrheit der Schwulen war das Leben auf weite Strecken ein gefährliches Versteckspiel außerhalb des Gesetzes und blieb Bedrohungen und Verfolgungen ausgesetzt. Eine repressive Gesellschaft versteht sich ja darauf, stets neue Mittel zu erfinden, um sich und ihre Bürger zu quälen.

Die etablierte Psychoanalyse war ein Spiegel der Gesellschaft der fünfziger Jahre, also antischwul und ziemlich puritanisch. Jung war antischwul und antisemitisch. Freud sprach von prägenitaler Fixierung, Persönlichkeitsstörung und Perversion. Er meinte, daß Homosexualität ein umgekehrter Ödipuskomplex sei und daß unterdrückte Homosexualität eine Ursache von Paranoia sei. Auf der anderen Seite jedoch schrieb er über einzelne lesbische Frauen und homosexuelle Männer mit sehr viel Einfühlung, teilte seine eigenen homosexuellen Gefühle für Wilhelm Fliess mit und akzeptierte, daß seine Tochter Anna lesbisch war. Die psychoanalytischen Institute und Praktiker jedoch versuchten in aller Regel, die sexuelle Orientierung von homosexuellen Klienten umzukehren, und sie lehnten Homosexuelle als Ausbildungskandidaten ab. Sie wußten, daß Kandidaten Schwierigkeiten wegen ihrer sexuellen Orientierung bekommen können und daß entweder deren Lösung im Analyseprozeß gelingt oder der Kandidat abgelehnt wird.

Als Fritz und Laura Perls Ende der vierziger Jahre nach New York kamen, galten sie als linksorientierte Psychoanalytiker. Sie waren jung, und sie hatten in der Weimarer Republik unangepaßt gelebt. Ihr Arbeitsort war das weltoffene Berlin, in dem Isherwoods *Sally Bowles* (6) spielt und *Magnus Hirschfelds* Studien zur Homosexualität (7) entstanden, eine Atmosphäre also, in der sexuelle Unterschiede toleriert wurden, und in der sie den Umgang mit Homosexuellen gelernt hatten. Durch ihre humanistische Bildung war ihnen geläufig, daß Sokrates, Alkibiades und Sappho Homosexualität akzeptierten. Durch ihre Nähe zum Marxismus hatten sie auch Lenins Satz im Gepäck, daß die Sexualität so frei sein soll wie ein Glas Wasser. Fritz und Laura vergaßen diese Freiheiten, die die bolschewistischen Führer in der Frühzeit bis zu ihrem Kniefall vor dem Stalinismus zugelassen hatten, nicht. Später in Südafrika lasen sie erstmals Paul Goodmans Schriften und fühlten sich mehr und mehr zu den Ideen des Anarchismus und dem Grundsatz hingezogen, daß sich in das persönliche Leben der Menschen kein Staat einzumischen hat. Schließlich hatten Fritz und Laura in Deutschland erlebt, wohin religiöser Haß gegen die Juden führte, und sie wollten es den Nazis nun nicht selber mit einem Haß auf Homosexuelle gleichtun. Stattdessen akzeptierten sie Schwule als Menschen, die vielleicht mit denselben Schwierigkeiten durchs Leben gehen wie heterosexuelle Menschen auch. Sie klassifizierten nicht und werteten nicht ab, auch wenn sie schon mal über eine Schwäche eines einzelnen Schwulen lachten. Laura erzählte mir einmal grinsend von einem ihrer schwulen Freunde, er würde zu jeder Party seine Wohnung komplett renovieren, einschließlich der Tapeten und des Mobiliars. Nun wäre bei der letzten Party die Farbe noch nicht ganz trocken gewesen, und wer auf Stühlen saß oder an der Wand lehnte, hätte sich mit Farbe beschmiert. Darüber hat sie herzhaft gelacht. Im New York Ende der vierziger Jahre wurden die Perls schnell als Therapeuten bekannt, die nichts gegen Homosexuelle hatten, ja die umgekehrt für sexuelle Freiheit eintreten und sich für Menschlichkeit, Persönlichkeitsentwicklung und Unterstützung zu einem erfüllenderen Leben interessierten.

Mit vielleicht einer Ausnahme, „Buck" Eastman, gehörten zum ursprünglichen Kreis der Gestalttherapie nur Juden. Fritz und Laura waren Amerikaner der ersten Generation, die anderen der zweiten und dritten; alle hatten starke Beziehungen nach Europa. Sie waren keine bodenständigen Amerikaner mit stark puritanischer Haltung auf dem Hintergrund des Calvinismus oder eines provinziellen Katholizismus, sondern sie waren gebildete Weltbürger, die ihr Leben in New York als der europäischsten Stadt in Amerika lebten. Wohl war das traditionelle Judentum für seine Intoleranz gegenüber Homosexuellen berühmt, aber die Gründer der Gestalttherapie hatten die Verbindungen zum Alten Testament weit hinter sich gelassen und sahen mit Leichtigkeit über die Verbote gegen Sodom und Gomorrha hinweg. Was für Fritz und Laura, Paul, Isadore und Elliot wichtig war, ist die europäische Blüte der Kultur in der Mitte des Jahrhunderts. Als Fritz nach Amerika kam, waren die beiden New Yorker, die er unbedingt treffen wollte, Dwight Macdonald und Paul Goodman, beide Anarchisten und Angehörige der kulturellen Avantgarde. Fritz und Laura hatten in Südafrika Macdonalds „politics magazine", ein anarchistisches Blatt mit vier- bis sechstausend Lesern, abonniert. Alle diese New Yorker jüdischen Intellektuellen standen außerhalb der Normalität der amerikanischen Mittelschicht, und daß sie ihre eigene Homosexualität annahmen (wie im Falle von From, Goodman, Weisz) und von ihren Freunden dafür Sympathien bekamen (so auch von Fritz und Laura Perls), war nur ein spezieller Anwendungsfall ihrer generellen Eigenständigkeit gegenüber den herrschenden Moral- und Wertvorstellungen. Die ursprünglichen Mitglieder der Gestalt-Gruppe waren also eine bunte Mischung von jüdischen Intellektuellen, Anarchisten und entfremdeten Kosmopoliten mit Orientierung an der europäischen Spitzenkultur und natürlich dem anglo-amerikanischen Modernismus.

Als 1950 die erste Ausgabe von *Gestalt Therapy* erschien und 1952 das New Yorker Institut für Gestalttherapie gegründet wurde, hatten Fritz und Laura eine Vielzahl von Homo- und Bisexuellen mit akademischem oder literarischen Hintergrund als Freunde, Klienten oder Schüler um sich geschart. Diese Offenheit für Schwule entsprang aber nicht einer erklärten Politik oder Ideologie, sondern sie konnte sich, weil die Perls keine Vorurteile hatten, einfach organisch entwickeln. Paul Goodman, der Verfasser des zweiten Teils von *Gestalt Therapy*, war offen bisexuell. Ich weiß noch, wie er bei den Parties von Laura und Fritz mit seinem jeweils neuesten jungen Mann auftauchte, und wie wohlwollend die Perls und die Gäste auf diesen öffentlichen Auftritt seines auserwählten Sexualpartners reagierten. Die Leichtigkeit, mit der Pauls neuester „Freund" einfach akzeptiert wurde, war für mich, der ich damals Anfang zwanzig war und gerade aus dem Mittelwesten kam, tief beeindruckend. Isadore From, der führende theoretische Kopf der Gestalttherapie, und sein Zwillingsbruder Sam waren ebenfalls homosexuell. Als Fritz und Isadore in Los Angeles Gruppen veranstalteten und währenddessen in Sams „Palazzo" wohnten, trafen sie dort ein halbes Dutzend schwuler Mitbewohner. Für Fritz war der Aufenthalt in dieser Atmosphäre kein Problem. Bei dieser Gelegenheit übrigens nahm Isadore auch an *Hookers* (8) bahnbrechender Studie teil, die die Reaktion von homo- und hetero-sexuellen Versuchspersonen im Rorschachtest verglich und dabei herausfand, daß beide den gleichen Wert für seelische Gesundheit erreichen. Am New Yorker Institut waren eine Reihe von Ausbildungskandidaten ebenfalls schwul; ja wahrscheinlich waren Schwule, Bisexuelle und Lesben sogar meistens in der Mehrheit.

Wie kam ich selbst zur Gestalttherapie? (9) 1947, als ich zweiundzwanzig Jahre alt war, ging ich zum ersten Mal in Therapie, und zwar eine herkömmliche Psychoanalyse. Ich hatte wenig sexuelle Erfahrungen, und als ich merkte, daß ich in der U-Bahn Männern nachsah und sie mir, machte ich mir Sorgen. Zu Frauen spürte ich kaum eine Anziehung, und an Männern war mein Interesse, soweit ich weiß, gering. Andererseits hielt ich mich für zu alt, um weiterhin unerfahren zu sein. Meine Freunde waren bereits verheiratet oder hatten zumindest Beziehungen, und ich fühlte mich übriggeblieben. Ich war aber auch entschlossen, mich zu nichts zu zwingen. So stand ich also im Niemandsland, am Punkt Null. Als erstes suchte ich einen Psychiater auf der Park Avenue, Höhe 60. Straße, auf. Er wohnte in einem schönen alten Backsteinhaus mit einer klassischen Fassade. (Als ich später mal wieder dort vorbeikam, wurde es gerade abgerissen, um einem in dieses Glitzerviertel besser passenden Wolkenkratzer Platz zu machen). Mir war das alles ein bißchen zu viel; ich hatte nur die Idee, einfach mal zu gucken was geschähe. In Wirklichkeit geschah dann natürlich nicht viel. Als ich Dwight

Macdonald, bei dem ich seinerzeit als Teilzeitassistent beschäftigt war, von meinen Zweifeln am Erfolg der Therapie erzählte, fragte er mich: „Warum probierst du es nicht mal bei den deutschen Gestalttherapeuten, die du voriges Jahr in Provincetown kennengelernt hast?" Dwight hatte mich nämlich zu einer kleinen Party bei Fritz und Laura mitgenommen, und ich erinnerte mich, daß ich zwar von der Überlegenheitspose und Arroganz von Fritz ganz eingeschüchtert war, aber Laura gemocht hatte.

So ließ ich mir Lauras Telefonnummer geben und rief sie an. Dabei konnte ich noch nicht wissen, daß sie sich in New York gerade erst niedergelassen hatte und ich ihr zweiter oder dritter Klient war. Sie wohnte auf der 113. Straße zwischen Broadway und Riverside Drive in der Nähe der Columbia Universität. Das Haus war geräumig und stammte aus der Vorkriegszeit. Fritz und ihre zwei Kinder wohnten mit ihr zusammen. Danach kauften sich Laura und Fritz in West Sixties ein Backsteinhaus, das später abgerissen wurde, um dem Lincoln Center Platz zu machen. Laura richtete *Offene Sonntagnachmittage* ein, aus denen ein Salon entstehen sollte. Ihr Interesse galt besonders den Künstlern, Schriftstellern und Intellektuellen. Ob diese hetero- oder homosexuell waren, schwarz oder weiß, reich oder arm, spielte für sie keine Rolle. Sie bot auch einen kleinen Imbiß an. Doch zum Unglück sprach sich unter den Müßiggängern der Szene herum, daß man Sonntagsnachmittags bei ihr einen Drink und etwas Eßbares schnorren konnte, und binnen kurzem betrieb sie keinen Salon, sondern eine mittelgroße Suppenküche. Laura war enttäuscht, daß Manhattan nicht salonfähig war, und gab ihr Unternehmen auf. Ihren Interessen jedoch blieb sie treu. Als das Living Theatre entstand, trug sich Laura meines Wissens in eine Unterschriftenliste ein, um Julian Beck und Judith Malina ein eigenes Theater zu verschaffen. Außerdem nahm sie die beiden in Therapie, vermutlich sogar ohne Bezahlung. Laura wollte die Truppe bei ihrem Start unterstützen. Daß Julian bisexuell war, hatte für Laura nichts zu besagen. Übrigens führte das Living Theatre auch einige Stücke von Paul Goodman auf. Als in den sechziger Jahren die Truppe mit Drogen herumflippte und zu einem Aushängeschild der Blumenkinder wurde, hat Laura von ihnen wohl nicht mehr viel zu sehen bekommen. Trotzdem hielt sie die Freundschaft mit Julian und Judith und bekam von ihnen auch Anrufe, wenn sie in die Stadt kamen oder ihrer therapeutischen Unterstützung bedurften.

Einmal hatte ich Laura zu einer Party bei den Medienproduzenten Irving Drutman und Mike Delision eingeladen, die beide schwul waren. Dort traf sie auch Lincoln Kirstein und Lillian Gish. Es war für sie überhaupt kein Thema, daß die beiden Gastgeber schwul waren und daß Kirstein (der die Schwester von Paul Cadmus zur Frau hatte) vermutlich bisexuell war. Vielmehr machte sie danach die Bemerkung: „Warum hast du mir nicht vorher gesagt, wer alles kommt? Dann hätte ich mir was Besseres angezogen."

Ein anderes Mal lud ich Fritz und Laura zu einer Party in mein Kalt-Wasser-Appartement in der Cornelia Straße in Greenwich Village ein. Außerdem hatte ich Wystan Auden, der auf der andern Straßenseite wohnte, Mary McCarthy, ihren dritten Mann sowie Dwight und Nancy Macdonald eingeladen. Fritz und Laura fühlten sich weder davon abgestoßen, daß Auden homosexuell noch daß Marys Mann bisexuell war. Laura interessierte sich für Wystan sogar besonders und wollte ihn treffen, und Fritz sagte Mary in seiner unnachahmlichen Direktheit, sie verstünde es offenbar besonders gut, Männern einen runterzuholen. Mary fand das nicht sehr lustig, und da sie schon bei gewöhnlicher Aufregung zu stottern anfing, stammelte sie jetzt viele ähs und bekam einen Hustenanfall.

Laura fuhr im Sommer oft nach Österreich und stellte dies erst nach der Wahl von Kurt Waldheim ein. Sie berichtete, wie ungleich in Deutschland und Österreich das Zahlenverhältnis zwischen den Geschlechtern sei, weil im Krieg so viele Männer ums Leben kamen. Angesichts dieses Männermangels hätte sich manche Frau entschlossen, mit einer Frau zusammenzuleben. Laura hielt dies für eine vernünftige Wahl, um nicht allein zu bleiben. Ich hatte meine Zweifel, daß dies alles nur auf Vernunft beruhte, wußte es aber auch nicht genauer und sagte nichts weiter dazu. Interessant daran war, wie vorurteilsfrei Laura über die Entscheidungen der alleinstehenden Frauen dachte. Als Fritz nach der Trennung darauf kam, daß sich Laura nicht um eine Frau an seiner Stelle bemühte, erklärte sie scheu, daß ihr sexuelles Interesse an Frauen sehr gering sei. Entsprechend habe ich auch nie davon gehört, Fritz hätte je etwas mit einem anderen Mann gehabt, obwohl doch so viele seiner Kollegen homosexuell waren. Vielleicht fanden Fritz und Laura Homosexualität auch deshalb so wenig bedrohlich, weil sie sich ihrer eigenen sexuellen Orientierung so sicher waren.

Heutzutage, 25 Jahre nach Beginn der Schwulenemanzipation durch *den Aufstand der Transvestiten von Stonewall* (10) , klingt es vielleicht normal, daß Therapeuten Homosexuelle akzeptieren. Aber in den fünfziger Jahren, als die Gestalttherapie entstand, war es ganz ungewöhnlich, daß ein weithin als Skandal empfundes Sexualverhalten so leicht von dieser radikalen Gruppe fortschrittlicher Therapeuten akzeptiert wurde. Lange vor Entstehung der Schwulenbewegung waren Fritz und Laura die Helden der informellen schwulen Gemeinschaft.

Ich habe eine Reihe früherer Klienten von Fritz, Laura, Paul und Isadore befragt, wie das Thema Homosexualität seinerzeit behandelt wurde. Die meisten antworteten, daß es höchstens besprochen wurde, um ihre Scham und Schuldgefühle zu verringern. Einer erinnerte sich, daß Paul Goodman explizit gesagt hatte, nicht entweder-oder, schwul oder hetero, sei die Frage, sondern die Freiheit zu beidem. Goodman war ein aktiver Verfechter der Bisexualität jedes Menschen. Er erklärte: „Die Methode kann nicht sein, die Orientierung Homosexueller anzugreifen; denn diese ist Ergebnis der Integrationskraft des Selbst, ist erlebter Kontakt und Identifizierung. Die Methode muß vielmehr sein, das Objekt der Abspaltung aufzugreifen und dem Individuum wieder erlebbar zu machen, nämlich sein Interesse am anderen Geschlecht, der Hälfte der Menschheit." (11) Goodman wollte seine homosexuellen Abenteuer und Liebesaffären nicht verstecken, und er zitierte mit Vorliebe Aristoteles, der Ort der Sexualität läge zwischen Pisse und Scheiße. Er hielt nichts davon, Sexualität hygienisch zu säubern, sondern meinte, die Rettung der Erotik gelänge nur durch Dreck.

Isadore From hielt seine sexuelle Orientierung niemals geheim. Ich weiß noch, wie er in meinen Einzelsitzungen erklärte, wenn die Gesellschaft das homosexuelle Streben nach Anerkennung zu einem *Fehler* erkläre, dann sei gerade dies ein Fehler. Und in einer Ausbildungsgruppe klärte er darüber auf, wie wichtig bei Masturbation und Geschlechtsverkehr die Beckenstöße seien, um die Lust und den Orgasmus zu steigern. Als Fritz ihn in einer Biografie als „eingefleischten Homosexuellen" bezeichnete, meinte er, er wisse gar nicht mehr, wie er in das Fleisch eingedrungen sei, und lachte.

Als ich 1948 bei Laura in Einzeltherapie war, schlug sie mir Experimente mit verschiedenen sexuellen Möglichkeiten vor. Ich solle mir die Freiheit geben, schwul *und* hetero, aktiv *und* passiv, anständig *und* unanständig zu sein. Ich solle herausfinden, was mir wirklich guttut und womit ich mich wohlfühle. Ich solle mich an keine Vorgaben halten, sondern meiner Erfahrung als alleinigem

Führer vertrauen. Wiederholt erklärte sie: „Gestalttherapie ist keine Anpassungstherapie". Das verstand ich so, daß man Menschen nicht an die Gesellschaft anpassen soll, sondern ihnen Mut zu eigenen Experimenten und zu ihrer organismisch selbstgesteuerten Entwicklung macht. Der Entstehung des homosexuellen Begehrens nachzuspüren, fanden meine Therapeuten Laura und Isadore dagegen ganz uninteressant. Dieses nutzlose Unterfangen überließen sie lieber ihren psychoanalytischen Kollegen.

Ein Klient berichtete mir, bei Beginn seiner Therapie sei er sich sehr unsicher gewesen und hätte große Angst gehabt, daß man seine sexuelle Orientierung umpolen wolle. Mit großer Erleichterung habe er dann aufgenommen, daß man ihn akzeptiert wie er ist. Einmal habe ihn sein Therapeut gefragt, wofür er sich entscheiden würde, wenn er seine Ausrichtung ohne jeden Schmerz ändern könne. Darauf hätte er geantwortet, daß er eine solche Änderung unter gar keinen Umständen wolle. Damit war die Angelegenheit erledigt. Sexuelle Orientierung war danach nie wieder Thema.

Fritz und Laura Perls hielten Homosexualität nicht für ein festgelegtes, klinisches Erscheinungsbild. Sie wußten aus ihrer Lebenserfahrung, daß Sexualität nicht in zwei sauber getrennte Arten zerfällt. Ihnen war klar, daß Menschen mehrere verschiedene Wege beschreiten, daß sie zeitweilig den einen, zeitweilig einen anderen Aspekt von Sexualität betonen, daß Sexualität überhaupt aus einer Vielzahl von Formen und Spielarten besteht. Heute klingt das vielleicht wie ein alter Hut, aber damals war es radikal, erfrischend und befreiend.

Da Paul Goodman überhaupt keinen wesentlichen Unterschied zwischen homo- und heterosexuellen Akten machte, sei er hier etwas ausführlicher wiedergegeben. Seine Worte klingen auch noch nach fünfzig Jahren frisch, packend, treffend und beachtenswert. Hier eine Diskussion über Freuds libidinöse Zonen in der typischen Sprache von Paul Goodman:

„In den ersten Lebensjahren bildet sich in organismischer Selbstregulierung der Vorrang des Genitalen vor den prägenitalen Stufen der Erotik heraus. Aber die frühkindlichen Praktiken leben auch fort. Das läßt jedoch die meisten Therapeuten ziemlich kalt. Vom sexuellen Vorspiel wird zwar nicht gerade abgeraten, aber man spricht auch nicht mit Vergnügen davon. Über Kunst, die sexuell erregen will, runzelt man die Stirn, obwohl doch offenkundig das Primitive zum Leben jeder Hochkultur gehört; wenn wir keine Freude daran haben dürfen, woran denn dann? Romane zu schreiben und zu lesen, auch

Theaterspiele jeder Art, leben im Innersten von erotischer Neugier; jedoch wird diese oft verachtet. Die Umgangsformen ganz allgemein sehen viel zu selten Berührungen und Küsse zwischen Freunden vor, freundschaftliche Erkundungen unter Fremden, obwohl dies bei anderen Herdentieren ganz anders ist. Und so wird überhaupt eine primäre Homosexualität, die in narzißtisch-besetzten Kontakten bestünde, eher behindert statt unterstützt. Daraus entsteht, wie Ferenczi dargelegt hat, eine zwanghafte Heterosexualität, die echtes Gemeinschaftsleben unmöglich macht, weil jeder zu jedem eifersüchtig und feindselig ist." (12)

Goodman rät klar dazu, um das Gemeinschaftsleben zu fördern, solle man auch homosexuelle Umgangsformen jeder Art ermuntern. Genau so setzt er sich fürs sexuelle Vorspiel ein, für Pornographie, für kindliche Sexualpraktiken (seien sie vielleicht auch polymorph-pervers), Streicheln und Küssen unter Freunden und unter Fremden - ein Fanfarenruf für eine radikale Reform der sexuellen Normen im Namen der Zwischenmenschlichkeit. Ich bin gespannt, wie die *neuere Gestaltbewegung* (13) damit umgehen wird. Bravo, Goodman! Bloß, was wird man in Cambridge dazu sagen?

Als ich in Cambridge (Massachussetts) studierte, gab es zwischen den schwulen Dozenten und Studenten zwar viele Kontakte im Halbdunkeln, doch sah man bei Tageslicht hin, hatte sich jeder in seinen Winkel versteckt. Einmal traf ich einen Professor in der Sauna. Ein anderes Mal stellte mir einer sexuell regelrecht nach – was ich mit Stolz berichte – , doch weil er Korpsgeist hatte und ein Gentleman war, ließ sich die Angelegenheit gütlich regeln. Heute ist Cambridge nicht mehr ganz so aufgeräumt. Der innere Kreis der Gemeinschaft hat für gezähmte Schwule einen Platz. Allerdings unter der Oberfläche politischer Korrektheit stößt man auch heute noch auf Vorurteile. Auch Cambridge in England hat sich nicht völlig gewandelt, doch Schwule brauchen sich nicht mehr so sehr zu verstecken; Chris Smith im Kabinett von Tony Blair ist sogar offen schwul.

Goodman betrachtet die Gesellschaft und ihre Konstruktion von Wirklichkeit mit kritischem Blick:

„Schließlich: Wir reden davon, daß das reife Individuum an die Wirklichkeit angepaßt ist. Aber müssen wir nicht die peinliche Frage stellen, wie weit diese ‚Wirklichkeit' ihrerseits an die Interessen der westlichen, großstädtischen, kapitalistischen oder staatssozialistischen Industriekultur angepaßt ist? Und wären andere Kulturen

69

mit schrillerer Kleidung, gierigeren Genüssen, schmutzigeren Sitten, unordentlicherer Regierung und einem Leben mit mehr Rausch und Abenteuer denn weniger reif?" (14)

Goodman fragt, ob es nicht besser wäre, wenn man statt all der Normen der Sicherheit, Sauberkeit, Nettigkeit und Vornehmheit in unserer Gesellschaft eine freche, laute, geile, dreckige und eigensinnige Zwischenmenschlichkeit propagierte, die er für realistischer, gesünder und genußvoller hielt. Ich frage mich, ob Goodmann, der Vater der Zwischenmenschlichkeit, nicht von der neueren Gestalttherapie wieder verharmlost, verkürzt und gesäubert wird, und zwar im Namen genau der „Wirklichkeit", die er der Kritik unterzog. Obwohl Goodman in keiner Darstellung der „Wirklichkeit" speziell auf Homosexualität eingeht, kann man unschwer erkennen, wie gut ihm die weiblichen Verkleidungen und Verhaltensweisen von Homosexuellen gefallen hätten, die sexuellen Lebens-Rollenspiele vieler schwuler Männer und die stürmischen Beziehungsdramen mancher homosexueller Männer und Frauen. So viel ich hörte, beschränkte sich Pauls Goodmans Sympathie für Schwule nicht auf artige, wohlerzogene, Zweireiher tragende Supermänner von der Stange.

Eine andere Stelle, an der Goodman das Antisoziale behandelt, läßt sich auf homosexuelles Denken und Verhalten als einen speziellen Fall übertragen:

„Für antisozial halten wir solche Triebe und Ziele in uns, die wir nicht als unsere eigenen begreifen, sondern unbewußt lassen oder auf andere Menschen projizieren. Wir hemmten sie und verdrängten sie aus dem Bewußtsein, weil sie nicht mit dem anständigen Selbstbild zusammenpassen, das wir von früheren Autoritätspersonen durch Identifizierung oder Nachahmung übernahmen. Wenn wir jedoch diese Triebe als unsere eigenen akzeptieren und ihre Verwirklichung zulassen, stellen sie sich als weitaus weniger antisozial heraus, als wir befürchtet hatten. Ein für teuflisch oder mörderisch gehaltener Impuls stellt sich dann als bloßer Wunsch zur Vermeidung oder Zurückweisung von etwas heraus und ob wir ihn verwirklichen oder nicht, interessiert keinen Menschen. Überhaupt erst durch die Unterdrückung des Impulses (a) wurde aus dem Gedanken eine dauernde Bedrohung, (b) wurden seine Begrenztheit und die soziale Wirklichkeit unkenntlich, (c) entstanden der Schatten des Verbotenen und (d) die Vorstellung des Zerstörerischen. Unterdrückung von Impulsen ist eine Aggression gegen das Selbst, und diese Aggression wird dem unterdrückten Trieb angedichtet." (15)

Goodman war dafür, die gesellschaftlichen und kulturellen Normen in Frage zu stellen und die scheinbar antisozialen Triebe und Ziele auszuleben. Der Fall der antisozialen Homosexualität ist darin mitgedacht. Entscheidend an seinem Programm ist aber, daß es auf umfassende gesellschaftliche Änderung abzielt: Wandel der Unterdrückung von Sexualität und Überschreitung der Wirklichkeitskonstruktion der westlichen kapitalistischen Gesellschaft. Dieses breit angelegte Programm wurde wohl auch von Fritz, Laura, Isadore und Paul Weisz mitgetragen. Meine Sorge ist, daß es mit wachsender Anerkennung und gesellschaftlicher Etablierung der Gestalttherapie verlorengeht. Als Isadore in diesem Zusammenhang vom Ausverkauf der Gestaltbewegung durch die Gestalttherapeuten sprach, meinte er, daß sie wie Faust in einem Pakt für Ehre, Anerkennung und Erfolg die Seele der Gestalttherapie preisgegeben hätten. Er beklagte, die Epigonen hätten den radikalen Schwung verloren. (16)

Vor diesem Hintergrund läßt sich vielleicht besser verstehen, warum sich die Gestalttherapie so wenig um Homosexualität kümmerte. Auf der einen Seite war dies für die Gründer eine akzeptable Form von Sexualität. Auf der anderen Seite war dies nur ein kleiner Aspekt in einem größeren Programm für einen gesunderen gesellschaftlichen Umgang mit der Konstruktion von Wirklichkeit, der Definition von Antisozialem und der breiteren Akzeptanz sexueller Rollen und Lebensweisen.

3. Hetero- und homosexuelle Beziehungen

Um es von vornherein klarzustellen: Aus meiner Sicht ähneln sich schwule und heterosexuelle Ehen wie zwei Erbsen aus einer Schote. Dabei weiß der Biologe sehr wohl, daß Erbsen, auch wenn sie sich gleichen, nicht völlig identisch sind. Sie unterscheiden sich in Größe, Form, Farbe, Gewicht und – Gregor Mendel sei dank – ihren Genen. Darum werde ich die schwule Ehe nicht deshalb unter die Lupe nehmen, weil sie von der heterosexuellen Ehe grundverschieden wäre, sondern weil sie sich von ihr durch einige Besonderheiten und Eigenarten abhebt.

Eine ordentliche Heirat zwischen schwulen Männern ist vom Gesetz nicht zugelassen. Deshalb sollte ich der Ordnung halber sagen, daß ich mit diesem Begriff eine Verbindlichkeit meine, die zwei Menschen füreinander eingehen, gleich ob mit oder ohne den Segen von Kirche oder Staat. Des weiteren meine ich mit „Ehe" eine Beziehung, die fünf Jahre überdauert hat. Ich würde also, wenn ich über heterosexuelle Ehen schriebe, relativ kurzfristige Beziehungen, obwohl sie sogar von einer offiziellen Instanz anerkannt wurden, ausklammern. Genau gesagt möchte ich untersuchen, was in schwulen Ehen durch Ausdrücklichkeit und durch qualitative Unterschiede anders ist. Dabei glaube ich, daß die wichtigsten Unterschiede durch die sexuelle Orientierung selber entstehen. Homosexuelle sind immer noch eine unterdrückte Minderheit, unabhängig davon wieviel Gleichberechtigung vor dem Gesetz sie in manchen Staaten genießen. Auch wenn das Gesetz sie toleriert, werden sie sozial als Bürger zweiter Klasse betrachtet. Hie und da mag es Nischen der Freiheit geben, doch im Ganzen der heterosexuellen Gesellschaft sind sie Außenseiter. So offenkundig das ist, so wichtig ist es doch als Hintergrund für die Besonderheiten schwuler Ehen. Versteckte Schwule können zwar für Sex da und dort herauskommen, aber aufzustehen und offen zu sagen „Ich bin schwul, ich habe einen schwulen Lebenspartners und lebe mit ihm zusammen in einer schwulen Ehe", das erfordert doch Mut. Oft erwächst dieser Mut aus einer großen Liebe zum Partner, dem Wunsch, das Leben miteinander zu teilen, und dem Bedürfnis nach sexuellen, ehelichen Rechten beim Partner.

Wenn zwei schwule Männer sich entscheiden miteinander zu leben, müssen sie bereit sein, der Gesellschaft und ihrer Ablehnung die Stirn zu bieten. Oft sind Homosexuelle nicht bereit, die Bindung mit einem andern Homosexuellen öffentlich einzugehen und sich auf diese Weise der Gesellschaft zu stellen. Viele Homosexuelle haben die gesellschaftliche Bewertung von Homosexualität als ungesetzlich, unmoralisch oder krankhaft so sehr in sich aufgenommen, daß sie sich nicht gegen ihre Eltern, Familien, Freunde oder Kollegen stellen können und über das Kundtun ihrer sexuellen Orientierung hinaus auch noch in aller Öffentlichkeit als schwules Ehepaar auftreten können. Diejenigen Homosexuellen, die sich dafür zu schuldig oder ängstlich, zu verlegen oder zu schamhaft fühlen, werden Wege finden, ihre Liebesbeziehung so zu sabotieren, daß sie gar nicht erst auf diese Probe gestellt wird. Einige werden zwar noch Affären aushalten, doch wenn es darum geht, offiziell zusammenleben und gemeinsam öffentlich aufzutreten, so daß die Heterowelt ihre Beziehung zu sehen bekäme, werden sie Drehs finden, um sich wieder zu entziehen. Wie weit auch immer die homosexuelle Emanzipation und die Bewußtseinsbildung gekommen sein mögen, die Fähigkeit zum Zusammenleben unter den Augen der Öffentlichkeit bleibt für Homosexuelle weiterhin eine riesige Hürde.

Den großen Worten der Emanzipation zum Trotz, ist die Anzahl schwuler Ehen, seien sie von einem liberalen Pfarrer oder privat vollzogen, unendlich klein. Paare ziehen zusammen und führen gemeinsam den Haushalt, aber ein Ritual der Eheschließung, in welcher Form auch immer, wird in der Regel vergessen. Weitenteils hat der feierliche Akt, zusammen aufzustehen und öffentlich darüber Mitteilung zu machen, keinen gesellschaftlichen Wert und kein Gewicht. Der Briefträger sieht am Briefkasten zwei Namen, der Vermieter bemerkt vielleicht, daß er nun zwei Mieter hat, das war schon alles. Und wenn die Zeit gekommen ist, die Verbindung wieder zu lösen, sind nur der Briefbote und der Hauswirt daran beteiligt. Es fehlt fast völlig der gesellschaftliche Kitt, der bei heterosexuellen Beziehungen hilft, zusammenzubleiben. Wenn Homosexuelle ihrer Partnerschaft Dauer verleihen wollen, müssen sie dies ganz aus eigener Kraft tun. Gertrude Stein und Alice Toklas hatten keinerlei Unterstützung durch die amerikanische Gesellschaft, um es zusammen zu schaffen, und in Paris hätten Jean Cocteau und Raymond Radiguet sogar zwei Familien unglücklich machen müssen, um offen zusammenzuleben.

Wenn sich Homosexuelle mutig vornehmen, die homosexuelle Seite ihres Sexuallebens offen zu zeigen, müssen sie dafür so viele soziale Hindernisse überwinden und so große Extralasten tragen, daß es die nicht hochgradig sexualisierten unter ihnen schnell wieder drangeben. Meiner Erfahrung nach sind die wirklich offen lebenden Homosexuellen viel tiefer mit ihrer sexuellen Orientierung und mit Sexualität überhaupt verbunden als die gewöhnlichen (homo- oder heterosexuellen) Menschen.

In vielen Paaren schwindet im Laufe der Zeit die sexuelle Leidenschaft dahin, auch wenn es einige wenige geben mag, die sexuelle Gefühle wachzuhalten verstehen. Bei homosexuellen Partnerschaften, die durch keine äußeren sozialen Bande zusammengehalten werden wie heterosexuelle Ehen, kann dies rascher zur Trennung führen. Wenn die anfängliche sexuelle Leidenschaft verfliegt, kann bei schwulen Partnern leicht sexuelle Untreue aufkommen. Dies ist zwar auch in heterosexuellen Ehen ein Problem, aber dort haben die Partner mehr investiert, was sie zusammenhält. Scheidungen müssen mühsam erwirkt werden, Familie und Freundeskreis sind dagegen, die Religion steht ihr manchmal feindlich gegenüber, und Kinder halten Eltern von der Trennung ab.

Schwule Paare werden leichter auseinandergerissen, sobald die Verbindlichkeit endet, die sich so viel schwerer überhaupt erst herstellen ließ. Wenn sexuelle Untreue die Beziehung bedroht, geben ihr die Partner oft mit Akten der Sabotage oder Gewalt den Rest. Das heißt nicht, homo- oder heterosexuelle Beziehungen könnten nicht „fair" enden, aber es bleibt festzuhalten, daß schwule Partnerschaften gefühlsmäßig stärker aufgeladen sind, weil sie gesellschaftlich zu einem größeren Preis errungen wurden. Deswegen wird sexuelle Untreue hier als viel folgenreicher empfunden.

Wenn männliche Homosexuelle eine Partnerschaft beginnen, können sie sich aber auch das sozial übliche Interesse des Mannes an Untreue gegenseitig zugestehen. Zwar werden beide durch starke sexuelle Gefühle zueinander gezogen, aber sie müssen das nicht so auslegen, als könne es keine weiteren sexuellen Abenteuer geben. Ich glaube, Beziehungen haben eine größere Überlebenschance, wenn das Herz nicht an sexuellen Besitzansprüchen mit ihrer Eifersucht hängt, sondern gelegentliche sexuelle Untreue erlaubt ist. Ich weiß von einer Beziehung, in der die Partner einander montags und mittwochs für sexuelle Abenteuer freigeben. In einer anderen schwulen Ehe hat der eine Partner nebenher anonymen Sex, der andere dagegen nette Verabredungen mit jungen Männern. Jedem der beiden wird die Zeit zugestanden, seinen eigenen Lüsten nachzugehen, und beide haben im Blick, wie der Partner seinen besonderen sexuellen Appetit stillt.

Natürlich sind manche Homosexuelle streng monogam und betrachten solche Arrangements mit tiefem Argwohn. Sie wollen mit ihrer schwulen Ehe die traditionelle Form heterosexueller Ehe einschließlich ihrer vielen Einschränkungen nachahmen. Dabei werden sie allerdings womöglich auch genau so unglücklich wie solche engen heterosexuellen Ehen. Beiden ist gemeinsam, daß die Fortdauer der Beziehung mehr gilt als das Glück der beiden Partner. Bei Homosexuellen, die die klassische heterosexuelle Ehe nachahmen und dabei auch in dieselben Fallen tappen, steckt oft dahinter, daß sie sich als genau so moralisch und konservativ wie Heterosexuelle darstellen und die gesellschaftlichen Unterschiede zu ihnen überspielen möchten.

Eine andere Schwierigkeiten bei der Erhaltung ihrer Beziehung haben Homosexuelle damit, daß sie beide vom selben Geschlecht sind und ihnen dieselben geschlechtsspezifischen Persönlichkeitszüge anerzogen wurden. Wenn zwischen zwei Partnern schon eine Aufteilung der sozialen Rollen besteht, lassen sich Konflikte umgehen. Wenn zum Beispiel einer an traditionell „weiblichen" Werten wie Kochen und Gehorchen interessiert ist und der andere an Bestimmen und Befehlen, kann die Gleichung leichter aufgehen. Und ähnlich können auch die sexuellen Rollen so verteilt sein, daß der eine traditionell rezeptiv und der andere normalerweise insertiv ist. Ich bin aber oft bestürzt, wie sehr sich Homosexuelle an solche heterosexuelle Klischees halten, genau so wie ich es bin, wenn Heterosexuelle dies tun. In meiner Arbeit mit Homo- wie mit Heterosexuellen unterstütze ich, daß Männer ihre passive und abhängige Seite annehmen lernen und Frauen ihre Stärke und Selbständigkeit. Deshalb scheint mir, wenn homosexuelle Männer auf die Hälfte ihrer Verhaltensmöglichkeiten verzichten, um eine Beziehung aufrechtzuhalten, dieser Preis oft zu hoch. Allerdings bleibt dies eine Entscheidung, die sie selber treffen müssen, so wie ihre heterosexuellen Kollegen dies auch tun müssen.

Manchmal können die Partner einer schwulen Beziehung auch dadurch mit der Gleichheit ihres Rollenverhaltens zurechtkommen, daß sie ihre sonstigen Unterschiede größer machen. So ist es bei Partnern gleichen Geschlechts manchmal einfacher, die Führung zu verteilen, wenn der eine jünger und der andere älter ist, oder der eine reich und der andere arbeitslos, der eine weiß und der andere farbig, der eine Jude und der andere Katholik oder Protestant. Sicherlich sind diese Mechanismen auch in heterosexuellen Ehen am Werk, aber mir geht es darum, daß der Bedarf, für die Spiegelbildlichkeit der Rollen eine Lösung zu finden, in homosexuellen Ehen größer ist.

Im Zusammenhang damit steht eine weitere Schwierigkeit homosexueller Beziehungen, die ebenfalls ihre Entsprechung in heterosexuellen Ehen hat. In Dauerbeziehungen haben beide Partner das Bedürfnis, zu frühen Verhaltensformen zurückzukehren. Nicht nur die reife, erwachsene Persönlichkeit begibt sich in eine Beziehung, sondern irgendwie muß auch das Kind, das in jedem von uns fortlebt, seinen Platz finden, damit die Beziehung hält. Und umgekehrt muß jeder Partner die Möglichkeit haben, sich wie ein Elternteil um den andern zu kümmern. Wenn wir das Kind spielen, spielen wir meist uns selbst; wenn wir Eltern spielen, dann oft einen unserer beiden Elternteile. So weit gilt dies für Homo- und für Heterosexuelle gleichermaßen. Aber eine besondere Schwierigkeit für Homosexuelle liegt nun darin, daß sie besonders verwickelnde Eltern-Kind-Beziehungen erlebt hatten. Ich weiß, daß stichfeste Beweise für diese These nicht leicht zu erbringen sind, und befinde mich insofern auf etwas unsicherem Gelände. Aber ich bin überzeugt davon, daß man im Familienhintergrund von Homosexuellen mehr dominante Mütter finden würde und mehr ferne Väter als bei Heterosexuellen. Und es wäre der Forschung wert, ob man bei ihnen auch starke männliche Väter und ferne, schwache Mütter fände. Warum dies so ist und welche Variablen hier mit hineinspielen, kann ich nicht mit Sicherheit sagen. Aber ich wette, daß eine grundlegende Störung in der Eltern-Kind-Beziehung der Schlüsselfaktor dafür ist, daß ein Homosexueller seine prekäre Entscheidung für eine sexuelle Identität trifft, die im Konflikt mit seinem biologischen Geschlecht steht. Wie kommt es, daß zehn Prozent aller Männer zu ihrer sexuellen Erfüllung andere Männer wählen? Die Forschung gibt auf diese Frage bisher keinerlei zufriedenstellende Antwort.

Mich haben immer Familien interessiert, in denen mehrere oder gar alle Kinder homosexuell wurden. Was ging hier vor, daß die Kinder solch einen Druck zur Homosexualität verspürten? In einer Familie, die ich kenne, sind alle Jungen und alle Mädchen homosexuell. In zwei andern Familien sind die einzigen Kinder zwei Jungen, und beide sind homosexuell. Hier kamen die übermäßige Verführung durch eine von der Ehe enttäuschten Mutter mit der Verführung durch eine schwachen, passiven Vater zusammen, so daß die Kinder, gleich mit wem sie sich identifizierten, immer auf dem Weg zur Homosexualität landeten.

Am meisten beschäftigt mich aber die Frage, was passiert, wenn in einer homosexuellen Beziehung ein Partner die Elternrolle übernimmt und dabei denjenigen Elternteil nachspielt, der ihn früher überwältigte und in Angst und Schrecken versetzte. Hat er diese Elternerfahrung nicht überwunden, dann wird er kaum Sanftheit, Freundlichkeit, Einfühlung und liebevolle Unterstützung geben können, und sein Partner in der Kindrolle wird leer ausgehen. War der Partner in der Kindrolle unglücklickerweise in der Kindheit so schwer verletzt worden, daß er sich als Erwachsener wieder einen gemeinen Typen, einen gierigen Geier, erdrückenden Drachen, einen fühllosen Macho oder brutalen Tyrannen aussucht, dann wird er diese Wiederbelebung seiner Eltern vielleicht sogar noch genießen. Wenn er wirklich dies suchte und braucht, mag die Beziehung wohl halten. Ist allerdings die wiederbelebte Elternfigur allzu unbefriedigend, dann wird diese Beziehung scheitern. Nochmal, es geht mir hier nur darum, Verständnis zu wecken. Ich will nicht behaupten, Heterosexuelle hätten immer gute und Homosexuelle immer schlechte Eltern, sondern bloß, daß wohl mehr Homo- als Heterosexuelle schwierige Beziehungen mit beiden Elternteilen hatten und daß dies in homosexuellen Beziehungen mehr Schwierigkeiten als in heterosexuellen nach sich ziehen kann.

Mir scheint, auch wenn ich es nicht beweisen kann, daß sich manchmal Lesben absichtlich unschön aufmachen, um dem Bild der schönen Frau zu widersprechen. Dabei achten sie natürlich immer noch sehr auf den Aspekt der äußeren Erscheinung, auch wenn ihr Ziel in seiner Überwindung besteht.

Dieser Gesichtspunkt der äußeren Erscheinung hat eine gewisse Ähnlichkeit mit dem bereits besprochenen Thema der sexuellen Anziehung. Dennoch gibt es Unterschiede. Sexuelle Anziehung kann sich nämlich auf eine ganze Reihe von Merkmalen gründen, von denen die körperliche Attraktivität nur eine unter vielen ist. Ich möchte hier aber von beidem sprechen, der körperlichen Attraktivität und der äußeren Erscheinung. Homosexuelle geben sich gerne Mühe, wenn es um Männermode geht, und sie bringen Zeit und Energie fürs Fitnesstudio auf. Nur einige pflegen als bewußte Gegenreaktion eine Lederkultur im Stil des jungen wilden Marlon Brando, wobei sie damit natürlich weiterhin eine zu große Aufmerksamkeit auf das Aussehen legen.

Aussehen ist flüchtig und kann naturgemäß nicht ewig dauern. Wer heute ein junger Bursche ist, bekommt morgen eine Falte, ein graues Haar oder einen Bauch. Und weil bei manchen unternehmungsfreudigen Homosexuellen eine ganze Menge Alkohol, Drogenerfahrungen, Parties und lange Nächte zum Lebensstil gehören, gerät ihr Aussehen schnell in Gefahr. In einer herkömmlichen Familie kann ein Mann leicht sagen, er liebe an seiner Frau auch die Falten, weil sie von gemeinsam durchstandenen Stürmen der Ehe und gemeinsamer Sorge um die Kinder herrühren. Aber es wird nicht viele Homosexuelle geben, die die Falten des anderen lieben, weil sie zusammen auf tausend Parties betrunken waren. Mit dem Schwinden der äußeren Anziehung werden einige Beziehungen auseinandergehen.

Ich muß an dieser Stelle ein Unbehagen gestehen. Meiner Meinung nach betonen einige Homosexuelle das Neue, das Neueste, das Ultramoderne mit einer Hingabe, die von Heterosexuellen, auch wenn ihnen dieses Phänomen nicht fremd ist, kaum nachvollzogen werden kann. Mir fallen zum Beispiel zwei Männer ein, die nach jeder Party die ganze Wohnung neu streichen. Andere renovieren einmal im Jahr. Dieser Drang zum Neuen treibt sie sogar dazu, um nur ja nicht als stehengeblieben oder altmodisch zu erscheinen, ihre Partner zu wechseln. So wie einige Homosexuelle die ersten waren, die auf langen Haaren standen, und dann wieder die ersten, die auf kurzen Haaren abfuhren, so rasch wechseln sie auch manchmal ihre Partner, besonders wenn deren äußere Schönheit verblaßt. Ich begrüße diese Anpassungsbereitschaft nicht, sondern will sie nur vor Augen führen. Nun weiß ich wohl, daß Homosexuelle als Minderheit mehr verfolgt werden als Heterosexuelle (womit nichts antisemitisches oder antifarbiges gesagt sei), aber ich kann nicht anders als festzustellen, daß hier etwas Narzistisches am Werke ist. Bei einem kleinen Teil der Homosexuellen liegt der Schlüssel zu ihrem Darstellungsdrang in einem frühkindlichen Narzismus, der anders als bei den meisten homo- oder heterosexuellen Menschen nicht überwunden wurde. Ungeachtet der psychologischen Hintergründe, bleiben sie in dauernder Sorge um Äußerlichkeiten, Oberflächlichkeiten, Körpererscheinung, Schönheit und besonders der eigenen Schönheit befangen. Manche würden sich, wenn sie nicht mehr anziehend wirken, darum sogar das Leben nehmen. Denn wofür wäre ihr Leben noch gut? Und mit Sicherheit werden manche von ihnen ihren Partner, wenn er für sie nicht mehr attraktiv ist, verstoßen. Das ist sehr ernüchternd, aber bei einigen Homosexuellen wahr.

Nach dieser ausgiebigen Diskussion über die Schwierigkeiten homosexueller Partnerschaften möchte ich jetzt einen Grund herausstellen, warum homosexuelle Beziehungen dennoch gute Überlebenschancen haben. Da beide Partner keine Familie gründen wollen, können sie dem Gedanken an Karriere großen Raum geben. Beide haben eine eigene Arbeit, die ihrem Leben Sinn gibt, so daß nicht der eine sich von der Selbstverwirklichung des andern ernähren muß, wie es in vielen heterosexuellen Ehen der Fall ist. Wie oft hat die Frau keine erfüllende Tätigkeit und bleibt verbittert zurück, wobei ich konservativ genug bin, die Gestaltung eines gesunden und glücklichen Familienlebens für eine sehr bedeutungsvolle Arbeit zu halten. Bei homosexuellen Partnern ist keiner dem Druck durch die Gesellschaft oder seinen Gefährten ausgesetzt, sich zu bremsen und an den Stand des andern anzupassen, sondern jeder der beiden ist zu seiner eigenen Karriere frei.

4. Zwölf Männerskizzen

Südstaaten-Schönheit

Robert E. Lee Branford (1) hat den Dialekt und die Lebensart der Südstaaten beibehalten. „Vom Winde verweht" sah er sich dreißig, vielleicht sogar fünfzigmal an, die Dialoge kann er großenteils auswen-
dig. Er ist einer der Flüchtlinge aus dem Süden, die im New Yorker
Exil leben müssen, weil ihre Homosexualität für ihre Familie unannehmbar ist.

„Bran" steckt tief in seinen sexuellen Phantasien und in *Scat* (2).
Zwar erklärt er, daß er sexuelle Erfüllung auch einmal auf eine andere Weise finden möchte, die seiner Gesundheit weniger schadet.
Doch immer wenn er einen neuen Partner gefunden hat, entdeckt er
wunderbarerweise, daß auch dieser wieder auf Scat steht.

„Bran" hat einen Frisiersalon, bringt aber nicht viel Zeit und Engagement für ihn auf. Manchmal arbeitet er zur Aufbesserung seiner Einkünfte als persönlicher Diener und Begleiter einer „Madame". Über seine Rolle als Ankleider, Diener und Mädchen-für-alles
lacht er zwar, aber er hat auch sein Vergnügen daran, durch diese Arbeit in so enge Fühlung mit den Parfüms, Perücken, Pumps und Pa-
radekleidern von Madame zu gelangen. Außerdem genießt er seine
Beziehung mit Madame, die statt mit ihrem reichen tumben Ehemann lieber mit ihm als Gesellschafter zusammen ist.

„Bran" arbeitet in der Therapie genau wie im Leben auf eine gediegene und geruhsame Art und Weise. Aber er fängt damit an, sein
Leben mehr in die Hand zu nehmen. Sein Frisörsalon blüht auf, und
in seinem Verhältnis mit Madame kommt er aus seiner Unterwür-
figkeit allmählich heraus. Er findet einen Sexualpartner, mit dem die
Beziehung an Dauer gewinnt. Sie spielen stundenlang zusammen
ihre Phantasien durch, wozu gelegentlich auch Drogen, Verkleidung im *Fummel* (3) und Scat gehören. Sie beginnen, sich jeder mit
seinen eigenen Bedürfnissen aufeinander einzulassen.

Meine eigene Arbeit in „Brans" Therapie ist vor allem, meinen
Ekel vor seinen sexuellen Lieblingsspielen zu überwinden. Ich lerne
auch allmählich, „Brans" Förmlichkeit zu schätzen und ihn als klugen, netten und umgänglichen Gentleman, der so ganz anders ist als
die mir bekannten New Yorker, zu mögen.

Just in dem Augenblick, als „Brans" Leben in ein neues Stadium
tritt, erfährt er, daß er HIV-infiziert ist. Die Krankheit bringt ihm

im weiteren Verlauf viel Schmerz und Leid, doch er erträgt sein Schicksal bis zum Tod mit Würde und Adel.

Dunkler Engel

Pater Thomas ist Kartäusermönch, aber zur Zeit vom Gelübde entbunden. In Psychotherapie ging er vermutlich, um eine Glaubenskrise zu überwinden, und bekam dazu die Unterstützung von seinem Abt. Gegenwärtig nutzt er die Zeit außerhalb des Klosters, um seine Homosexualität und andere verbotene weltliche Gelüste ausgiebig zu erkunden: Drogen, Zinsgeschäfte, Prunk und Eitelkeit. Als Therapeut bin ich erschrocken, wie weit er sich von der benediktinischen Regel der Armut, Einfachheit und des Gehorsams entfernt hat. Als weltlicher jüdischer Humanist habe ich ja kaum Kontakt mit dem Kloster- oder auch nur dem Gemeindeleben. Meine Vorstellungen vom Leben eines Priesters orientieren sich an Bing Crosby und Barry Fitzgerald in *Bells of St. Mary* (4) und Pat O'Brien in *San Francisco* (5). Nun lehrt mich Pater Thomas, was ein „Whiskeypriester" ist, und daß auch ein sündiger Priester die Sakramente austeilen kann, ohne sie zu entweihen.

Ich frage Pater Thomas, ob es nicht vernünftiger wäre, sich aus dem Kloster ganz zu verabschieden, da seine Interessen jetzt so sehr im Weltlichen liegen. Aber er widerspricht diesem Vorschlag. Seit dem Klostereintritt im Alter von zwanzig hat er nicht mehr in der Welt gelebt, und er fürchtet, ohne die Hilfe seines Ordens könne er nicht überleben. Er bleibt dabei, daß es eine Lösung geben müsse, mit seinem Abt ein Arrangement zu finden und zugleich seine, vom katholischen Standpunkt gesehen, sündige und verderbte Lebensweise fortzuführen. Ich bin abermals von seiner Weltklugheit schockiert: er ist mehr ein Richelieu als ein St. Franziskus. Und ich muß mich mit meinen herkömmlichen Ansichten über den Katholizismus, die ich aus den Medien habe, und meinen ungeklärten Gefühlen gegenüber Religion, Autorität und Ehrfurcht auseinandersetzen.

Zuletzt entscheidet sich Pater Thomas doch zum Klosteraustritt, aber sein Priesteramt behält er bei. Es gelingt ihm, eine Gemeinde im East Village zugewiesen zu bekommen, und er setzt sein weltliches Leben in einer zuträglicheren Umgebung fort. Er fand einen Weg, dem Kaiser zu geben, was des Kaisers, und Gott zu geben, was

Gottes ist. Mir allerdings geht immer noch die Frage durch den Sinn, wie der Sünder mit dem Heiligen verbunden ist, was Heiligkeit bedeutet, und welche Beziehung zwischen ihr und einem Leben als Einsiedler besteht.

Der Yeshiva Bucher (6)

Harry gehört einer jüdisch-orthodoxen Familie in Williamsburg an. Er hat sich an der Universität von New York in Jura eingeschrieben und vor kurzem seine Homosexualität entdeckt. Die Freude an Flirts, Zufallsbekanntschaften und der ungehemmten Sexualität bescheren ihm einen Höhenflug, zugleich versinkt er in Scham und Schuldgefühlen. Obwohl seine Glaubensgemeinschaft für ihn nur Mißbilligung übrig hat, kann er seine herkömmliche Religion nicht aufgeben. Seinen neu entdeckten Garten der Lüste möchte er aber auch nicht wieder hergeben.

Harry kommt in Therapie, um seine sexuellen Vorlieben und seinen familiären und religiösen Hintergrund vereinbaren zu lernen. Als Harrys Therapeut glaubte ich zu rasch, die Lösung bestünde im Bruch mit der Orthodoxie, so wie ihn meine Eltern vor achtzig Jahren bei der Auswanderung nach Amerika vollzogen hatten. Aber Harry ist konservativer. Er findet bei seiner Familie und Gemeinde Halt und Trost. Ich bin von seinem Festhalten an chassidischen Traditionen ganz verwirrt und entdecke meine schlummernden Vorurteile gegen das orthodoxe Judentum. Solange ich keinen Kontakt mit der Orthodoxie hatte, konnte ich meinen, neutral zu sein. Doch nun in der Arbeit mit Harry erkenne ich meine Intoleranz.

Im Laufe der Therapie findet Harry heraus, daß er am meisten zu der Lösung neigt, ein nettes jüdisches Mädchen zu heiraten, mit ihr Kinder zu haben, und sein Doppelleben fortzuführen. So braucht er weder seine Familie zu enttäuschen noch seine sexuelle Lust zu zügeln. Ich bin über Harry's Entscheidung für diesen Weg enttäuscht. Er nicht. Er wird seinen *Hamantasche* (7) essen und zugleich behalten können.

In einer meiner offenen Gruppen in München schüttet ein Arzt, Heinrich, sein Herz aus. Er war zweimal verheiratet und hat aus beiden Ehen Kinder. Auf seinem Berufsweg liegen Steine: Er wurde aus einem guten Krankenhaus versetzt in eine Klinik mitten in einem sozialen Brennpunkt. Außerdem verschreibt er sich selber jede Menge Drogen und ist deshalb die meiste Zeit hinter einem Nebel verschwunden. Mit seiner Homosexualität hat er große Konflikte. Trotz Scham und Schuldgefühlen führt er heimlich ein vielseitiges, aktives schwules Leben; und um sein sexuelles Erleben zu vertiefen und seine Selbstqualen zu betäuben, experimentiert er dabei mit Drogen.

Heinrich hat ein Sexualleben mit einer Reihe von Eigenartigkeiten. Er hat eine Leidenschaft für sado-masochistische Pornografie, spielt gerne mit riesigen *Dildos* (8) und findet Instrumente zum Piercen von Brustwarzen und Vorhaut sehr erregend. Dies erzählt er auf eine spielerische und scherzhafte Art und Weise, aber die Mitglieder der Gruppe sind erst einmal verschreckt und ziehen sich von ihm zurück.

In der Arbeit mit mir erzählt Heinrich, daß sein Vater Nazi in mittlerer Führungsposition war und noch heute zu Hitler steht. Sein Vater hatte ihn als Kind schikaniert und verprügelt und setzt auch heute noch alle Hebel in Bewegung, um ihn gefügig zu machen. An diesem Punkt greifen die Gruppenmitglieder ein und fallen über Heinrich und seinen Vater her. Er wird wegen seines Sadomasochismus und seines Vaters politischen Überzeugungen zum Sündenbock gemacht, zum Ausgestoßenen.

Ich verteidige ihn. Aber ich stelle fest, daß ironischerweise ich als Jude es bin, der um Gnade für ein Nazikind bittet. Mich quälen Zweifel, welche Rolle ich als amerikanischer Jude bei der Arbeit mit Angehörigen von Nazis in Deutschland habe.

Wie erreichbar bin ich für Heinrich, trotz meiner öffentlich gezeigten Haltung, tatsächlich? Nachdem ich meine persönliche Betroffenheit durch Heinrichs Sadomasochismus und die politischen Ansichten seines Vaters geklärt habe, kann ich auf Heinrich therapeutisch eingehen.

Daß ich Heinrich nicht zurückweise, rührt ihn zutiefst. Nun läßt er den freundlichen, zärtlichen Heinrich hervorkommen. Die Gruppe kann sich ihm gegenüber erwärmen. So hat Heinrich durch die

Erfahrung mit mir und der Gruppe etwas Wertvolles dazugewonnen. Ich allerdings denke immer noch darüber nach, was für eine Rolle ich eigentlich in Deutschland spiele.

Der verrückte Psychiater

Nach seiner eigenen Definition ist Herb ein Borderline-Psychopath. Außerdem ist er Psychiater mit einer florierenden Praxis, die vor allem von Drogenabhängigen frequentiert wird. Er ist entschlossen, drei Millionen Dollar zusammenzuverdienen, eine Yacht zu kaufen und dann für den Rest seines Lebens tropische Inseln anzusegeln. Mit diesem puren Streben nach Gelderwerb schlägt er sehenden Auges den hippokratischen Eid in den Wind.

Therapie sucht er aus einer Reihe von Gründen. Er ist immer noch schmerzvoll mit seiner lutherischen Familie verbunden, die ihn wegen seiner Homosexualität ablehnt. Wiederholt hatte er bei seinen Eltern Unterstützung gesucht, aber sein Vater meint, er könne einen tuntigen Sohn nicht akzeptieren, und seine Mutter nimmt zwar teure Geschenke an, kann sie aber nicht mit Liebe erwidern. In Beziehungen mit Männern ergeht es Herb nicht besser. Zwar macht er als schöner und charmanter Mann mühelos seine Eroberungen, doch sobald er seine bedürftige, chaotische und manipulative Persönlichkeit zeigt, gehen die Beziehungen auseinander. Er benutzt seine Partner wie sich selbst.

Mich behandelt Herb auch nicht besser. Er kommt zu Sitzungen zu spät, läßt Stunden ohne Absage ausfallen und läßt Rechnungen solange unbezahlt, bis ich ihm Mahnungen schicke. Obwohl ihm Geld so wichtig ist, drückt sich auch in seinen Finanzen sein Chaos aus. Er wurde vom *IRS* (9) vernommen, wird vom Vermieter mit Kündigung bedroht, und seine Versuche zur Steuerhinterziehung schlugen fehl.

In der Therapie ist Herb ausweichend, verschlossen und fordernd. Weil er von Jugend an immer wieder in Therapien war, weiß er, wie man den Therapeuten blockiert. Herb ist wie ein Sieb. Er verlangt nach Aufmerksamkeit, Beratung und Zuwendung, aber alle Bemühungen darum wirken letztlich nur wie eine kurze Linderung. Danach verlangt er rasch nach noch mehr Aufmerksamkeit, Beratung und Zuwendung.

Herb kennt seine Grenzen und Schwierigkeiten als Klient selbst. Er bittet mich, auch wenn er mit seinem Verhalten Ablehnung provoziert, ihn nicht wie schon seine Eltern, Partner und früheren Therapeuten zurückzuweisen. Ich bin gereizt und in Versuchung, es den anderen gleichzutun, die sein Benehmen nicht mehr ertragen können. Ich frage ihn, mit was für Hilfen und was für einem Arrangement wir es schaffen könnten, daß er von seinem zerstörerischen Verhalten allmählich wegkommt. Mit kleinen Schritten fangen wir an, und daraus baut sich langsam eine Beziehung auf, an der Herb wachsen kann. Er lernt es, bleibende Beziehungen einzugehen und mit seiner Familie klarzukommen. Was er allerdings nicht aufgeben will, ist seine Fantasie, eine Lösung all seiner Probleme gelänge mit Geld.

Sieger in allen Disziplinen

Peter ist erfolgreicher Produzent komischer Musicals. Er liebt diese Gattung wegen der Möglichkeit, das Leben durch Musik und Kunst in einem besseren Lichte erscheinen zu lassen. Sein persönlicher Wunsch ist, das Leben möge so viel Glanz und Gloria wie ein Musical annehmen.

Peter versteckt sein Schwulsein. Nur die allerengsten Freunde wissen von seinen homosexuellen Sehnsüchten. Er stellt sich als den lustigen Junggesellen dar, der nur noch die richtige Frau zum Umgarnen und Erobern finden muß.

Als Geschäftsmann ist Peter allem Neuen aufgeschlossen, erfinderisch und wagemutig. Im Privatleben steckt er voller Angst: vor der Bedrohung durch Aids, vor seinen eigenen Neigungen, vor der Unkontrollierbarkeit von Beziehungen, und vor allem davor, Verlierer zu werden.

Die Therapie bietet Peter eine Möglichkeit, seine Ängste kennenzulernen. In unseren Sitzungen kann er die Nähe mit einem Mann ausloten ohne Gefahr zu laufen, sitzengelassen zu werden. Außerdem kann er bei mir aus dem Versteck herauskommen und seine verborgenen Wünsche ohne Furcht vor öffentlicher Blamage zum Ausdruck bringen. Zusammen können wir auch auseinanderlegen, wie seine Angst vor Aids an die Furcht vor Sexualität und Partnerwechsel und an die Verbotenheit seiner Wünsche gekoppelt ist.

Peters größte Furcht ist, Verlierer zu sein. Stets muß er bei Fußball, Basketball und Hockey auf die siegreiche Mannschaft setzen. Und ständig muß er unter den Restaurants das beste und unter den Urlaubszielen das begehrteste herausfinden. Auch als Partner käme nur einer in Frage, der ein Gewinnertyp ist; aber wie soll er den finden? Das schlimmste, was er sich ausmalt, ist, daß ihn trotz aller Mühen und Erfolge andere für einen Verlierer halten und meiden könnten. Peters Furcht, Verlierer zu sein, ist das größte Hindernis zum Erfolg seiner Therapie.

Wir suchen zusammen nach Wegen, wie er seinen Schrecken vor dem Verlassenwerden mildern könnte und wie er es einmal riskieren könnte, daß sein Selbstbewußtsein angekratzt würde. Peters Ziel, stets Gewinner zu sein, hilft ihm auch durch den Schmerz hindurch, als er sich in der Therapie mit seinen Zweifeln befaßt, je ein erfolgreicher Liebhaber sein zu können, einer, der in einem seiner Musicals der Held sein könnte.

Dorian Narziß (10)

Geoff ist Neo-Expressionist. Er hat es zu einer kleinen Berühmheit gebracht, wird in Kunstmagazinen und der New York Times interviewt, stellt in guten Galerien aus und hat eine kleine, treue Sammlergemeinde. Er hat auch einen kleinen Penis und leidet darunter. Daß er keine dauerhaften Beziehungen hat, führt er darauf zurück. „Alle wollen große Schwänze, und früher oder später ist meiner jedem zu klein, und dann läßt er mich sitzen." Zum Ausgleich geht er stundenlang ins Fitneßcenter von Chelsea und trainiert sich einen Body an. Er kauft sich auch eigenartige Geräte zur Verlängerung seines Glieds. Er steht auf Leder und jede Art Spielzeug für Sex, mit Ausnahme großer Dildos. Und er treibt sich Stunden um Stunden zum Cruisen in Saunen, Läden und Toiletten herum.

Zwischen Geoff und mir entspinnt sich ein Kampf. Ich will ihn davon überzeugen, daß ein großer Schwanz kein Mittel zu einer erfolgreichen Beziehung ist, und daß ein kleiner nicht darüber vorentscheidet, ob er einen Partner findet, der bei ihm bleibt. Ich möchte, daß Geoff seine Besessenheit von großen Schwänzen, breiter Brust und strammen Backen einsieht. Allerdings wenn ich ihn mit seinem Phalluskult, seinem Narzißmus und der dahinterliegenden Angst vor Überwältigung konfrontiere, laufe ich Gefahr, daß er mich zurückweist. Ich muß mich selber meinen Vorbehalten gegen seinen Lebensstil stellen; denn meistens meide ich Narzißten und verurteile ihren seelenlosen anonymen Sex als Mittel der Kontaktvermeidung.

Damit die Therapie mit Geoff gelingen kann, beschränke ich mich also auf das Thema der Angst vor Überwältigung und Unterwerfung. Ich meine, wenn er sich erst einmal größer und sicherer fühlt, verliert seine Schwanzgröße an Bedeutung.

Das Leben wird zu meinem Verbündeten: Geoff macht die Bekanntschaft mit jemanden, der über Größen erhaben ist, der seine Bilder, seinen Körper und seine zugehörigen Teile liebt - egal ob sie groß sind oder klein.

Der Leopard und die Flecken

Randolph, distinguierter Leiter eines Kabelfernsehsenders, vereinbart einen Termin. Er ist 62 Jahre alt und scheint bei allen Unternehmungen von Erfolg gekrönt. Er hat eine liebevolle Ehefrau, drei erwachsene Kinder, Freunde, ein Haus am Strand von Bridgehampton und einen guten Ruf. Wozu erscheint er bei mir?

Randolph führt ein Geheimleben als Homosexueller. Wenn er auf Tagungen in anderen Städten weilt, nutzt er die Dienste hochbezahlter Callboys, um seine sexuelle Sehnsucht zu erfüllen. Nun, da er bald Persionär ist, möchte er in seinem Sexualleben mehr Befriedigung erfahren. Ob er eine Liebesbeziehung mit einem Mann wagen könne? Und wie könne er dies zuwegebringen bei seinem hohen öffentlichen Ansehen?

Vierzig Jahre zuvor war er versehentlich, wie er sich ausdrückt, heroinabhängig geworden und hatte den Wert von Abstinenz schätzen gelernt. Sei dies nicht auch die rechte Methode, mit Homosexualität umzugehen?

Im Laufe der Zeit geht Randolph öfter in Bars für Herren eines gewissen Alters und Standes: *The Townhouse, Regent's Row*, die *Bar im Oak Room des Plaza Hotels*. (11) Er begegnet einem hübschen jungen Mann, Joel, und verliebt sich in ihn. Wird Joel sich auch weiterhin zu ihm hingezogen fühlen, wird Joel es ertragen, im Hinterhof von Randolphs Leben zu residieren?

Ich arbeite mit Randolph an seinen Themen der Achtbarkeit, Konventionalität, Verantwortlichkeit für eine Familie, Scham,

Schuld, romantischer Sehnsucht, Enthaltsamkeit und sexueller Erfüllung. Die Themen meines eigenen Lebens klingen darin mit an. Wie gut bin ich selber mit ihnen zurechtgekommen? Werde ich auf Randolph meine Werte übertragen, um mein eigenes Leben besser zu rechtfertigen, anstatt bei dem zu bleiben, was zu Randolph paßt? Würde ich Joel und meinen eigenen Partner, der auch jünger ist, verwechseln und Randolph vorschnell Meinungen anbieten, statt ihm zu helfen, eigene Wahlmöglichkeiten zu entwickeln? In der Arbeit miteinander ist für mich die Gelegenheit, mein Leben noch einmal neu zu begreifen, so wie Randolph das seine. Er ist mein Klient, aber durch seine aufrichtige Selbsterforschung wird er zugleich mein Lehrer und Mentor.

Wie heißt Ricardo jetzt? (12)

Ricardo ist ein schöner junger Mann italienischer Abstammung. Er kommt in Behandlung wegen einer diffusen Angst. Eine Woche nach unserer ersten Begegnung gesteht ihm seine Frau, daß sie mit einer Frau aus dem Taylored Woman eine lesbische Beziehung angefangen hat. Ricardo ist überrascht, erschrocken und verwirrt. Er bittet seine Frau, bei einem meiner Kollegen ebenfalls in Therapie zu gehen; sie ist einverstanden.

Ricardos Frau setzt die Affaire mit ihrer neuen Freundin fort. Er enthüllt mir, daß er und seine Frau seit Jahren, besonders auch zum Sex, Kokain nähmen. Dann gesteht er, daß sie zur Finanzierung dieser Gewohnheit als Dealer für Freunde gearbeitet hätten: Sie haben große Mengen eingekauft und ihnen mit Gewinn weiterverkauft. Ich kann nicht klar erkennen, wie abhängig Ricardo ist, und schlage ihm vor, einen Monat lang abstinent zu bleiben. Er geht darauf ein und stellt am Ende des Monats mit Freude fest, daß er keinen Drang zum Drogengebrauch verspürt hatte.

Ricardo findet an seiner Psychotherapie viel Gefallen. Ich nicht. Mir kommt es vor, als benutzt er mich als Priester, um zu beichten und Vergebung zu erlangen. Wozu ich ihn einladen möchte, ist dagegen die Erkundung seines Innenlebens, damit er sein zerstörerisches Verhalten verstehen kann. Ich bin mir dabei auch gewahr, daß ich Ricardo als schönen jungen Mann anziehend finde.

Ricardo vermeidet es, sein Gefühlsleben genauer auszuloten. Ich werde ärgerlich und frage mich, ob mein Ärger zum Teil daher kommt, daß ich mich abgewiesen fühle, weil er mein Angebot zur Erkundung seiner unbewußten Anteile ausschlug. Als Ricardo eine ganze Reihe lebhafter Träume berichtet, können wir seine unbewußten Wünsche näher ansehen. Manches davon deutet auf homosexuelle Gefühle hin. Dies jedoch findet Ricardo so bedrohlich, daß er aus der Therapie entflieht.

Ein sonniges Gemüt (13)

Ron ist ein netter, hübscher junger Mann, der die Aktivitäten in der schwulen Szene sehr liebt. Er besucht die *trucks* (14), fährt im Sommer nach *Fire Island* (15) und denkt manchmal daran, in einer schwulen Sauna Handtuch-Boy zu werden. Er hat auch ernsthafte Seiten: eine römisch-katholische Familie, den Wunsch nach beruflicher Veränderung und der Ausbildung zum Grafikdesigner, die Idee zu einem gemeinsamen Leben „mit einem netten jüdischen Mann mit dickem Schwanz".

Ron ist auf bestem Weg, seine Ziele zu erreichen. Da erfährt er, daß er HIV-infiziert und sein Abwehrsystem schon beschädigt ist. Er kämpft darum, sich gesund zu erhalten. Aber er muß mehrmals ins Krankenhaus wegen *opportunistischer Infektionen* (16). Sie zehren seine Kräfte auf. Er stirbt, bis zuletzt voll menschlicher Würde. Ich habe in dieser Zeit Ron mit seiner Tapferkeit und seinem heiteren Gemüt sehr liebgewonnen. Noch heute tut mir sein früher Tod weh.

Schattenarbeit (17)

Mario ist Latino und hat sich , um seiner Herkunft aus der Unterschicht zu entfliehen, in „Timmy" umbenannt. Er leidet an einer Reihe psychosomatischer Symptome: Mundgeruch, Schweißausbrüche, Blähungen. Ich sehe, daß sich darin Angst ausdrückt, denke aber auch daran, daß Schuld mit hineinspielen könnte, denn Timmy läßt sich von Meg, einer reichen Witwe, aushalten. Ich bin mir gewahr, daß es mich belastet mitzuerleben, wie er sich verkauft und gleichzeitig Meg ausnutzt.

Timmys Symptome beginnen sich zu bessern, und Meg entschließt sich ihrerseits zu einer Therapie. Genaugenommen ist sie vor allem daran interessiert, mich als Verbündeten zu haben, um Timmys

Zuneigung zu erhalten. Ich fühle mich an meine eigenen Affären mit älteren Frauen, Winifred und Muriel, und an meine Erfahrungen mit Strichjungen erinnert. Also sehe ich mir auch meine eigenen Vorurteile gegen Prostitution und meinen Drang zu ihrer Erklärung näher an.

Als Timmy mehr Selbstbewußtsein entwickelt hat, fängt er eine Affäre mit Frank an. Früher waren seine Affären immer nur sehr kurzlebig: Zu Beginn die große Leidenschaft, dann rasche Abkühlung, schließlich der Rückzug. Diesmal aber ist es anders. Frank ist nicht nur sexuell attraktiv, sondern Timmy liebt an ihm auch seine Zuverlässigkeit, seine Mittelschichtwerte, seine positive Grundeinstellung.

Bewußt hält Timmy Frank nicht vor Meg geheim. Er möchte Meg gerne zu eine wohlwollenden Mutterfigur machen. Zugleich ermutigt er Frank, mit Meg zu flirten, so daß die Illusion möglich wird, er und Frank seien ja nur Heterosexuelle, die halt beide Meg attraktiv fänden. Von diesen Täuschungsmanövern fühle ich mich ziemlich abgestoßen, denn selber hatte ich die Heterosexualität und ihre Vorteile fahren gelassen, um in der verhaßten Minderheit der Schwulen meinen wahren eigenen Platz zu finden. Ich denke auch darüber nach, was für mich persönlich eine Beziehung zu dritt bedeutet. Überdies entdecke ich zwischen mir und Timmy, Meg und Frank beunruhigende Parallelen, die ich gar nicht mag.

Ich arbeite mit Timmy an seinem letzten verbliebenen Symptom, bis er sich weit genug fühlt, um die Therapie zu beenden. Er hat seine Ziele erreicht. Ich jedoch die meinen nicht. Ich finde die Art, wie Timmy sein Leben arrangiert, nicht gut. Aber muß denn ein Therapeut auch mögen, was seine Klienten tun?

Nachdem Timmy die Therapie beendete, folgte ihm Meg darin rasch nach. Mir geht jetzt noch durch den Sinn, wie viel ich bei den Therapien mit ihnen über mich selber dazulernte, und ich frage mich, ob ich nicht dafür hätte Geld bezahlen sollen.

Weißbrot und braunes Mehl

Waldo ist der Hautfarbe nach schwarz, genauer gesagt „Milchkaffee", aber seine Gesichtszüge sind die eines Weißen. Er trägt einen Anzug und arbeitet bei *BBD&0* (18) als Schalterangestellter. Sein Freund ist Weißer und leitet eine High School. Waldo ist depressiv und verstopft. Er nimmt jeden Tag zur Schmerzbetäubung Aspirin und macht einmal in der Woche einen Einlauf, um seinen Darm in Gang zu bringen.

In den Therapiestunden ist Waldo zurückhaltend, steif, wie erfroren. Er ist förmlich, höflich und distanziert. Ich ermuntere Waldo zu dem Wagnis, den Nigger in sich zu entdecken, aber er ist darüber entsetzt. Der Stolz seiner Familie verbietet ihm dies. Vor der Sklavenbefreiung waren sie baptistische Pfarrer. In den letzten hundert Jahren war sein Urgroßvater mit Booker T. Washington befreundet, war sein Großvater in der Roosevelt-Ära Gewerkschaftsfunktionär und war sein Vater am Harlemer Sydenham Hospital der Chef der Ambulanz. Wie dürfte ich es da wagen, ihn den Nigger spielen zu lassen? Nun, und wenn Waldo ein Weißer wäre, würde ich ihn denn dann nicht auch seine dunkle Seite erkunden lassen, seinen Schatten, damit die lebendigeren Seiten seiner Natur den ihr zustehenden Ausdruck fänden? Waldos Einverständnis damit, ein sauberes, wohlerzogenes, steriles Dasein zu führen, dem Vielfalt und Farbigkeit abgehen, verdammen ihn zu Depression und Verstopfung.

In Waldos Träumen erscheine ich als *Simon Legree* (19), der Sadist, und bedrohe Liza und Klein-Eva. Ich muß also versuchen, einen anderen Zugang zu ihm zu finden, der weniger bedrohlich ist. Ich biete ihm einen Rollentausch an, so daß er den weißen jüdischen Therapeuten spielt und ich den Afro-Amerikaner, der durch seine Fassade als Onkel Tom die weiße Gesellschaft besänftigen will. Als Waldo spiele ich ein paar Rollen durch: den zurückhaltenden, oberflächlich höflichen Herrn, der verstopft und deprimiert ist; den Mitarbeiter, der ehrgeizig ist, gut ankommen will und dafür den *Mohrenkopf* (20) mimt (außen schwarz und innen weiß); einen schwarzen Nationalisten, der auf sein wertvolles afrikanisches Erbe stolz ist; einen Geschäftemacher, der sich betrügerisch durch das System durchlaviert. Alle diese Rollen findet Waldo gut. Nun tausche ich wieder zurück und lasse ihn diese Rollen durchspielen. Waldo ist einverstanden, und er entdeckt, wenn er etwas weniger zugeknöpft ist, landet er noch lange nicht in der Gosse. Er nutzt die Therapie, um seine bisherige Maske der Wohlanständigkeit aufzugeben, und wird ein lebendigerer, echterer Waldo.

5. Ein sonniges Gemüt

Man kann auf viele Weisen schwul leben. Die Laienpsychologie stellt sich dafür ziemlich klassische Rollen vor: den femininen Mann, die Tunte, der sexuell die passive Rolle einnimmt, und im Gegensatz dazu den machohaften Marlboro-Mann, den hypermännlichen Kämpfer, der Frauen heruntermacht und sexuell die aktive Rolle spielt. Natürlich ist das wirkliche Leben komplizierter. Ein femininer Mann bleibt Mann, und bloß weil er als Sexualpartner andere Männer wählt, verliert sich nicht sein angelerntes männliches Verhalten. Und der hypermaskuline Kerl ist genau so wie sein femininer Freund dem Phalluskult ergeben. Im sexuellen Erleben schwingt stets der Wunsch mit, wie schon Freud beschrieb, passiv dasselbe zu genießen, was man aktiv tut, und umgekehrt genauso. Das macht auch verständlich, warum Frauen manchmal gerne obenauf sind und Matrosen sich gern auf den Bauch legen und von hinten nehmen lassen.

An dieser Stelle möchte ich aber nicht ausführlicher über Sexualverhalten reden, sondern auf zwei Arten schwul zu leben eingehen. Einen entscheidenden Unterschied macht es, ob jemand versteckt lebt oder offen. Wer sein Schwulsein versteckt, lebt ängstlich, mißtrauisch, auf der Hut und auf dem Sprung, gegenüber Freunden, Eltern, ggf. auch Frau und Kindern getarnt und für Erpressungen ein leichtes Opfer. Ich kann mitfühlen, daß jemand aus einem Übermaß an Scham, Schuld und Angst seine Gefühle einkapselt und sein Leben als *Schrankschwester* (1) hinter verschlossenen Türen führt. Dennoch ist mein Wunsch, daß Schwule aufstehen und sich das Recht nehmen, sie selber zu sein, stolz auf ihre einmalige Individualität, unabhängig von der Erwartungen der Gesellschaft drumherum. In der anthropologischen Forschung zeigten *Clyde und Florence Kluckhohn* (2), daß eine Gesellschaft gerade durch die alternativen Lebensweisen neben dem Normalverhalten bereichert wird. Ich möchte Klienten zu der Stärke und dem Mut verhelfen, genau so stolz wie die *Drag Queen* (3) im Film *La Cage au Folles* (4) zu sagen: „Ich bin, wer ich bin".

Das Gegenteil der Schrankschwester ist die aufgedrehte, überschwengliche, schrille Tucke, auf die die Bezeichnung gay (lustig) ursprünglich gemünzt war und die die Ironie des Lebens, daß soziale und sexuelle Rollen verkehrt sind, zum Dauerspaß des *Herumtuckens* (5) hochstilisiert. „Aber meine Teuerste" ist zum Beispiel eine klassische Formulierung, wenn eine Schwester mit ihren Freundinnen am Tucken ist. In unserer heutigen emanzipierten Zeit ist es politisch inkorrekt, sich auf diese Art weiblich anzureden. Aber in einer früheren dunklen Epoche, in der man sich unter Schwulen genau wie unter Schwarzen und Juden das Leben mit Humor erträglicher und leichter machte und einfach gern lachte, war „Tucke" ein Kompliment. Der Dreh am Tucken ist einfach, über die Absurdität des Lebens lachen zu können, ob schwul oder hetero, angesichts von Tragödien Leichtigkeit zu bewahren und trotz Unterdrückung Würde und Stil zu kultivieren. Ich gebe freimütig zu, daß ich Tucken den Vorzug vor Schrankschwestern gebe. Ich mag, wie sie mit Kunst und Witz die Umstände eines offen schwulen Lebens aufs Korn nehmen und, statt Katastrophenschwestern zu spielen, daraus Spaß und Unterhaltung gewinnen.

Ron war aus dem Versteck herausgekommen und leuchtete auf. Er lebte das schwule Leben in vollen Zügen. Er liebte schnellen und leichten Sex. Er ging in die Bars und Saunen, *cruiste* (6) auf der *Christopher Street* (7) und liebte besonders die *trucks* (8). Ihn machte es ganz besonders an, wie in dem weiten dunklem Raum nur nackte und halbnackte Leiber nach einander tasteten, sich gegenseitig packten und mit hemmungsloser sexueller Errregung in einen Rausch der Lust abhoben. Einmal wurde ihm dort die Brieftasche gestohlen, aber er wurde darüber nicht böse oder vorwurfsvoll. Beim nächsten Mal nahm er einfach nur Kleingeld mit und ließ den Personalausweis zu Hause. So oft es ging, fuhr Ron im Sommer nach The Pines auf Fire Island. Er mochte die salzige Luft, die geheimnisvollen Nebel und das klare Sonnenlicht, das knorzige Kieferngebüsch und den langen breiten Strand aus hellem Sand. Am meisten aber liebte er den endlosen Strom perfekt gebräunter, perfekt gestylter schöner Körper mit winziger Badehose oder, noch gewagter, ganz ohne. Wie viele seiner Freunde, nahm Ron zur Steigerung seiner sexuellen Erlebnisse auf dem *Fleischmarkt* (9) Drogen ein. Sex bei Vollmond unter Bäumen mit einer der neuesten Designerdrogen, das war für Ron das Höchste im Leben.

Warum kam Ron überhaupt in Psychotherapie? Er hatte dafür mehrere Gründe. Ron merkte, daß er bei seinem energiegeladenen Treiben auf der Suche nach Gelegenheitssex sich ständig getrieben fühlte und sehr viel Zeit aufwandte. Seine katholische Erziehung sagte, daß er ein Sünder und daher schuldig sei, und obwohl er nicht daran glauben wollte, empfand er doch ziemlich viel Angst und Depression. Außerdem wollte Ron einen richtigen Partner finden. Er wollte sein Leben mit jemandem teilen, mehr Ruhe und mehr Stabilität gewinnen. Wie er und sein Partner das dornige Problem mit Drogen und Treue lösen würden, wußte er nicht, aber bei einer guten Beziehung wollte er sich dem stellen. Des weiteren wollte sich Ron beruflich verbessern. Gegenwärtig war er beim sozialen Dienst der Stadt New York als Einzelfallhelfer beschäftigt. Er arbeitete mit einer Gruppe schwarzer Mädchen im Teenageralter, die schwanger geworden waren oder ebenfalls Drogen konsumierten. Es waren harte, verwahrloste Mädchen, die an Erziehung kein Interesse hatten und Autoritäten zurückwiesen. Sie hatten Erfahrungen auf der Straße, viele auch mit Prostitution, manche hatten schon ein oder zwei Kinder von verschiedenen Vätern. Ron konnte sich mit ihnen identifizieren. Sie hatten viele Sexualpartner, er genau so. Sie standen auf Drogen, er genau so. Sie wollten keine Arbeit mit ewigem Aufstieg, er genau so wenig. Ron konnte sich in ihre Lage so gut einfühlen wie in seine eigene. Er behandelte sie wie schwule „Schwestern", tuckte mit ihnen herum und gab sich alle Mühe, sie zur Kooperation mit der Wohlfahrt zu bewegen, war dabei aber nicht moralisierend, sondern hatte Witz und Stil. Die Mädchen reagierten auf seine leichte Art positiv. Sie hatten für diesen seltsamen schönen weißen Mann, der so gut mit ihrer Situation und ihren Bedürfnissen umgehen konnte, Bewunderung übrig. Trotz alledem wollte Ron seinen Lebensunterhalt lieber auf eine andere Art verdienen, bei der er seine Kreativität besser entfalten könnte und leichter Zugang bekäme zum Glanz und Luxus des New Yorker Highlifes.

Im sozialen Dienst verdiente Ron wenig. Da er sich Einzeltherapie damit nicht leisten konnte, ging er in die Therapiegruppe für schwule Männer. Rasch fand er dort einen eigenen Platz. Er war groß, schlank, schön und gewandt. Sein Umgangston war leicht und erfrischend, aber wenn wichtige Themen bearbeitet wurden, konnte er auch nüchtern und ernsthaft sein. Obwohl er sich gerne auf Parties bewegte und sich eine schöne Zeit machte, kam er nicht zum Vergnügen in die Therapiegruppe. Er wollte Wege finden, um sein Leben zu verbessern, und Therapie schien ihm dafür die besten Möglichkeiten zu bieten.

Ich schätzte Ron in der Gruppe sehr. Auch wenn seine Lebensweise außerhalb der Gruppe als oberflächlich erschien, war er doch ein sehr konstruktives Gruppenmitglied. Er war klug und offen, nachdenklich und einsichtig. Aus seiner Arbeit mit den Mädchen brachte er viel Verständnis dafür mit, wie schwierig und vielschichtig es sein kann, Menschen zu einer Lebensänderung zu ihrem eigenen Besten zu bewegen. Auf die Bedürfnisse der anderen Gruppenmitglieder ging er ernsthaft und besonnen ein. Unter seiner spielerischen, spaßigen Fassade hatte Ron etwas von einem Chorknaben bewahrt, und ich fand dies neben seiner jungenhaften, frischen Art sehr ansprechend. Ron war achtundzwanzig Jahre alt, hatte aber nichts von seinem jungenhaften Schwung verloren. Er hatte viel Erfahrung, war aber über nichts verbittert oder verdrossen. Er genoß sein Leben sehr und strebte nach noch mehr Freude und Erfüllung.

Die Therapie gab Ron Gelegenheit, sich die Bedingungen seines Lebens genauer anzusehen. Wie er das Leben der anderen Gruppenmitglieder klar und ernsthaft betrachten konnte, so auch sein eigenes. In den zwei Stunden einer Gruppensitzung konnte er die Rolle eines verwirrten und chaotischen *Billie Burke* oder *Zazu Pitts* (10) ablegen und sich auf seine tieferen Gefühle konzentrieren. Er begann, zum Thema Autorität zu arbeiten. Zum Beispiel sprach er über seine Erinnerung an die Nonnen in der Pfarrschule und wie er ihnen für die gelegentlichen Zurechtweisungen mit Linealschlägen grollte. Und er kam auf seine desinteressierten Vorgesetzten beim sozialen Dienst, die sich um organisatorische und bürokratische Fragen kümmerten statt um eine bessere Betreuung der schwangeren Teenager.

Über die Arbeit an den strafenden Nonnen und den vernachlässigenden Vorgesetzten kam Ron auf seinen Vater und seine Mutter. Ron war in Fall River in Massachussetts auf die Welt gekommen und aufgewachsen. Seine Eltern waren gläubige Katholiken. Trotz seines wilden Lebens in New York hatte er ihnen nie von seiner Homosexualität erzählt, denn er war sicher, daß sie ihn mit ihrer strengen und kleinstädtisch engen Weltsicht ablehnen würden. In der Gruppe spielte er in einem Rollenspiel, wie er ihnen sagte, schwul zu sein. Dabei konnte er sich überhaupt nicht vorstellen, daß sie diese Mitteilung hinnehmen und irgendwie richtig einordnen könnten. Aber mitten im Spiel fiel ihm ein, daß ein Bruder seiner Mutter mit seinem „Freund" zusammenlebte und dennoch akzeptiert wurde. Und ihm fiel ein Cousin väterlicherseits ein, der Florist war und mit einem Frisör zusammenlebte, ohne daß je ein Wort darüber verloren wurde. Unter diesen Umständen könnte er vielleicht doch zu seinen Eltern ehrlich sein.

Bei der nächsten Sitzung berichtete Ron stolz, er hätte gleich einen Tag später seine Mutter angerufen und ihr gesagt, daß er schwul ist. Sie hätte geweint, aber beteuert, daß sie ihn weiterlieben werde, was auch immer er sei, und auch wenn sie nicht gerade beglückt sei, würde sie ihm sehr wünschen, daß er damit glücklich werde. Ron war erstaunt und erleichtert und nahm sich vor, in zwei Wochen beim nächsten Besuch anläßlich des Erntedanktags mit seinem Vater zu reden.

Als Ron aus Fall River zurückkam, strahlte er. Er meinte, seine Mutter müsse seinen Vater schon heimlich darauf vorbereitet haben. Jedenfalls hatte sein Vater die Neuigkeit mit Fassung aufgenommen. Er hatte nicht geweint, sondern ihm Glück gewünscht und versichert, daß er ihn weiter als seinen Sohn betrachte und liebe. Er sei auch nicht wegen Einzelheiten aus seinem schwulen Leben in New York bedrängt worden. Ron zweifelte noch, ob nun, da er alles offen gemacht hatte, das Thema für immer vom Tisch sei so wie bei seinem Onkel und seinem Cousin. Aber er war stolz, daß er nun nie wieder Fragen nach Freundinnen, Verabredungen und Heiratsmöglichkeiten zu ertragen habe. Er fand es viel entspannter, nun nicht mehr lügen zu müssen. Er fühlte sich jetzt kräftiger und wirkte trotz seiner Schlankheit auch kräftiger, weniger jungenhaft und erwachsener geworden.

Rons Arbeit in der Gruppe und ihre Wirkung bei den Eltern ermutigte zwei andere Gruppenmitglieder, dasselbe mit ihren Eltern zu unternehmen. Als Weihnachten nahte, freute sich die ganze Gruppe, daß schon drei von ihnen, mit Ron an der Spitze, ihre Eltern in ihre Homosexualität eingeweiht hatten. Sonst ist Weihnachten oft eine sehr bedrückende Zeit für Klienten. Sie fahren zu ihrer Familie heim und spielen all die schmerzvollen Muster, die nie aufgelöst werden konnten, abermals mit. Für schwule Klienten kann es besonders schwierig sein, wenn sie an solchen Festtagen ihren gegenwärtigen Freund nicht in den Familienkreis mitbringen können. Dieses Mal lag aber auf Weihnachten kein solcher Schatten, sondern die Gruppe brach, dank Rons Initiative, guter Dinge auf. Ich dachte daran, wie schwer es einst mir selbst gefallen war, auf meine verwitwete Mutter zuzugehen, und war über die Entwicklung in der Gruppe ganz beglückt.

Ron hatte also geschafft, was für viele homosexuelle Männer und Frauen überaus ängstigend und schmerzvoll sein kann: er hatte seinen Eltern, seinen Erzeugern, gestanden, daß er sie nicht zu Großeltern machen würde, daß er zu einer verhaßten Minderheit gehöre, und daß er vorhabe, sein Leben in einer verachteten Subkultur mit Würde und Stolz zu leben. Die Möglichkeit, seinen Eltern einen Freund vorzustellen, hatte er noch nicht angesprochen. So weit war er für sich selbst noch nicht, und die weiteren Konsequenzen aus seinem Schwulsein wollte er seinen Eltern später noch beibringen, irgendwann einmal.

Jetzt wollte Ron sich erst einmal selber beibringen, wie er einen festen Partner fände. Er brachte in der Gruppe seine Abenteuer mit Verabredungen ein. Obwohl er weiterhin einen großen Teil seiner Zeit in den trucks und Saunen zubrachte, achtete er jetzt genauer auf das, was geschah, wenn auf ihn Männer mit ernsthaften Absichten zukamen. Ron war schlank und hübsch und mit seinem jungenhaften Lachen und seiner fröhlichen Art sehr begehrt. Liebhaber zu finden fiel ihm nicht schwer. Jede Woche konnte er vom neuesten Stand seiner Romanzen erzählen, aber länger als eine oder zwei Wochen dauerte ohnehin keine. Erst erzählte er immer, wie fantastisch dieser neue Mann sei, wie attraktiv, welchen tollen Körper er habe und wie unglaublich der Sex mit ihm sei. Aber schon beim nächsten Gruppentreffen hatte er das Interesse an ihm verloren. Milton war zu geizig und zu ordentlich. Paul war zu verschwenderisch und nahm zu viel Drogen. Harold wollte nur der Dominante sein und sich von Ron nicht bumsen lassen.

Allmählich wurde Ron klar, daß Milton, Paul, Harold und all die andern zwar ihre Fehler hatten, aber daß da noch etwas anderes in ihm ablief, weswegen er sie leichterhand fallen ließ. Er entdeckte, daß er bei jeder Affäre spätestens nach drei Wochen Angst bekam. Er hatte zwar geglaubt, er wäre über das Schuldgefühl wegen seines Schwulseins und eines Freundes hinaus, aber offenbar gelang es ihm nicht, über längere Zeit einem Mann wirklich nahe zu sein.

Als ich mit meiner psychotherapeutischen Praxis begann, war ich von schwulen Klienten wie Ron, die viele sexuelle Abenteuer mit verschiedenen Männern anscheinend genossen, ganz beeindruckt. Ich nahm an, daß bei ihnen im Unterschied zu mir keine Erbschaft von Scham und Schuld auf dem Sexualverhalten lag. Ich beneidete sie darum, ohne jüdische Mittelschichtsozialisation ihre homosexuellen Gefühle viel freier ausdrücken zu können. Mit der Zeit bemerkte ich, daß ich mich täuschte. Meine Scham- und Schuldgefühle waren mir unmittelbar an der Oberfläche gegenwärtig. Bei Ron und anderen waren die Gefühle von Demütigung, Abscheu,

Scham, Angst und Schuld jedoch nur tiefer verborgen. Ron und die andern hatten für negative Einstellungen zum Schwulsein keine Sprache, sondern konnten sie nur durch ihr Verhalten zum Ausdruck bringen.

Ron hatte nicht einen unstillbaren Hunger nach immer neuen sexuellen Erfahrungen, sondern er konnte es bloß nicht aushalten, sich öffentlich in einer Paarbeziehung sehen zu lassen. Bei seinen anonymen Abenteuern wußte niemand, was vor sich ging, wen er geangelt hatte und was sie miteinander trieben; jenseits des Betts blieb er mit seinen Partner ohne jede soziale Verbindung. Mit seinen Freunden konnte er durchaus offen schwul auftreten, aber das war etwas anderes, als wenn er als Teil einer etablierten Zweiheit sichtbar würde. Nun, nachdem er das Coming-out bei seinen Eltern geschafft hatte, macht ihm der Gedanke an einen sichtbaren festen Partner nichts mehr aus. Er fühlte sich frei, es mit einem Partner für länger als drei Wochen auszuprobieren.

Allmählich dauerten Rons Beziehungen längerer. Die mit Les hielt sechs Wochen, ein Rekord. Les war zwölf Jahre älter als Ron, arbeitete in der Werbebranche und hatte eine eigene Hütte am Strand von Cherry Grove auf Fire Island. Anfangs genoß Ron Les' Stellung als erfolgreicher Geschäftsmann, sein Strandhaus und seine Einladungen in teure Restaurants. Jedoch Les war immer noch sehr mit seinem bisherigen Partner verbunden, sprach täglich mit ihm und hatte auch weiterhin Sex mit mit ihm. Ron entdeckte, daß er eifersüchtig wurde und es nicht aushielt, daß Les über seine fortgesetzten Kontakte zu seinem Ex-Freund log.

Dann begann Ron eine Beziehung mit Jules, einem hübschen 23-jährigen Jungen. Sie gingen zusammen in *Studio 54, Limelight und Anvil* (11) und tanzten auf den verschiedensten Drogen die Nächte durch. Jules besaß ein Tambourin und schlug es einmal mit der flachen Hand so heftig, daß sie am nächsten Tag blau und schwarz anlief. Zwei Monate lang zogen Ron und Jules durch die Discos, tanzten bis zum Umfallen und schliefen dann, einer im Arm des andern, ihren schweren Rausch wieder aus. Ihr Sexualleben war eher mäßig; ihre Energien gingen vor allen in Drogen und Tanz. Eines Morgens schließlich wachte Ron auf und stellte nüchtern fest: „Ich bin es müde. Es macht mir keinen Spaß mehr. Ich will damit aufhören." Jules konnte Ron überhaupt nicht verstehen, packte sein Tambourin ein und ging.

Kurz danach begegnete Ron einem 35 Jahre alten Rechtsanwalt, Mel, der mit einem anderen Rechtsanwalt aus Rons Therapiegruppe befreundet war. Ihre Beziehung dauerte sechs Monate. Ron überlegte, „mit Mel und seinem dicken jüdischen Schwanz zusammenzuziehen". Zum ersten Mal im Leben war Ron verliebt dachte ans Treusein. Das war schwer für ihn, denn er hatte an anonymen Abenteuern immer noch Spaß. Deswegen sagte er sich anfangs auch, er könne ja beides haben, sowohl Mel als auch die Darkroom-Abenteuer nebenher. Aber als ihm Mel andeutete, daß auch er nebenbei kleine Abenteuer hatte, fand dies Ron schlimm. Er begriff, daß er eifersüchtiger war, als er eigentlich wahrhaben wollte, und daß er daraus sogar die Konsequenz ziehen könnte, seinen sexuellen Gelüste einzuschränken. Bevor sich Ron jedoch zum Treusein entschließen konnte, teilte ihm Mel mit, daß er bei einem seiner Erlebnisse er einen Sänger getroffen und sich in ihn verliebt hätte, und daß er sich nun von Ron trennen wollte. Ron war nicht am Boden zerstört, sondern sogar ein bißchen erleichtert, denn daß er so eifersüchtig werden und ihm ein Mann wie Mel so wichtig werden konnte, hatte ihn doch ziemlich beunruhigt. Aber wie dem auch sei, Ron hatte bei dieser Affäre mit Mel eine Schwelle überschritten: Er hatte sich verliebt, und er war mehr als sechs Monate in einer Beziehung geblieben.

Ich freute mich sehr über Rons therapeutische Erfolge. Er hatte seine Eltern über sein Schwulsein aufgeklärt und sich daran gemacht, seinen Beziehungen mit Männern Tiefe zu geben. Er nahm zwar noch Drogen und hatte auch weiterhin Abenteuer, aber er hatte Eifersucht kennengelernt und einen Geschmack davon bekommen, was es heißen kann, sich auf einen einzigen Mann einzulassen.

Nun wandte sich Ron seinem Berufsleben zu. Dabei stand für ihn, auch wenn er gerne gut lebte, der Geldverdienst nicht im Mittelpunkt. Er war sich einfach nicht im klaren, was er genau wollte. Klar war nur, daß er an seiner Arbeit Freude haben wollte. In einer Sitzung meinte er, am meisten Vergnügen hätte er vielleicht als Handtuch-Boy in einer schwulen Sauna. Alle lachten und fragten, ob ihm denn noch irgendwelche anderen Arbeiten Spaß machten. Das wußte er nicht so recht. In der Woche darauf sprach er verschiedene Möglichkeiten durch. Es sollte etwas mit Kunst zu tun haben, allerdings fand er sein Talent für einen Künstler nicht genug, und auf eine Schule wollte er auch nicht noch einmal gehen. In der Werbung war ihm der Leistungsdruck zu groß; bei Les hatte er ja erlebt, daß er oft noch spätabends und am Wochenende zu tun hatte. Also wollte er nicht Direktor einer Werbeagentur werden. Dann fiel ihm ein, daß er einmal einem befreundeten Grafiker ausgeholfen habe, als dessen Assistent krank war. Nun ließ er sich von ihm die grundlegenden Techniken zeigen, die es in jener Zeit vor dem Computer gab, arbeitete mehrere Abende für ihn, lernte viel über Grafikdesign und faßte zuletzt den Beschluß, Grafikdesigner werden zu wollen.

Ron war überrascht, wie erwachsen er dabei vorging. Von seinen Einkünften beim sozialen Dienst konnte er, wenn auch mit Mühe, ein wenig zur Seite legen. Außerdem sparte er Ausgaben ein, indem er zeitweilig keine Drogen mehr kaufte und überdies zu seiner Überraschung feststellte, daß sie ihm gar nicht fehlten. Mit diesen Rücklagen traute er sich, seine Stelle zu kündigen. Seine Dienststelle bedauerte sehr, ihn zu verlieren, und die Mädchen gaben ihm eine wilde Abschiedsparty. Dort erfuhr er übrigens, daß einige Mädchen schon vermutet hatten, daß er schwul war, und daß sie ihn als einen, der keine Frauen mißbraucht, um so mehr mochten. Mit seinem gesparten Geld nahm er eine unterbezahlte Stelle an, bei der er das Nötige lernen konnte, und war vier Monate später zum nächsten Schritt bereit. Jetzt war er in der Lage, sich sein Leben als Grafikdesigner selbst zu verdienen. Mit Hilfe der Leute, für die er zuletzt gearbeitet hatte und die ihn und seine Arbeit sehr schätzten, machte er sich selbständig.

Dies war im Herbst 1981, einem bitteren Moment für schwule Männer. Es war der Beginn der Aidsepidemie, auch wenn das damals noch keiner von uns wußte. Ein Mitglied aus Rons Gruppe war im Sommer bereits an Lungenentzündung gestorben. Wir hatten nicht gewußt, wie wir zu dieser Krankheit stehen sollten, die von der Presse zunächst GRID, *Abwehrschwäche bei Schwulen* (12), genannt wurde. Die meisten von uns hatten kaum eine Vorstellung von unserem Immunsystem und brachten es mit der Abwehr von Erkältungen in Verbindung. Wir lernten dazu.

Als die Erkrankung auch bei Drogenabhängigen, Blutern und Haitianern auftauchte, ließ man das Attribut „bei Schwulen" weg. Warum gerade diese vier Gruppen betroffen waren, wußte niemand. Als neuen Namen für die Krankheit führte man *AIDS* (13) ein, also so erworbene Immunschwäche, und *ARC* (14) als die Vorstufe dazu. Zu ARC gehörten Nachtschweiß, Mandelschwellungen, Lymphknotenentzündungen, Gewichtsverlust, Mundschleimhautentzündungen, andere *opportunistische Infektionen* (15) wie Toxoplasmose,

101

außerdem eine Verringerung der *T-Zellen* (16). Wir wurden alle zu „Studenten" der Medizin, als wir die entsetzlichen Geschichten von Freunden und Bekannten hörten, die plötzlich erkrankten.

Einer von ihnen war Ron. Er hatte von einem schwulen Arzt für Geschlechtskrankheiten erfahren, daß seine Lymphknoten geschwollen waren und daß die T-Zell-Werte eine Schwächung seines Immunsystems anzeigten.

In diesem Augenblick entschloß sich Ron auch zu Einzeltherapie. Er konnte sich das volle Stundenhonorar nicht leisten, aber ich war mit einem reduzierten Satz einverstanden. Als später die Erkrankung fortschritt und er nicht mehr voll arbeiten konnte, sah ich ihn weiter ganz ohne Bezahlung. So groß wie nun das Thema geworden war, mit dem sich Ron auseinandersetzen mußte, nämlich nicht weniger als Leben und Tod, wollte ich ohne Rücksicht auf seine Zahlungsfähigkeit weiter für ihn dasein.

In den Einzelsitzungen bewahrte Ron seine Lebenskunst. Ich war tief gerührt, wie gut er auch noch mit so angeschlagener Gesundheit sein Leben hinbekam. Nie klagte er. Nie griff er jemanden an, ausgenommen die amerikanische Regierung, weil sie der Epidemie nicht genug Beachtung schenkte. Und damit hatte er natürlich recht, denn Präsident Reagan hatte Aids niemals öffentlich erwähnt und gab auch nur zögernd Gelder für Forschung und Information.

Ron Gesundheitszustand war anfangs noch ziemlich gut, aber wir wußten beide, daß es keine Heilung gab. Zwar hofften wir, daß er vielleicht noch rechtzeitig in den Genuß neu gefundener Medikamente kommen könnte. Aber wir wußten nicht genau, ob wir damit vielleicht nur den Ernst der Lage leugneten.

Ich fand unsere Sitzungen sehr schmerzhaft. Nie zuvor hatte ich mit einem sterbenden Klienten gearbeitet. Gewiß lag Ron zu dieser Zeit noch nicht im Sterben, aber über unseren Sitzungen hing doch schon sein Tod wie ein Damoklesschwert. Ich war auch wegen seines jungen Alters fassungslos. Als Mann mit dreißig Jahren hätte Ron noch vierzig Jahre länger zu leben gehabt, und seine Arbeit in der Therapie gab allen Anlaß zu der Erwartung, daß sein weiteres Leben finanziell und emotional sehr erfüllend werden könnte. Den Termin mit Ron hatte ich glücklicherweise vor einen chronisch zu spät kommenden Klienten gelegt. Jener verspätete sich aus allen nur erdenklichen Gründen; gewöhnlich versäumte er mindestens die erste Viertelstunde seiner Sitzung. Ich hätte meinen Stundenplan, wäre es Absicht gewesen, gar nicht besser einrichten können.

Jede Sitzung mit Ron erschütterte mich zutiefst. Ich hatte die fünfzehn Minuten dringend nötig, um wieder einigermaßen zu mir zu kommen und meine Arbeit fortführen zu können. Diese Zeit ließ mir mein verspäteter Klient, und wenn er eintraf, war ich so weit, daß ich mit ihm arbeiten konnte.

Ron war der erste Aidspatient, mit dem ich arbeitete. Erst im Laufe der Jahre gewann ich mehr Stärke zur Arbeit mit sterbenden Männern hinzu. Zwar war ich auch dann noch sehr betroffen, aber durch die vielen Todesfälle unter Freunden und früheren Partnern befiel uns alle allmählich eine gewisse Apathie. Im Laufe der Zeit wurde die Liste gestorbener Klienten immer länger.

Ron tat alles nur mögliche für seine Gesundheit. Er gab Drogen gänzlich auf. Er schluckte Vitamine, konsultierte chinesische Kräuterspezialisten und japanische Ernährungsexperten, beschaffte sich Medikamente aus Mexiko und besuchte Gruppenveranstaltungen mit *Louise Hay* (17). Er fuhr auch fort mit der Suche nach dem Mann, mit dem er sein Leben teilen könnte. Aber auch wenn er seine Beziehungen nicht mehr selber auf zwei oder drei Wochen beschränkte, waren die Chancen zu einer erfolgreichen Beziehung für ihn als HIV-positiven Mann doch begrenzt. Trotzdem, er bemühte sich weiter. Er hatte Beziehungen, die reich und lohnend und letztlich erfolgreich waren. Zwei Partner aus dieser Zeit kümmerten sich um ihn treu bis zum Ende.

Zwei Jahre nach der Diagnose bekam Ron zwei kleine rote Flecken, Zeichen des *Kaposisarkoms* (18). Nun war er zum Patienten mit Aids im Vollbild avanciert. Sein allgemeiner Gesundheitszustand war immer noch gut, seine Konstitution war stark, und er achtete gut auf sich. Er ging weiter seiner Arbeit nach, und wenn er Erholungspausen brauchte, hatten seine Kunden viel Verständnis für ihn.

Leider wurde kein Heilmittel gefunden. Rons Gesundheit verschlechterte sich schließlich doch. Seine T-Zellen wurden immer weniger, die Kaposiflecken wurden immer mehr, er verlor an Gewicht. Als er mit *Zytomegalie* (19) ins Bellevue-Hospital mußte, beschlossen wir in der Gruppe, die Sitzungen zu ihm ins Krankenzimmer zu verlegen. Viermal trafen wir uns bei ihm, und er war uns für unsere Treue sehr dankbar. Als er wieder genügend bei Kräften war, kam er wieder zu den Sitzungen zu mir in die Praxis. Dann mußte er zum zweiten Mal ins Krankenhaus, und wir machten zwei weitere Gruppensitzungen bei ihm im Krankenzimmer. Danach ging er aus der Gruppe, blieb aber mein Einzelklient. Viele Mitglieder aus der Gruppe riefen ihn dann noch an oder besuchten ihn.

Ron verbrachte immer mehr Zeit im Krankenhaus. Ich rief ihn an und besuchte ihn mehrmals. Ich erfuhr, daß er jedesmal für einen Besuch von mir Kräfte sammelte, um mir ein etwas kräftigeres Bild von sich zeigen zu können. Ich war erneut tief bewegt, wie sehr er für mich seine gesunden Seiten betonte.

Zu dieser Zeit organisierte ich mit Freunden eine Benefizveranstaltung zugunsten des schwulen Gesundheitsdienstes *GMHC* (20) in meiner Wohnung. Essen und Service wurden gespendet, und wir konnten an diesem Abend zehntausend Dollar einnehmen. Weil Rons Eltern bei ihm gerade zu Besuch waren, nahm er sie zum Benefiz zu mir mit und machte sie stolz mit mir bekannt. Sie waren nette Leute und wußten nur nicht so recht, was sie mit Ron und dem Benefiz anfangen sollten. Ich sagte ihnen, wie große Stücke ich auf Ron hielt, und sie sagten mir, wie sehr er die Therapie schätze.

Nicht lange danach starb Ron. Ich hatte ihn am Tag zuvor noch einmal im Krankenhaus besucht. Ich war zusammen mit einem anderen Mitglied aus der Therapiegruppe bei ihm. Ron war sehr mager. Er war an intravenöse Schläuche angeschlossen und lag unter einem Sauerstoffzelt. Er war nicht bei Bewußtsein. Einen Moment jedoch öffnete er die Augen, rollte sie wild und schloß sie dann wieder. Wir warteten noch zwanzig oder dreißig Minuten, grüßten seine Eltern in der Halle und gingen dann. Draußen schossen uns die Tränen in die Augen und wir fielen uns in die Arme. Am nächsten Tag bekam ich einen Anruf, daß er im Schlaf gestorben sei.

Noch heute, sechs Jahre später, bin ich beim Niederschreiben traurig, und mir kommen die Tränen. Ich denke gern an seine Fröhlichkeit und seine jungenhafte Begeisterung zurück. Ich vermisse ihn.

6. Eine verrückte Trauerfeier

Der 18. November 1981 war ein verhangener, nasser, kalter Tag. Es war knapp ein Jahr nach Beginn der Reagan-Ära, und ich fragte mich, welchen Preis Amerika wohl für diese törichte Wahl werde zahlen müssen. Ich hatte den letzten drei Klienten dieses Tages abgesagt, um an einer Trauerfeier für Donald teilnehmen zu können. Donald war 37 Jahre, schön, intelligent und Leiter der Öffentlichkeitsarbeit für die Musikakademie von Brooklyn gewesen. Zuvor hatte er für die Filmgesellschaft Twentieth-Century-Fox und für das Joffrey Ballett gearbeitet. In der Therapiegruppe gab er manchmal zum besten, welche Kämpfe er mit dem Direktor seiner Musikakademie ausfocht, oder er „unterhielt" uns mit seinen Schwierigkeiten, eine Liebesbeziehungen anzufangen. Hinter der Fassade des Humors verbarg sich jedoch ein scheuer, versteckter Donald, der Gedichte schrieb, von Jugend auf an Kinderlähmung und chronischer Dickdarmentzündung litt und an seinen Humor selbst nicht so recht glaubte. Donald hatte hunderte von Bekannten in der guten Gesellschaft, war Abend für Abend mit Terminen, Parties, Verpflichtungen und Eröffnungen beschäftigt, hatte aber nur sehr wenige Freunde, denen er auch sein Herz anvertraute. Und dann gab es natürlich noch die Saunen, die „Bäder", wie er sie nannte. Die anonyme, freie Sexualität der Saunen und der Bars mochte er gern. In der Sauna mietete er sich eine Kabine für zwölf Stunden, nahm die eine oder andere Droge ein und war dann mit den Heerscharen, die ihn dort besuchten, ähnlich „unterhaltsam" wie mit uns.

Donald war bei mir mehr als vier Jahre in Einzel- und Gruppentherapie gewesen. Im Juni 1981 hatte er sich von der Gruppe und von mir verabschiedet, weil er das erreichte hätte, was er hatte erreichen wollen, und nun eine Pause bräuchte. Ich glaube allerdings, er wollte auch von seinem Ex-Partner Paul fort, der ihn einst für die Gruppe gewonnen hatte und in ihr immer noch mitmachte. Paul war Anwalt für Vermögensangelegenheiten, sein Vater Immobilienmakler im Wettbewerb mit *Harry Helmsley* (1) und fast genau so reich wie jener. Donald und Paul hatten in der Gruppe hart daran gearbeitet, ihre Unterschiede und Schwierigkeiten miteinander zu klären, Donalds Wunsch nach Spaß und Unterhaltung, Pauls Genauigkeit und Ernsthaftigkeit („Wie kann ein Mensch, den man ernstnehmen soll, nicht täglich den Leitartikel der New York Times lesen?" - worüber Donald nur kicherte), ihre Kämpfe um Treue oder die Möglichkeiten einer offenen Beziehung.

Binnen sechs Wochen nach seinem Ausstieg aus der Gruppe wurde Donald krank. Er hatte Nachtschweiß, geschwollene Mandeln, hohes Fieber und eine Krankheit, für die es keine Diagnose gab. Ein oder zwei Ärzte meinten, er hätte dieselbe Krankheit, die bei anderen schwulen Männern auf dem Vormarsch war und ihr Immunsystem angriff und die man *GRID* (2) genannt hatte. Aber das war weder eine echte Diagnose, noch wußte man, wo sie herkam und was dagegen half. Für Donald und die anderen schwulen Männer, die zu diesem frühen Zeitpunkt erkrankten, gab es zwar Mitgefühl, und manche weitsichtigen Einzelnen waren auch zutiefst beunruhigt, aber im ganzen ging das Leben weiterhin seinen gewohnten Gang.

Nach der Schwulen-Emanzipation, die mit den *Aufstand in der Stonewall-Bar* 1969 (3) begonnen hatte, war für das schwule Leben eine Vielzahl von sexuellen Kontakten typisch. Dies wurde manchmal sogar mit der Ideologie untermauert, es sei politisch richtig (wobei der Begriff „politically correct" noch nicht erfunden war), wenn sich schwule Männer demonstrativ den heterosexuellen Normen wie Treue, Ehe oder fester Beziehung entgegenstellten. Schwules Leben bestand damals auch aus hohen Ausgaben für Vergnügungen wie Kleidung, Reisen, Unterhaltung, Sommeraufenthalte auf Fire Island und Winteraufenthalte in Key West oder St. Thomas. Die Zurschaustellung eines Lebens für den Genuß rief natürlich auch Ablehnung und Neid hervor. Manchmal kam sie dem römischen Motto sehr nahe: „Essen, trinken, prassen; denn morgen, da sind wir tot".

An der Emanzipationsbewegung lehnte ich schon damals ab, daß sie zu eng auf bloßen Hedonismus zielte. Im allgemeinen behielt ich meine Ansichten für mich. Aber wenn ich mit Einzelklienten arbeitete, sagte ich ihnen schon, daß ich persönliche Bindungen nicht für ein Nachäffen der Heterogesellschaft hielt, sondern daß auch schwule Männer ein Bedürfnis nach Verbundenheit und tiefen Beziehungen haben.

Donald hatte neben dem herkömmlichen Instrumentarium der westlichen Medizin noch eine ganze Reihe anderer Heilmöglichkeiten durchprobiert: Heiler-Persönlichkeiten, homöopathische Mittel, Heilkräuter, Akupunktur. Wie vorher für seine Arbeit, organisierte er nun alles für seine Krankheit. Anfang November war er tot. Er war einer der ersten fünfundzwanzig Fälle der merkwürdigen neuen „Schwulenkrankheit" GRID, die vom medizinischen Überwachungszentrum *CDC* (4) registriert wurden.

Donalds Mutter Edith, die wir alle aus seinen Beschreibungen als die ultimative, hypermoderne, pausenlos aktive Mutter aus der Vorstadt kannten, hatte Donalds Verbrennung veranlaßt und uns zu einer Trauerfeier für ihn eingeladen. Es war diese seltsam düstere Zeit nach dem Heldengedenktag, wo sich der November auf Erntedank zu hinschleppt und wo die spätherbstliche Sonne erst nachmittags blass und fahl herauskommt. Donalds Ex-Freund Paul hatte das Programm vorbereitet und uns auf 17.30 Uhr nach Frank Campbell geladen, die beste Bestattungshalle der East Side. Donald hätte an diesem Ort sicher seine Freude gehabt, denn er war sehr auf Qualität bedacht gewesen und hatte zum Beispiel stets die besten Plätze in Konzert und Kabarett organisiert. Und wenn man schon mal eine Beisetzung zu veranstalten hatte, nun, warum dann nicht gleich bei der besten Adresse?

Ich war schon eine ganze Weile bei keiner Beerdigung und keiner Trauerfeier mehr gewesen. Deshalb überlegte ich, was ich wohl anziehen sollte. Seit den sechziger Jahren kleidete ich mich leger, und die Anzüge aus der Zeit, als ich Unterricht gegeben oder Forschungsgruppen geleitet hatte, hingen unbenutzt im Schrank. Sie paßten zu meiner früheren Taillenweite und meiner vergangenen Identität als Akademiker. Die Anzüge im Schrank erinnerten mich an die Zeit, als ich noch selber im Schrank versteckt war und als ich mit Marken wie *Brooks Brothers* und *J.Press* (5) als Hetero erscheinen wollte.

Ich halte nicht viel von öffentlichen Trauerveranstaltungen und Beisetzungensfeiern. Ich trauere lieber allein. Die Veranstaltung kann ja für den Verstorbenen sowieso nichts mehr tun, und zur Linderung meines Schmerzes tut sie fast nichts. Die zugunsten solcher Anlässe vorgebrachten Argumente der Kirchen und Kulturwissenschaftler sind mir durchaus bekannt, aber sie überzeugen mich nicht. Ich kann sogar teilnehmen, aber erlebe dies oft als doppelte Last: mein Kummer vergrößert sich noch, und das Verhalten der Überlebenden erweckt meinen Zorn. Vielleicht habe ich Besitzansprüche auf den Toten, der mir so viel bedeutete, und will ihn nicht mit anderen Teilnehmern einer Veranstaltung teilen.

Ich entschied mich, keinen Anzug zu tragen, um damit sichtbar zu protestieren. Aber gegen wen? Und gegen was? Ich war damals von Donalds Tod natürlich sehr aufgewühlt, aber an der Angemessenheit einer Gedächtnisfeier hatte ich Zweifel. Wessen gedachten wir? Er war doch viel zu jung gestorben, ihm war nicht die Zeit geblieben zu einem vollen Lebensbogen, zu der Erfahrung, wohin er sich als reiferer Donald noch entwickeln würde. Für solch einen jungen Menschen kam mir eine Gedächtnisveranstaltung irgendwie anmaßend vor, und mich beschlich ein Mißtrauen in die Form der Veranstaltung und ihre Motive.

Ich schloß meine Wohnungstür ab, nahm den Fahrstuhl ins Parterre und sagte dem Portier, falls jemand nach mir fragte, ich wäre in ein paar Stunden wieder zurück. Dann nahm ich ein Taxi zu Campbells Trauerhalle.

Die Kapelle war voll. Hundert junge Männer, alle schön und wohlgekleidet. Blonde, Braune, Rothaarige. Ich war ganz beeindruckt, wie viel verschiedene junge Männer hier zusammengekommen waren, vom feinsinnigen blassen Ästheten bis zum bulligen Bodybuilder. Offensichtlich hatten sich alle früheren Abenteuer und Bekanntschaften von Donald zu einer letzten Ehrerbietung eingefunden. Ein paar wenige junge Frauen und einige Angehörige aus dem engsten Familienkreis waren ebenfalls zugegen.

Die Kapelle war hell ausgeleuchtet, etwa mit der gleichen Wattzahl wie ein Theater, bevor der Vorhang aufgeht, und überall standen gigantische Blumenbouquets herum. Paul, normalerweise trotz seines Reichtums fürs Knausern bekannt, war weit über seinen Schatten gesprungen und hatte die Kappelle in einen Wald von Blumen verwandelt. Das Gesumm der Stimmen durchzog den Raum, und man sah manche die Hälse recken, um die Anwesenheit anderer zu checken. Die Atmosphäre war eher wie in einer Bar oder auf einer Party als wie bei einer Trauerveranstaltung. Mir ging es damit noch schlechter, als ich sowieso schon erwartet hatte. Ich entdeckte eine Reihe, in der die meisten Mitglieder aus Donalds Therapiegruppe Platz genommen hatten, quartierte mich bei ihnen ein und drängte mich mit ihnen eng zusammen.

Von der Therapiegruppe waren zehn Mitglieder anwesend; acht saßen beieinander. Paul in seinem eleganten neuen dunklen Anzug hatte sich natürlich in der vordersten Reihe plaziert. Und Larry, der aus der Gruppe schon vor langem herausgewachsen war, saß in einer anderen Ecke der Kapelle. Ich hatte meinen Platz mitten in der Reihe, umgeben von „meinen Jungs". Ich war stolz, fühlte mich aber auch etwas eigenartig. Denn die Gruppe bestand aus intelligenten, interessanten Männern, und für sie Therapeut zu sein war mir eine Freude. Aber als Therapiegruppe hatten wir eigentlich keinen

Grund zu öffentlichen Auftritten gehabt. Mehr noch, obwohl viele Mitglieder ein Leben auf der Überholspur führten, drückte ihr Engagement in der Therapiegruppe auch ein tiefergehendes Engagement für das Leben aus. Fast alle arbeiteten auch beruflich als Sozialarbeiter, Psychologen, Psychiater oder Psychotherapeuten. Ich glaube, wir fühlten uns bei der Gedenkfeier für Donald alle nicht sehr wohl. Es ist schon schwer genug, den Tod eines Altersgenossen zu erleben, aber es ist noch schwerer, wenn man ihn sich nicht erklären kann und er aus einem Sexualleben resultiert, wie es mehr oder weniger alle Überlebenden praktizierten.

Außerdem hatten wir Donald nicht in seiner gesellschaftlichen Glanzrolle, als Lebensgenießer und als Sexualpartner kennengelernt, sondern als einen anderen Sucher auf dem Weg, der sich auf den schwierigen Prozeß eingelassen hatte, das Leben auszuloten und bessere Lösungen für so komplexe Themen wie Liebe und Arbeit zu erschaffen, die ja schon Freud für die wichtigsten gehalten hatte. Viele von uns hatten Donald im „wirklichen Leben" gar nicht gekannt, sondern nur in seinem Innenleben, jedenfalls soweit er uns daran teilnehmen ließ. Sein innerstes Selbst allerdings hatte Donald auch gerne außenvor gelassen. Der gute Eindruck war ihm immer wichtig, und von seinen verborgenen Gefühlen und Aktivitäten teilte er nicht allzuviel mit. Sogar in den Einzelsitzungen hatte er nie die vielen Drogen- und Saunaerlebnisse erwähnt; erst in einer Gruppensitzung nach seinem Tod erzählte jemand anderes davon. Mir fiel die Geschichte einer Klientin von Anna Freud ein, die sich vor jeder Sitzung den Lippenstift abgewischte und dazu meinte: „Es ist für mich unvorstellbar, Lippenstift unter ihren Augen zu tragen". Ich hoffe, Donalds Schweigen über sein Drogen- und Sexualleben hatte nichts mit mir als Therapeuten zu tun. Jetzt werde ich es nicht mehr herausfinden.

Ich blickte auf die Männer zu beiden Seiten. Rechts saßen Scott, Jim, Wes und Mark, links Tim, Ted, John und Greg. Von diesen acht Männern waren ein paar Jahre später sechs HIV-infiziert und drei bereits gestorben. Sie gehörten mit Donald zur gleichen Generation und teilten mit ihm viele Ansichten, wie man in New York als Homosexueller leben sollte. Alle gingen ins Fitneßstudio und im Sommer nach Fire Island, manche nach The Pines, andere nach Cherry Grove. Einige hatten feste Beziehungen, alle hatten viele Abenteuer, die meisten gingen regelmäßig in Saunen und Bars. Alle nahmen Drogen und tranken Alkohol. Zwei hatten Schwierigkeiten, sich mit Männern auf mehr als Sex einzulassen. Fast alle waren beruflich erfolgreich; nur Jim hatte nach dem Weggang von Harvard, wo er gute Aussichten auf eine Karriere in Englischer Literatur besaß, in New York keine passende neue Stelle gefunden. Alle von ihnen waren attraktiv, und ich war stolz, daß ich nur gutaussehende Klienten hatte; vielleicht hatte ich Häßliche unbewußt verschreckt, oder sie waren durch die Therapie aufgeblüht. Alle hatten Donald gemocht. Nur wenige andere Gruppenmitglieder kamen nicht so gut mit ihm aus, und sie waren deswegen oder wegen ihrer Arbeitspflichten weggeblieben.

Wenn Donald sich ärgerte oder bedroht fühlte, konnte er trotz seiner sozialen Geschicklichkeit andere sehr verletzen. Ich verhielt mich in mancher Hinsicht anders als die Gruppe. Meine feste Überzeugung war, daß man befriedigende Beziehungen eingehen und besonders durch Treue am Leben halten kann. Ich fand auch, daß offene Beziehungen nur in der Theorie gut sind, in der Praxis aber nicht funktionieren. Die meisten Menschen haben Besitzansprüche, werden bei Nebenaffären eifersüchtig und fühlen sich zu bedroht, als daß sie sie aushalten könnten. Auch hielt ich Drogen und zu viel Alkohol für zerstörerisch. Ich hatte selber Drogen ausprobiert und war sehr skeptisch und vorsichtig mit ihnen. Einige Gruppenmitglieder standen wohl auf der Kippe zur Sucht, aber sie waren nicht deswegen in Therapie gekommen. Ich glaubte an Fitneß und Gesundheit, und zwar nicht weil dadurch Muskeln und Attraktivität größer werden, sondern weil sie die Grundlage für ein gutes Leben sind. Ich hatte politische Überzeugungen, die in den vierziger Jahren geprägt wurden, die aber von der Gruppe weder geteilt noch beachtet wurden. Wegen meiner Zurückhaltung bei Drogen hielten mich einige in der Gruppe sicher für ein bißchen pedantisch, aber das kümmerte mich nicht. Sie durften nach ihrer Façon leben, so wie ich nach der meinen.

Ich weiß nicht mehr, womit die Zeremonie begann, wahrscheinlich mit Musik. Was ich noch weiß, ist, daß es außer Paul noch zwei andere Redner gab. Der erste war Bill. Er hatte mit Donald nach seiner Ankunft in New York ein paar Jahre lang das Zimmer geteilt. Ursprünglich hatte er Schauspieler werden wollen, jetzt arbeitete er in der Verwaltung. Donald hatte eigentlich Bühnenautor werden wollen. Bill war groß, schön, ebenmäßig und modebewußt. Aber statt eine Lobrede auf Donald zu halten, trat er wie ein Komödiant auf und gab Anekdoten aus der Zeit mit Donald wie aus dem Leben eines schrulligen Paars zum besten. Sie handelten von Sauberkeit, Ordentlichkeit, Zahlungsverpflichtungen und Rücksichtslosigkeit. Die meisten gingen auf Donalds Kosten. Ich stellte zwar ihre Richtigkeit nicht in Frage, wohl aber die Absicht, mit der sie erzählt wurden. Dann lobte Bill Donald für sein Talent, Blumen zu stecken und Häppchen für seine Parties zuzubereiten. Das Publikum nahm seine Anekdoten, ganz wie in einem Kabarett, mit Begeisterung und Lachstürmen entgegen.

Ich war ganz durcheinander. Die letzte Trauerfeier, an der ich teilgenommen hatte, lag zehn Jahre zurück. Sie war für Fritz Perls veranstaltet worden, den Begründer der Gestalttherapie. Die meisten Redner hatten liebevolle Erinnerungen an ihren Therapeuten, Lehrer und Freund dargebracht. Einzig Paul Goodman hatte einige harte Wahrheiten über Fritz gesagt, um alte Rechnungen zu begleichen, aber hatte dafür auch mißfälliges Murmeln geerntet. Einige hatten das Wort ergriffen, um Goodman zu widersprechen, Fritz zu verteidigen und wenigstens bei seinem Tod nur Gutes über ihn zu sagen. Fritz war kein netter, aber ein großer Mann.

Donald war kein großer Mann, und so konnte man dies auch nicht bieten. Aber daß man über seine weniger heroischen Qualitäten bei seinem Tode öffentlich herziehen mußte, stellte ich doch sehr in Frage. Donalds früherer Partner Paul sprach kürzer, schlug aber in dieselbe Kerbe wie Bill: Amüsante Geschichten, Witze auf Donalds Kosten, Einzelheiten, die seine weniger wertvollen Seiten ins Rampenlicht rückten. Wieder wurde dies mit großen Gelächter begrüßt. Ich wurde immer verwirrter. Gewiß, meine Haltung zu Trauerveranstaltungen war ambivalent, aber daß öffentlich Feindseligkeit und Spott möglich wären, wie spielerisch auch immer verpackt, war für mich einfach unvorstellbar. War ich denn nur so scheinheilig, Donalds Schwächen, mit denen seine „Freunde" nach seinem Tode Punkte machten, nur übersehen zu wollen? Oder praktizierten sie eine Lebensanschauung, in der der Tod keinen Platz hat, sondern nur als Witz behandelt werden kann? Ich war mir nicht sicher, aber sehr beunruhigt.

Niemand sagte etwas über Donalds Erkrankung, über seinen Mut im Angesicht des Todes, über seine Grausamkeit, Stricher kommen zu lassen und ihnen seine Kahlköpfigkeit nach der Chemotherapie als Ausdruck buddhistischen Glaubens zu verkaufen (wir waren damals zwar nicht sicher, konnten aber doch davon ausgehen, daß die Krankheit bei Sex übertragen wird). Nein, die Bemerkungen der

Redner hielten sich auf einem oberflächlicheren Niveau, waren weniger Drama und Tragödie als vielmehr Komödie und Musical.

Es dauerte gut eine Stunde, dann war die Zeremonie vorbei. Ich wollte so schnell wie möglich in mein eigenes Leben zurück. Ich sagte kurz Aufwiedersehen und machte mich schnell auf den Weg. Ein Mitschnitt aus der Hitparade, *Annie* (6), erfüllte die Kapelle. Die Zeremonie für Donald endete mit den Klängen von *Tomorrow* (7). War dies ein passendes Ende für Donald? Oder war es ein Auftakt in die Ära von Aids?

7. Schattenarbeit.

Timmy kam zu mir auf Empfehlung eines ehemaligen Partners, eines Antiquitätenhändlers, der früher einmal in Therapie bei mir war. Weil Timmy von der Heterowelt nur Ablehnung und Verurteilung erwartete, hätte er an Therapie bei einem Heterosexuellen nie zu denken gewagt.

Timmy war weich, sanft und voller Scham. Er ließ sich von einer reichen Witwe aushalten, bumste mit ihr aber so wenig wie möglich und in der Hauptsache dann, wenn er für eine seiner Unternehmungen ihre Hilfe brauchte. Meine Hilfe suchte er wegen psychosomatischer Beschwerden: Kopfschmerzen, Bauchschmerzen, Blähungen, übermäßigem Schwitzen und schlechtem Atem. Er trug etwas zu viel Schmuck, roch ein bißchen zu sehr nach Canoe, hatte das Haar mit Pomade gestriegelt. Er rief ein Gefühl sozialen Dünkels wach, das ich eigentlich nicht mag. Ich bewahrte mir einen gewissen Abstand zu seinem Leid und zu dem, das er Meg, seiner zweiundsechzig Jahre alten Dame, antat.

Den Namen Timmy (nicht Tim oder Timothy) hatte sich Mario selber zugelegt. Er meinte, „Timmy" klänge gediegener, denn darin verriete sich nichts von seiner Herkunft als Latino aus der Unterschicht, mit der er nichts mehr zu tun haben wollte. Timmy war als jüngstes von sieben Kindern im Kreise von Tanten, Onkeln, Cousins und Großeltern in der Südbronx aufgewachsen. Als er sechs Jahre alt war, bekam sein Vater, der seine Mutter regelmäßig verprügelte, einen Herzanfall und starb. Timmy war nett und freundlich und bekam von seiner Mutter und seinen Verwandten viel Aufmerksamkeit geschenkt. Daraus entwickelte sich ein wesentlicher Zug, über den er sich definierte: Er fand sich mit siebenunddreißig Jahren einfach unwiderstehlich. Ihm war völlig unbegreiflich, daß ich von ihm nicht hingerissen war, aber für solchen blanken Narzißmus hatte ich nur ein leicht verächtliches Lächeln übrig. Ich fand, er besaß wohl einen gewissen natürlichen Charme, aber nichts von der urtümlichen sexuellen Ausstrahlungskraft eines goldigen Strichers, eines bulligen LKW-Fahrers oder eines rauhen Straßenarbeiters. Nun war Timmy aber auch nicht zu einer persönlichen Verabredung oder zur moralischen Vervollkommnung bei mir. Vielmehr hatte er dauernde Kopfschmerzen, schwitzende Armhöhlen, übelriechende Fürze und einen kneifenden Magen - Symptome, die ihn sehr belasteten. So beschloß ich, meine persönliche Abneigung

113

gegen sein pomadiges Auftreten und seine Großspurigkeit zur Seite zu legen und mich mit meinem beruflichem Selbst zu engagieren. Hier war eine Seele in Not, Timmy litt. Und ich beschloß, für ihn mein Bestes zu tun.

Am Ende des Tages wollte ich mir ein Video über *Starman* (1) ansehen, mußte aber immer wieder an Timmy und Meg denken. Also schaltete ich das Video wieder ab und wandte mich den störenden Gedanken zu. Wie die meisten Amerikaner war ich dazu erzogen worden, sexuelle Ausnutzung abzulehnen. Vergewaltiger, Kinderschänder, Zuhälter, Dirnen, Huren und Freier, männliche wie weibliche (in dieser Reihenfolge der Schandbarkeit) verachtete ich. Wenn ich nun Timmy „umerziehen" sollte, damit sich seine Symptome besserten, so würde ich genau festlegen müssen, wie weit ich mit dem „Lehrplan" gehen könnte. Sollte ich Timmy etwa zu einem Kurs in Karriereplanung anhalten, damit er aus seinen Lebensverhältnissen herausfände, obwohl es ihm darin doch scheinbar gut ging? Wenn ich ihm helfen wollte, würde ich sicher erst einmal mich selbst umerziehen müssen und meine von Kindheit an bestehenden Einstellungen gegenüber Ausnutzung und Verkauf von Sexualität überdenken müssen! Denn wenn ich es nicht auf mich nähme, an mir selber zu arbeiten, würde mein mögliches Mitgefühl für Timmy wegen meiner Ablehnung seiner sexuellen Praxis blockiert bleiben - wahrlich eine unhaltbare Position für einen schwulen Therapeuten.

Mir fiel das Musical *My Fair Lady* ein. Das mangelnde Mitgefühl des Sprecherziehers für Liza Doolittle hätte fast alles verdorben. Liza hätte fast nach der ersten Stunde aufgehört, wären nicht Henry Higgins Bedienstete und sein Freund Colonel Pickering so einfühlsam mit ihr umgegangen. Am Ende des Stückes sagt Eliza, das entscheidende sei gewesen, daß Colonel Pickering sie stets wie eine Dame behandelt hatte. Genau so würde ich Timmy mit der Würde und Achtung behandeln müssen, die man einem Gentleman entgegenbringt. Als sich Eliza ein Blumengeschäft kaufen will, redet ihr der Colonel dies nicht etwa als kleinbürgerliches Ziel aus, sondern gibt ihr sogar noch Geld dazu. Er behandelte sie also als Dame, ohne darauf zu *bestehen*, daß sie wirklich eine Dame würde. Pickering wußte die Erziehung Elizas in Grenzen zu halten. Bis zu welcher Grenze würde ich mit Timmys Erziehung gehen sollen? Mir und Timmy blieb noch viel zu tun, mehr als für diesen einen Abend. Dem Wesen der Prostitution wird in *Mistress Warren's Profession* von

George B. Shaw (2) genauer nachgegangen, aber ich wollte heute nicht mehr darüber nachdenken. Ich wollte dieses unschöne Stück warten lassen, mich erholen und mich wieder der wunderbaren Romanze von Starman und seiner Freundin zuwenden.

Therapie war harte Arbeit für Timmy. Er hatte an einer kleinen katholischen Universität in Westchester zwei Jahre studiert, aber schlecht abgeschnitten. Das Lernen aus Büchern war für ihn nur ein Mittel zum Zweck, um seine ungehobelte Erscheinung zu polieren, es war nur eine Eintrittskarte in die Gesellschaft. Durch den Besuch einer traditionsreichen Schule wollte sich Timmy sozusagen ein soziales Schmuckstück zulegen. Dabei hatte er auch gelernt, daß Fragen erlaubt ist. Zum Beispiel fragte er in der Therapiegruppe und in Einzelsitzungen „Wer war Faulkner?", „Wo ist die Alhambra?", „Was ist ein Kibbuz?". Aber wenn er eine Antwort bekommen hatte, ging er niemals darauf ein, um sein Verständnis zu vertiefen. Er wollte nur mitreden können, nicht selber diskutieren.

Viele von Timmys Symptomen hingen mit seiner Angst zusammen. Nachdem ihn Meg zu ihrem Gesellschafter gewählt hatte, gelangte er in die Kreise der oberen Mittelschicht. Dort fühlte er sich wie ein Eindringling und Betrüger. Er wußte, daß er es als sozialer Aufsteiger nicht schaffen würde, denn es war eben nicht genug, eine Tafel decken, ein Salatbesteck benutzen und das Geflügel zerlegen zu können. Ihm fehlte bei Megs Freunden der Boden unter den Füßen. Er war voller Unsicherheiten über seine Kleidung, die *Ethan-Allen-Möbel* (3) in seiner Wohnung, die Nouvelle Cuisine, die er einfach nicht mochte. Als allseits bewundertes Kind in einer vielköpfigen Latino-Familie hatte er nie die Mühe kennengelernt, welches Stück Seife von Roger&Gallet man auswählen solle oder ob 4711 inzwischen aus der Mode sei. Vor allem fand er die Geschlechtsorgane von Frauen widerlich, ihr Aussehen, ihren Geruch und ihren Geschmack. Und hier war er nun in ein heterosexuelles Verhältnis mit Meg eingebunden, einer Frau, die ihm seine Wohnung und seine Reisen bezahlte und die zweiundsechzig Jahre alt war, älter als seine eigene Mutter.

Timmy legte Wert darauf, daß Meg von seinen homosexuellen Beziehungen wußte. Damit wollte er nicht Ehrlichkeit an den Tag legen, sondern sich in erster Linie Meg sexuell vom Leibe halten und sein Recht auf ein eigenes Leben zum Ausdruck bringen. Meg hörte sich seine Geschichten an und legte sich dann ihre eigenen zurecht: „Du bist an Männern nicht wirklich interessiert, Timmy. Bei der

Art, wie du Sex mit mir machst, kann das einfach nicht sein. Ich weiß es." Oder sie meinte, er hätte nur früher einmal Geschmack an Männern gefunden, bevor er wußte, wie gut es in Wahrheit mit Frauen ist; aber dies sei jetzt Vergangenheit. Oder wenn sie besonders zynisch war, dachte sie: Gegenwärtig ist er mit mir zusammen, und wenn er nun schon mal ein bißchen herumstreunen muß, dann doch lieber mit einem Mann als mit einer hübschen jungen Frau. Was ist schon dabei. Timmy ist gerade so gut, wie ich ihn mir mache.

Meg wußte, daß sich ihre heterosexuellen Mittelschichtfreunde daran störten, daß Timmy Latino war und von ihr ausgehalten wurde. Ihr machte das nichts aus, jedoch Timmy durchaus. Er wollte Anerkennung. Und vielleicht fühlte er sich irgendwo im Innersten dafür schuldig, was er Meg antat, und vielleicht auch dafür, was er sich selbst antat. Es war zumindest meine Vermutung, daß ein Teil von Timmys Angst und psychosomatischen Beschwerden Folge seines Schuldgefühls wären. Aber herauszufinden, ob er sich tatsächlich schuldig fühlte, oder ob ich meine eigenen Werthaltungen auf ihn projizierte, würde nicht so leicht werden.

Als wir mit der Arbeit begannen, hatte Timmy nur beschänkte Vorstellungen von Therapie und dem Therapieprozeß. Da er wußte, daß viele von Megs Freunden einen Therapeuten hatten, hielt er seinen Schritt in die Therapie für mutig und außerdem für modern. Zu Beginn benahm er sich überaus höflich und freundlich. Schließlich war er nur Krawattenverkäufer bei Countess Mara, ich dagegen ein Doktor von der Harvard Universität. War dies also nicht der richtige Stil, wie man mit einem Doktor umgeht? Außerdem suchte er meine Hilfe für Symptome, die ihn gesellschaftlich in die Ecke manövrierten und derer er sich sehr schämte.

Ich glaube, daß jeder Mensch vor der Aufgabe steht, der Welt einen Sinn zu geben und sich dann zu ihm passend zu verhalten. Deshalb wird jeder unausweichlich zum Psychologen und Philosophen. Ich wußte, daß auch Timmy seine eigenen Werte und Weltanschauungen hatte, auch wenn er sie nicht in Worte fassen konnte. Ich wollte ihm helfen, seine grundlegenden Auffassungen darüber, wie die Welt funktioniert und wie er in ihr funktioniert, besser zu verstehen. Dabei wußte ich, wenn ich mit meinen Mittelschichtauffassungen seine Auffassungen verurteilte, würde ich ihn nicht erreichen. Deshalb war auch ich auf meine Weise höflich und freundlich. Und auch ich war ein Schwindler und Betrüger, insofern ich tatsächlich mißbilligte, wie er Meg ausnutzte, mir aber aus be-

ruflichen Gründen kein Urteil und keinen Einspruch erlaubte, solange die beiden denn zufrieden waren. Allerdings ob Timmy
tatsächlich zufrieden war, würde ich noch in Erfahrung bringen
müssen, und bei Meg war ich mir auch nicht ganz sicher.

Noch etwas beunruhigte mich. Ich empfand Timmy als Schlei-
mer, fühlte es im Bauch, spürte es als Aufruhr im Magen. Mir wurde nicht gerade übel, aber ich hatte einen sauren Geschmack im
Mund, wie wenn ich etwas gegessen hätte, das zu scharf gewürzt
war. So also hatte ich in Reaktion auf Timmy meine eigenen psychosomatischen Symptome. Woran machte sich nun mein Eindruck
fest? Ich konnte drei Elemente benennen. Das erste war Timmys pu-
res Eigeninteresse. Er sah die Welt wie ein Wolfsrudel: friß oder
werde gefressen. Stiehl oder werde bestohlen. Dabei mag die Armut
zu seiner einseitigen Ansicht über menschliche Beziehungen beige-
tragen haben. Das zweite waren Timmys selbstgerechte Rationali-
sierungen. Er behauptete, Meg bekäme für ihr Geld einen guten Gegenwert, er würde sich um sie kümmern und ihren Interessen
bestmöglich entgegenkommen. Und schließlich waren da seine Un-
terschichtwerte: Geld bedeutet alles; auf Liebe ist kein Verlaß; mit
einem dicken Konto kommt alles in Ordnung; Privateigentum und
Grundbesitz sind heilig. Einer seiner größten Triumphe war, daß er
Meg dazu gebracht hatte, ihm eine Wohnung kaufen und auf seinen
Namen eintragen zu lassen.

Ich hatte manche Berührungspunkte mit Timmy. Meine Eltern
waren vor achtzig Jahren wegen Diskriminierungen aus Osteuropa
ausgewandert, doch nur um sie im Gelobten Land erneut zu erleben.
Mir war Timmys Wunsch sympathisch, auf der sozialen Leiter auf-
zusteigen, gerade so wie ich es selber tat. Jedoch seine Mittel zum
Aufstieg waren eine Herausforderung für die meinen. Er wollte seinen sozialen und sexuellen Charme einsetzen, um Menschen auszunutzen; ich wollte meine intellektuellen Fähigkeiten dafür zur Verfügung stellen, Menschen bei der Selbsterkenntnis zu helfen. Ich
wußte, daß seine Selbstgerechtigkeit einen engen Bezug zu meinen
Schuldgefühlen hatte, und fragte mich, ob nicht Timmy gewisser-
maßen der Alptraum meiner selbst sei und ich ihn deshalb so anwi-
dernd fand. Manchmal hatte ich im Scherz auch über meine Arbeit
als Therapeut gesagt, daß sie der einer Hure gleiche: Wir haben beide Kunden, werden beide nach Stunden bezahlt, wir bleiben beide
aus professionellen Gründen moralisch neutral. Offenbar würde ich
wohl meinen Blick auf *zwei* Klienten richten müssen: auf Timmy

117

mit seinen psychosomatischen Beschwerden und auf Danny mit seinen psychosomatischen Reaktionen.

Von der ersten Sitzung an hielt ich Timmys Großtuerei für eine Abwehr gegen seine schlechte Meinung über sich selbst. Dies bestätigte sich, als ich ihn bat, mehr über seine Symptome zu erzählen. Er fing damit an, noch einmal aufzuzählen, wie sehr sie ihm alle zu schaffen machten: der schlechte Atem, das Schwitzen, das Furzen. Ich sagte, um ihnen etwas näher zu kommen, wäre es vielleicht gut, ihrer möglichen Bedeutung nachzugehen. Dann bat ich Timmy, sich einen Moment auf sich selbst zu konzentrieren, dann auf seinen Atem, und sich dann mit seinem schlechten Atem zu identifizieren und als sein schlechter Atem zu sprechen. Erst wies er das von sich als zu weit hergeholt, aber mit weiteren Anstößen von mir ging er schließlich darauf ein. „Ich bin Timmys schlechter Atem". Er unterbrach sich: „Das ist bescheuert... Das ist wirklich verrückt... Na gut, ich probier's nochmal, also: Ich bin Timmys schlechter Atem. Ich stinke regelrecht. Die Leute weichen mir aus, weil ich so übel rieche. Ich bin wie Giftgas. Etwas in Timmy ist am Verfaulen, wie in einer Kloake." Und mit: „Bah, das ist ja widerlich", hörte er dann auf.

„Nun, Timmy, das ist überhaupt nicht verrückt, du bist nicht verrückt. Wir können uns die Bilder, die dir zu deinem schlechten Atem gekommen sind, ja mal genauer ansehen. Sie sind sehr stark: Eine Kloake, Verfaulen, übler Gestank, Giftgas. Was kannst du mit diesen Bilder anfangen?"

Timmy war erschüttert. „Verdammt, ich fange an zu schwitzen. Ich bin hierher gekommen, um Hilfe zu bekommen, und jetzt krieg ich Kopfschmerzen." Ich wartete und wiederholte dann: „Was kannst du mit diesen Bildern anfangen, Timmy?" Er machte eine Pause. „Na gut. Manchmal fühl ich mich mit mir selber einfach mies. Aber das tut doch jeder, oder?" Dann wurde seine Stimme weicher: „Manchmal habe ich einen regelrecht Haß auf mich. Ich finde mich widerlich und will von mir weg. Irgendwo tief drinnen sitzt das. Und es ist immer da." Timmy bekam feuchte Augen, allerdings kamen ihm keine Tränen. „Habe ich den schlechten Atem deshalb?"

„Ich weiß nicht, warum du schlechten Atem hast, Timmy. Aber sag mehr über die Gefühle, die du verstecken willst. Natürlich kannst du sie auch weiterhin verstecken, aber sie werden dadurch nicht verschwinden, sondern werden weiter gären. Ich wünsche mir, daß du unsere Zeit hier dafür nutzt, um herauszufinden, was in dir vorgeht."

„Ich weiß nicht, ob ich darüber mehr wissen will, wenn das eben ein Beispiel dafür war!"

„Timmy, dann will ich dich nur noch um eines bitten, und danach können wir unsere Arbeit für heute beenden. Geh doch noch einmal zurück, geh in dich hinein, geh zu dem fauligen Geruch, der Kloake, dem Giftgas ... Bist du jetzt dort?"

Er nickte.

„Und schau dich mal um, wo dieser Geruch herkommt. Und sag mir dann, was du gefunden hast."

Timmy schwieg über eine Minute lang, dann sagte er: „Ich hasse mich, weil ich schwul bin. Ich hasse es, Puertoricaner zu sein. Ich hasse es, arm zu sein. Alles ist verdorben und faul. Alles stinkt zum Himmel!" Und jetzt liefen im die Tränen übers Gesicht und benetzten sein Sulka-Hemd und seine Countess-Mara-Krawatte. Seine Stimme schwoll vor Ärger an: „Und das Übelste an allem ist, daß ich überhaupt nichts dagegen machen kann!"

„Was du daran ändern kannst, ist, was für Gefühle du dazu hast. Das ist ein wichtiger Teil unserer Arbeit. Schwul zu sein oder Puertoricaner zu sein ist kein Grund, um sich selbst zu hassen."

„Sie haben gut reden. Sie sind weder Puertoricaner noch arm. Und ich wette, daß auch Sie es hassen, schwul zu sein."

„Richtig daran ist, daß ich es früher auch haßte, schwul zu sein. Ich schämte mich dafür sehr. Aber meine eigene Therapie hat mir darüber hinweggeholfen, und ich hoffe, deine wird dir dabei helfen. Puertoricaner bin ich keiner, aber ich bin Jude, und ich bin heute durchaus stolz darauf, mehr als ich es in der Kindheit war. Genauso kannst du stolz darauf sein, daß du Puertoricaner bist, und wir können uns das, was du dagegen hast, in ein, zwei Minuten einmal genauer ansehen. Was das Armsein angeht, so finde ich das nicht das Entscheidende auf der Welt. Ich erinnere mich an die große Wirtschaftsdepression 1933, als wir alle arm waren; trotzdem hat uns das nicht davon abgehalten, auch unser Vergnügen zu haben. Und einmal ehrlich, Timmy, hast du nicht auch jede Menge Spaß gehabt, als du noch ein Kind warst und draußen in der Bronx gelebt hattest?"

Er lächelte: „Ja klar. Aber ich fand es trotzdem schrecklich, arm zu sein, und ich schwor mir, daß ich dort herauskäme, und das habe ich auch geschafft. Bloß fühle ich mich heute immer noch arm. Ich träume oft, daß ich immer noch draußen in der Bronx bin, in all dem Lärm und Durcheinander. Es ist dreckig und stinkig, und die Leute laufen in billigen alten Klamotten herum. Ich will nicht zurück. Nicht einmal dann, wenn es mir dort als Kind auch mal gut ging."

„Du brauchst auch nicht zurückzugehen und in der Bronx zu leben. Was für dich ansteht, ist die Verabschiedung von all diesen negativen Gedanken über das Schwulsein, über Puertoricaner, über Armut. Ich hatte vorhin gesagt, ich würde dir heute nichts mehr zum Bearbeiten geben, aber jetzt möchte ich doch noch eine Aufgabe stellen. Wenn du nicht auf sie eingehen willst, kannst du sie auch sein lassen. Ich möchte dich bitten, aufzuzählen, was es Gutes hat, schwul zu sein, Puertoricaner zu sein, arm zu sein. Einverstanden?"

„Ja okay. Also, was ist gut daran, schwul zu sein?" Timmy verdrehte die Augen, dann zog ein breites Lächeln über sein Gesicht. „Ich finde *cruisen* (4) einfach gut: einen Typen finden, den ich will, und ihn dann auch kriegen. Und ich finde Sex mit einem Typen geil, da kommt nichts anderes gegen an. Und ich finde schwule Kneipen gut, wenn sie wirklich laufen, wenn die Musik okay ist, die Typen gut aussehen, wenn ich ein paar Glas getrunken habe oder einen Joint geraucht, und wenn es mir einfach gut geht. Sie haben recht, das ist echt Wahnsinn. Aber ich finde Diskriminierungen schlimm, und ich kann diese Schwulenorganisationen nicht ausstehen, die die Aufmerksamkeit immer auf die Schwulen lenken. Ich mag Politik sowieso nicht. Ich will einfach nur Spaß am Schwulsein haben."

„Einen Moment, Timmy, bleibt eben nur bei dem, was du am Schwulsein gut findest."

„Was noch? Also ich finde Parties gut. Und wie Schwule sich bewegen, und was sie für Sachen anziehen, und wie sie sie tragen. Schwule sind einfach beweglicher, flotter, lebendiger. Und deswegen hassen uns die Heteros; sie sind einfach neidisch."

„Bleib ausschließlich bei dem, was am Schwulsein gut ist."

„Ich mag den Strand auf *Fire Island* (5), den Sand, die Wellen. Ich mag den *Teadance im Boatel* (6), die wilden Parties, die *Fleischbank* (7), am liebsten wäre ich jetzt dort."

„Und jetzt zum Puertoricaner. Was ist daran gut, Puertoricaner zu sein?"

„Das ist schwer zu beantworten. Ich könnte nur sagen, was ich daran hasse."

„Gut, dann das zuerst."

„Ich hasse das Gewühle. Es sind zu viele Kinder da. Zu viele fette Weiber mit breitem Arsch und dicken Titten. Zu viele faul herumhängende Typen. Ich kann all diese Kirchen nicht ab. Die Katholiken. Die Pfingstler. Die dich nur kontrollieren wollen und dir vorschreiben, was du zu tun und lassen hast. ... Ich könnte den ganzen Tag so weitermachen."

„Dann mach damit weiter."

„Ich hasse die Gerüche. Diesen säuerlich Geruch von muffigen, alten Klamotten. Den Geruch von billigen Imbißbuden, von pappigem Reis, von altem Frittieröl .. Es reicht jetzt!"

„Gut. Und was magst du daran, Puertoricaner zu sein?"

„Ich mag wirklich sehr das Essen, wenn es gut gemacht ist, die Gewürze, den Paprika, den Safranreis, wenn er richtig zubereitet ist. Und ich mag die Farben, diese leuchtenden Farben, wenn die Leute sie richtig zu tragen wissen. Und der geile Gang der Männer, wie sie die Hüften bewegen und sich vorwärtsrollen, und wie sie sich immerzu an den Schwanz fassen, hinfühlen und nachsehen, daß er da ist und jederzeit in Aktion gehen kann. Und ich liebe die Puertoricanische Weihnacht, wie die Menschen glücklich sein können, lachen, sich eine gute Zeit machen und dafür den letzten Groschen hergeben, egal wie arm sie sind."

„Und was ist mit dem Armsein? Was ist daran gut?"

„Nein, Herr Doktor, tut mir leid. Heute nicht. Sogar wenn ich etwas finden könnte, ich will nicht. Ich finde es schrecklich, arm zu sein. Das werden sie mir nicht wegnehmen. Ich kann mir vielleicht ansehen, was daran gut ist, schwul zu sein und Puertoricaner zu sein, und das bringt mir auch was. Aber nicht mit dem Armsein. Das ist, als ob Sie von einem Kranken wollten, daß er das Gute an Krebs findet."

„Wenn du Krebs hättest, würde ich dich tatsächlich danach fragen, was das Gute daran ist, Krebs zu haben."

„Na meinetwegen. Aber ich bin ja eben auch gar nicht arm, und ich werde auch nicht arm werden. Also brauche ich mir auch keine Gedanken zu machen, was am Armsein gut ist."

„Vielleicht kannst du dir ansehen, was am Armsein so erschreckend und erschütternd ist?"

„Vielleicht, vielleicht. Aber nicht heute. Ich hab für einen Tag genug getan."

Und Timmy hatte in der Tat genug gearbeitet. Er hatte mich sehr beeindruckt, wie offen er sich auf manche erschreckenden Themen unmittelbar einlassen konnte, und ich war ganz zuversichtlich, wie es mit seiner Therapie weitergehen würde. Nicht so sicher war ich mir allerdings, wie weit wir mit seiner Angst vor der Armut kämen.

Aber ich gebe die Hoffnung nie auf; sie ist einer der besten Verbündeten für Therapien.

Timmy kam im Laufe der Therapie seinen eigenen Zielen näher
und wuchs dabei über sich hinaus. Nach der Erkundung seiner tieferen Gefühle und Motive erlebte er eine große Erleichterung und
seine Symptome besserten sich, wenn sie auch nicht völlig ver-
schwanden. Timmy schätzte an mir, daß ich seine puertoricanische
Herkunft akzeptierte. Er faßte mehr Vertrauen und war nicht mehr
so gehemmt wegen fehlender Bildung. Ich wies ihn darauf hin, daß
ihn andere Menschen wegen seiner bodenständigen, spontanen Ge-
fühlsreaktionen mochten, und er nahm dies gerne als ein weiteres
Element an, das ihn attraktiv machte.

Timmy lernte Therapie auch dazu zu benutzen, Ängste und Sorgen einzubringen und zu klären. Er gab mir Geld für eine Dienstleistung, also wollte er auch so viel wie möglich dafür bekommen.
Er wollte nicht nur seine Symptome heilen, sondern auch möglichst
viel von dieser Welt begreifen, vor der er so viel Angst hatte.

Ich freue mich immer, wenn ein Klient etwas aus seiner Therapie
machen kann, weniger an Symptomen leidet und sich überhaupt
besser fühlt. Zwischen Timmy und mir bestand ein solches therapeutisches Arbeitsbündnis. Allerdings mußten wir auch noch darauf kommen, wie er Meg ausnutzte bzw. darauf, daß er dies überhaupt als Ausnutzung wahrnahm. Ich hoffte, wenn er unsere Arbeit
im Laufe der Zeit genügend zu würdigen wußte, würden wir auch
noch zu diesem Punkt kommen - zu meinem Punkt.

Über diesen meinen Punkt machte ich mir noch mehr Gedanken.
Ich überlegte, wann er bei mir im Leben zum ersten Mal aufgetaucht
war. Mir fielen zwei Situationen ein, in denen ich – ähnlich wie Timmy – der Liebhaber einer älteren Frau werden konnte, um daraus einen persönlichen Vorteil zu ziehen. Die erste Situation begegnete
mir, als ich dreiundzwanzig Jahre alt war. Damals, in der dunklen
Epoche der späten vierziger Jahre, hatte ich gerade meine Therapie
bei Laura Perls begonnen, um mit meinen homosexuellen Gefühlen
klarzukommen. Fritz und Laura Perls waren gerade von Südafrika,
wo sie zehn Jahre im Exil zugebracht hatten, nach Amerika überge-
siedelt. In New York als einem Zentrum orthodoxer Psychoanalyse
hatten sie den Ruf linksorientierter Abweichler. Ich war der zweite
Klient, den Laura in New York hatte. Die Theorie der Gestalttherapie war noch nicht entwickelt, das Buch *Gestalt Therapy* (8) noch
nicht geschrieben. Ich hatte seinerzeit eine Beschäftigung als Schul-

und Hauslehrer an der Hessian Hills School in Croton on Hudson, einer fortschrittlichen Schule, die von *John Deweys* (8) Schülerin Elizabeth Moos gegründet worden war. Als neue Direktorin war Winifred Dahlberg von der Winetka Day School in Illinois gekommen. Wir fingen alle miteinander neu an, weil nach den *Peekskill-Unruhen* von 1948 (10) das gesamte Personal entlassen worden war und wir einen neuen Anfang machen sollten. Winifred hatte vier Kinder, zwei von jedem ihrer beiden früheren Ehemänner. Ihr erster Mann war Harry Moore gewesen, ein Biograf von D.H. Lawrence, ihr zweiter Mann war Edward Dahlberg, der Autor des von T.S. Eliot hochgelobten Buches „Bottom Dogs". Winifred war fünfunddreißig und damit ein Dutzend Jahre älter als ich. Eines Abends, nachdem sie zu viele Martinis getrunken hatte, kam sie zu mir aufs Zimmer und ging mit mir ins Bett. Sie war eine attraktive Frau, ein kluger Mensch, und zuvor die Gattin von zwei berühmten Schriftstellern. Ich ließ ihre Verführung geschehen, und wir wurden Partner. Wir betranken uns öfter, spielten Platten von Judy Garland, tanzten zusammen und ging dann miteinander ins Bett. Trotzdem war ich dabei unglücklich. Ich fand es zwar eine aufregende Entdeckung, daß es auch für mich Sex mit Frauen geben konnte, aber ich wußte auch, daß ich mit dieser Rolle nur spielte. Ich kümmerte mich zwar ernsthaft um Winifred, aber mir war bewußt, daß sie es war, die mich ausgesucht hatte, während ich mir bei freier Wahl einen Mann ausgesucht hätte. Nach einigen Monaten wandte sich Winifred einem reichen Mann aus dem Elternbeirat zu, der ihr bei der Erziehung ihrer vier Kinder und auch bei der Sanierung der Schulfinanzen helfen konnte. Als das Schuljahr vorüber war, begann ich mein Promotionsstudium. Ich war erleichtert, mich in der Liebe nicht länger wie ein Hochstapler zu verhalten. Mit Winifred hielt ich noch bis zu ihrem Tode den Kontakt, und von ihrem Sohn, dem ich für kurze Zeit den Vater ersetzte, höre ich auch heute noch.

In der Therapie bei Laura Perls verbrachte ich viele Stunden mit der Klärung meiner schillernden Situation und meiner ambivalenten Gefühle. Auf der einen Seite war Winifred meine Chefin, und ich mochte sie als Menschen. Auf der anderen Seite war sie für mich trotz ihrer Schönheit sexuell nicht attraktiv. Wohl war ich noch nicht bereit, mich offen für schwul zu erklären, aber wenn ich die Beziehung fortsetzen würde, empfände ich mich als unehrlich und hätte Schuldgefühle. Also konnte ich die Beziehung nicht länger aufrechthalten.

Gut zehn Jahre später machte ich bei einer Party von Dwight Macdonald Bekanntschaft mit Muriel Spark. Ich war fünfunddreißig, Muriel Ende fünfzig. Ihre Bücher *The Prime of Miss Jean Brodie* (11) und *The Girls of Slender Means* (12) hatte ich sehr bewundert. Sie zählte seinerzeit zusammen mit Iris Murdoch und Angus Wilson zu meinen Lieblingsautoren. Ihr Vater war ein Jude aus Edinburgh, und vielleicht trug das dazu bei, daß sie mich attraktiv fand. Für mich war es sehr schmeichelhaft, von einer so talentierten, berühmten und erfolgreichen Schriftstellerin beachtet und umworben zu werden. Deshalb ging ich auf ihre Avancen auch bereitwillig ein. Die Beziehung war kurz und nicht sehr erfolgreich. Ich war seinerzeit an einem Punkt, daß ich zu einem Leben als Homosexueller entschlossen war, und Muriel, die den Zenith ihrer Schönheit überschritten hatte, war auf der Suche nach einem Gefährten. Ich war niedergeschlagen, mich erneut in einer sexuellen Situation wiederzufinden, in der ich mir wie ein Betrüger vorkam und mich schämte und schuldig fühlte. Trotz all der verlockenden Vorteile, die eine Beziehung mit Muriel bieten konnte, gingen wir nach einer nicht besonders intensiven oder leidenschaftlichen Affäre wieder unsere eigenen Wege.

In diesen beiden Episoden hatte ich mich wie Timmy in eine sexuelle Beziehung mit einer älteren Frau verwickelt gefunden. Aber anders als Timmy, hatte ich daraus keine persönlichen Vorteil ziehen wollen. Ich hatte beide Beziehungen ein Weilchen aufrechterhalten, aber doch nicht allzulange gewartet, um mich daraus wieder zu befreien. Mit den Entscheidungen, meine Bedürfnisse für kein wie auch immer geartetes sexuelles Verhältnis zu verraten, fühlte ich mich ehrenhaft. Timmy hatte sich für die andere Alternative entschieden, und mir wurde klar, daß ich mich immer noch darüber ärgerte, auf welche Vorteile ich in beiden Fällen verzichtet hatte. Ich begriff, daß ich Timmy auch deshalb verurteilte, weil er sich auf das Tauschgeschäft eingelassen hatte. Mir wurde wieder leichter, und ich hatte mehr Energie für Timmys Therapie frei statt für meine Selbstanalyse.

Mit Timmy ging es voran. Statt daß er seine Herkunft schlechtzumachen, machte er Meg mit arroz con pollo und mit burritos bekannt, allerdings noch nicht mit seiner Mutter. Er dachte sogar daran, sich wieder Mario zu nennen, und ließ dies nur deshalb bleiben, damit seine Freunde nicht verwirrt würden. Bei passender Gelegenheit ließ er auch mal ein Wort oder einen Satz auf Spanisch fallen.

In einer Sitzung erzählte er, daß er die Westsidestory gesehen hätte und daß er bei dem Chor „Wir werden einen Platz für uns finden, irgendwo, irgendwie" geweint hätte. Vor der Arbeit mit mir hätte er niemals das Gefühl gehabt, irgendwo auf der Welt einen Platz zu haben. War es bloß eine Täuschung, wenn ich in seiner Äußerung einen Fortschritt hörte, er hätte jetzt ein freundschaftliches Gefühl zu Meg und sie sei fast wie ein Engel, der ihm zu einem eigenen Platz verhelfen könne?

Manchmal fluchte er auf Meg, weil sie ihn betatschte, überall an ihm herumfummelte, ihn abknutschte und ihm die Zunge in den Mund schob. Dann wieder lachte er manchmal obszön und erzählte, er hätte ihr wirklich heftig in die Titten gekniffen, und nach ein paar Drinks würde er halt mal schnell in ihr abspritzen. Darin steckte auch ein Angebot an mich als anderen schwulen Mann, mit ihm zusammen darüber zu lachen, wie er Meg nebenbei benutzte. Ich fühlte mich dabei in einen Konflikt gebracht zwischen meiner Rolle als sein Therapeut und meiner Haltung als Mann, der Frauen nicht feindlich gesonnen ist. Manchmal sagte er mit eiskalter Stimme: „Für jeden einzelnen Fick wird sie mir teuer bezahlen." Im allgemeinen war Sex zwischen ihnen sowieso dünn gesät, schloß Joints und Poppers ein und wurde von Meg auch noch mit Geschenken belohnt, zum Beispiel einer kompletten Sinatra-Sammlung, einem weißen Leinenanzug oder einer Reise in die Türkei. Ich hörte mir das alles an und sagte nichts dazu.

Einmal, als Timmy in der Therapiegruppe wieder einmal über Meg hergezogen war, griff ihn Roger, ein jüngeres Gruppenmitglied, heftig an und nannte ihn eine Hure. Darauf explodierte Timmy, daß Roger einen Dreck davon verstünde und daß er ihm die Scheiße schon aus dem Leib prügeln werde. Ich blieb zitternd stumm, und die Gruppe schaffte es, die beiden wieder zu beruhigen. Sie gingen nicht darauf ein, ob Timmy eine Hure sei, sondern machten klar, wie unfruchtbar solche persönlichen Angriffe sind. Mir prägte sich besonders ein, wie wütend und verletzt Timmy auf die Bezeichnung Hure reagiert hatte, und ich beschloß daraufhin, ihn auf keinen Fall mit dem Wesen seiner Beziehung mit Meg zu konfrontieren. Aber ich machte mir Gedanken, warum ihn wohl Roger angegriffen hatte. Es ist ja bekannt, daß Kinder unglaublich feine Antennen für die verborgenen Gedanken ihrer Eltern haben können und sie dann zu deren heimlicher Freude laut aussprechen. Hatte Roger in ähnlicher Weise meine verborgene Meinung erraten? Oder vertrat er dieselben Einstellungen wie ich nur zufällig und unabgesprochen? Ich wußte, daß ich auf jeden Fall sehr genau aufpassen mußte, daß meine persönliche Haltung zu Timmy nicht den Prozeß in der Gruppe bestimmte. Gewiß kann es oft nützlich sein, einen Klienten mit etwas zu konfrontieren, vor dem er die Augen verschließt. Aber mir wurde die Gefahr bewußt, daß ich Timmy, wenn ich nicht sehr feinfühlig mit ihm umginge, auch aus der Therapie herausdrängen könnte. Für Timmy war es eben beschlossene Sache, seine Beziehung mit Meg auf der bestehenden Grundlage fortzuführen, er sah darin kein Problem und wollte dafür auch keine Hilfe. Hätte ich darauf bestanden, daß dies für Timmy zum Problem würde, bloß weil ich damit ein Problem hatte, dann hätte ich seine Therapie in einen Missionierungsversuch für meine Werte verkehrt.

Timmy hatte mir berichtet, Meg würde auch gern eine Therapie bei mir machen. Das klang verlockend. Die Arbeit mit einem Paar ist anregend und herausfordernd. Ich finde es faszinierend, welche verborgenen Themen und unerledigten Geschäfte, welche unausgesprochenen Verträge und unterschwelligen Verständigungen ein Paar in eine Therapie mitbringt. Ich hatte schon mit Ehemann und Ehefrau gearbeitet, mit Beziehungspartner und Beziehungspartner, Bruder und Schwester, Mutter und Sohn. Aber ich hatte noch nie mit einem Paar gearbeitet, bei dem der eine Partner den anderen aushält. Zwar hatten manche Paare auch diese Dimension angesprochen, aber nirgend war sie so offen zu Tage getreten.

Timmy zufolge hatte Meg nur etwas ganz Simples im Sinn. Weil sie noch nie im Leben Therapie gemacht hatte, sei sie einfach neugierig geworden, wie so etwas abläuft. Timmy hätte meine Arbeit gelobt, und da wäre sie auf die Idee gekommen, sie könne sich einmal mit mir darüber unterhalten, wie sie den Rest ihres Lebens gestalten wolle.

Das alles hörte sich arg vereinfacht an. Aber ich wurde neugierig, welche Motive Meg sonst noch hatte, mich in Anspruch zu nehmen. Ich fragte Timmy, was er dabei empfände, wenn auch Meg bei mir Klientin würde. Er fand das großartig: Vielleicht würde ich sie ja dazu bewegen können, ihn sexuell in Ruhe zu lassen; vielleicht könnte ich ihr ja auch helfen, mit all den Schnorrern um sie herum besser klarzukommen. Ja, vielleicht.

Meg war schlicht und gediegen. Sie trug ein lila Laura-Ashley-Kleid mit weißen Handschuhen und hatte einen luftigen weißen Strohhut mit schmalem Bändchen auf. Das Haar hatte sie blaß ho-

nigfarben gefärbt und trug es glatt zurückgekämmt und zu einem
Dutt geknotet. Dankbar sah ich ihre blanken schwarzen Krokodille-
derschuhe, die etwas mehr Lebendigkeit zum Ausdruck brachten.
Abgesehen von ihren Bleistiftabsätzen hätte sie eine Bibliothekarin
im Gorlier Club oder eine Krawatten kaufende Lady bei Countess Mara sein können. Alles in allem hatte sie sich erfolgreich aufgemacht.

Meg strich sich das Kleid glatt, fuhr sanft über ihre Handschuhe,
vermied meinen Blick und sagte über ihre Entscheidung zur Therapie eine der Plattitüden, die mir Timmy erzählt hatte. Ich wies darauf hin, daß die meisten meiner Klienten mehr an akutem Schwierigkeiten litten und das deutliche Gefühl hätten, daß in ihrem
Leben etwas nicht stimme. Nein nein, erwiderte Meg, ihr Leben sei
durchaus in Ordnung, denn sie habe stets gut für sich gesorgt. Dann
blickte sie mir in die Augen, lächelte und sagte: „Sie werden hof-
fentlich wissen, daß Timmy eine der Lösungen ist, wie ich für mich
sorge. Ich mag es, wenn ein Mann aufmerksam ist." Ich war verwirrt. Verstand Meg ihre Beziehung mit Timmy so, daß er ihr aufmerksamer Liebhaber sei? Ich schaute ihr in die blaßgrauen Augen,
entdeckte aber keinerlei versteckte Spannung, keinen Anflug von
Schauspielerei. Was hätte sie wohl gesagt, wenn sie Timmys Beschwerden über ihre sexuelle Reizlosigkeit gehört hätte?

Immer wenn ich mit Paaren arbeite, werde ich zum Hüter von
Geheimnissen, die ein Partner vor dem andern hat. Aber gewöhnlich sind die Diskrepanzen zwischen den Partnern nicht so gravie-
rend wie bei Timmy und Meg. Ich sagte: „Timmy ist sehr dankbar
für Ihr Interesse an ihm" und dachte dabei im Stillen: Sie hat nicht
Timmy betrogen, sondern sich selbst. So begannen wir also: Meg
zeigte wenig Engagement und warf mir gelegentlich Brosamen über
ihren Lebenslauf zu, ich hörte ihr mit großer innerer Unruhe zu und
suchte nach einem gangbaren Weg, um ihr die Wahrheit über ihr
Verhältnis mit Timmy beizubringen und dabei dennoch nicht ihr
Arrangement mit Timmy zu gefährden.

Da Meg so wenig Leidensdruck hatte, vereinbarten wir, die Therapie zwei Monate lang zur Probe zu führen und danach auszuwerten.
Meg kam treu zu ihren Terminen und bat mich, ihr Fragen zu stellen.
Ich erklärte ihr, daß ich gewöhnlich keine Fragen stelle, sondern darauf warte, daß der Klient seine Probleme und Bedürfnisse ausbreitet.
Darüber lächelte sie und fragte: „Könnten Sie mir nicht wenigstens
eine Frage stellen, damit ich hineinkomme?" Ich wollte mich nicht
auf eine Debatte einlassen, und so beschloß ich spontan, Psychoana-

lytiker zu spielen und mir aus ihren frühen Lebensjahren erzählen zu lassen. Meg war beglückt, daß es nach ihrem Kopf gegangen war, und schenkte mir dafür die folgende Kindheitsgeschichte.

Sie sprach im Ton eines Sachberichts fast ohne jede Emotion.

Meg kam in Revere (Massachussetts), einem Vorort von Boston, als einziges Kind eines armen englisch-irischen Paars zur Welt. Als sie vier Jahre alt war, verschwand ihr Vater auf Nimmerwiedersehen. Sie hätte Träume über seine Rückkehr gehabt, aber heute, im Alter von 62 Jahren, sei ihr sein Verschwinden so unwichtig geworden, daß sie sich nicht einmal mehr an sein Aussehen erinnern könne.

Meg zog mit ihrer Mutter zu den Großeltern. Als sie sechs war, wurde sie vom jüngsten Bruder ihrer Mutter sexuell belästigt, aber wie so viele Opfer kann sie sich an Einzelheiten kaum erinnern. Sie hatte Angst, ihrer Mutter von dem Vorfall zu erzählen, und sie meinte, ihre Mutter hätte auch nicht gern davon erfahren, denn dann hätten sie wohl wieder wegziehen müssen. Den Onkel, der sie belästigte und quälte, haßte Meg. Sie wünschte, er würde sterben. Im Jahr darauf kam er bei einem Autounfall ums Leben. Meg fühlte sich daran schuld. Noch heute kommen ihr beim Träumen Bilder von seinem verletzten Leib, und dann weint sie bitterlich über ihren bösen Wunsch.

Als vollentwickeltes Mädchen von vierzehn Jahren wurde Meg von einem Nachbarn, dessen Ehefrau verkrüppelt war, verführt und halb vergewaltigt. Er gab ihr ein paar Dollars dafür, aber sie gab das Geld nicht aus, aus Angst, ihre Mutter könnte mißtrauisch werden. Mit fünfzehn schaffte sie die High School nicht und ging ab. Sie nahm einen Job in einer italienischen Bäckerei an, und der Bäcker begann mit ihr ein sexuelles Verhältnis. Er machte ihr dafür kleine Geschenke wie billiges Parfüm, ein Armband aus Kieselsteinen und eine Korallenkette. Meg gewöhnte sich an die Vorstellung, daß Sex etwas ist, wofür man bezahlt wird, wenn auch nicht unbedingt in Geld.

Sie heiratete einen vierundzwanzig Jahre älteren jüdischen Mann, der eine kleine Schuhfabrik besaß. Während des zweiten Weltkriegs kaufte die amerikanische Armee seine gesamte Produktion, so daß er sich daran gesund stieß. Meg wollte auf keinen Fall Kinder bekommen, und er war damit einverstanden, denn die Kinder würden ja nicht jüdisch sein können, weil sie nicht jüdisch war. Nachdem er sich aufs Altenteil zurückgezogen hatte, unternahmen sie viele Reisen. Vor zwölf Jahren, als Meg fast fünfzig war, starb er an einer Herzerkrankung und hinterließ ihr ein Vermögen. Fünfzig Jahre lang war sie nie verliebt gewesen und hatte nie einen Orgasmus erlebt. Aber eines Winters bei einer Kreuzfahrt nach Rio wurde sie von einem wunderschönen südamerikanischen Kellner umschwärmt und verliebte sich zum ersten Mal im Leben. Eine ganze Woche lang schlief er jede Nacht in ihrer Kabine. Als das Schiff an Land ging, mußte sie jedoch feststellen, daß ihr eine Diamantspange, die sie von ihrem Mann geschenkt bekommen hatte, fehlte. Sie wußte, daß sie den Diebstahl bei der Polizei hätte melden können, unternahm aber nichts. In Rio begann sie, mit Gigolos auszugehen. Dabei gab sie auf ihren Schmuck besser acht und entdeckte außerdem, daß sie beim Sex mehr Lust hatte, wenn sie dafür bezahlte und deshalb auch verlangen konnte, was sie begehrte. Sie fand heraus, daß sie sich bei vaginalem Verkehr überwältigt und unterworfen fühlte, aber daß ihr oraler Sex, bei dem sie nicht Lust gab, sondern empfing, sehr gut gefiel. Allerdings hatte sie dabei Schuldgefühle und empfand orale Befriedigung als etwas Schmutziges, weshalb sie sogar dann, wenn sie dafür bezahlte, nicht direkt zu fragen wagte.

Ich fand es sehr eindrucksvoll, wie Meg mit dem Erbe der erlebten Traumata ihr Leben eingerichtet hatte. Sie war eine wahrhaftige Überlebende. Und als sie nun auf das Alter zuging, wollte sie sogar noch mehr als bloß überleben, sie wollte sogar gewinnen. Vielleicht war auch ihr Motiv für die Therapie, daß sie mich als Verbündeten gewinnen wollte, damit Timmy an ihrer Seite bliebe.

Meg hatte mir zu einem Verständnis ihres Geschäfts mit Timmy verholfen. In ihren frühen Lebensjahren war sie von Männern verführt und benutzt worden und hatte dafür kleine Geschenke und Belohnungen bekommen. Dabei hatte sie ihr Gefühl, ausgenutzt zu werden, wie die meisten Opfer sexueller Übergriffe unter der Decke gehalten. Ihr Einsatz waren eine gute Figur, reizende Beine, ein schönes Gesicht und eine fügsame Persönlichkeit gewesen. Dafür hatte sie aus ihrer Sicht und im Vergleich mit den vielen Nöten und Entbehrungen der meisten Menschen einen lohnenden Gewinn erzielt. Nun, da sie älter wurde und keine Kinder zu versorgen hatte, wollte sie ihrerseits jüngeren Männern, die sich nach ihren Vorstellungen um sie kümmerten, einen Lohn dafür zukommen lassen. Sie sah sich weit entfernt davon, Timmy auszunutzen, sondern sie wollte ihm eine Zukunft verschaffen, so wie ihr Mann ihr die ihre verschafft hatte.

Allem Anschein nach stimmten Meg und Timmy darin überein, daß sie ein legitimes Abkommen im gegenseitigen Interesse getroffen hätten. Was also hatten meine Bedenken hier zu suchen? Was trieb mich zu so viel Mißbilligung? Ich mußte begreifen, was mich so beunruhigte. Wenn ich an Meg und Timmy dachte, wurde ich ganz verstört. Irgendetwas stimmte hier nicht, ich spürte es förmlich im Bauch. Und ich wußte aus Erfahrung, wenn mich etwas dermaßen aufwühlen konnte, dann mußte ich mich selber bedroht fühlen. Aber was war daran so bedrohlich, wenn Timmy mit Meg bumste und dafür Geld bekam? Hing es vielleicht mit meinen wenigen eigenen Erfahrungen mit Prostitution zusammen?

Im Rom traf ich einmal beim Flanieren auf der Via Veneto einen netten jungen Italiener. Wir setzten uns zu einem Espresso in ein Straßencafé, und dort wurde mir klar, daß er auf den Strich geht und von mir Geld erwartete. Ich dachte mir: Na gut, das wäre ja noch einmal etwas Neues, noch ein Abenteuer, von dem ich zu Hause erzählen kann. Allerdings war ich im Grunde mit seiner Definition der Situation nicht einverstanden. Unser Sex vollzog sich routiniert, und zuletzt wollte er von mir „ein paar Dollars", denn er hatte keinen festen Preis, und er bat mich um meine Krawatte, die ich ihm auch gern verehrte. Danach fühlte ich mich irgendwie leer, beschmutzt und beschwingt in einem. Ich hatte jemanden für Sex mit mir bezahlt, ich hatte eine weitere Schranke zu meiner sexuellen Befreiung überwunden.

In New York passierte mir ein paar Jahre später so etwas Ähnliches. Ich kam in einer Bar mit einem attraktiven jungen Mann ins Gespräch. Er war freundlich, aufmerksam und klug, studierte am Columbia College und besserte sein Einkommen durch Gelegenheitsstrich auf. Er sagte mir, daß er sich nur mit Leuten einließe, die er auch persönlich mochte. Für einen Prostituierten hielt er sich nicht, und er hatte auch nicht vor, nach dem Studium ein richtiger Callboy zu werden. Am liebsten wären ihm Leute wie ich, mit denen er sich gut unterhalten könnte, die ihm aber auch noch Geld dazu gäben. Ich mochte ihn wirklich gut leiden und verbrachte einen schönen Abend mit ihm. Danach traf ich ihn noch drei Mal. Allerdings faßte ich die Möglichkeit, daraus eine längere Beziehung werden zu lassen, in der ich für seine Zeit, Aufmerksamkeit und sexuelle Gefälligkeit bezahlen würde, nie ernsthaft ins Auge. Nachdem ich mich nicht mehr bei ihm meldete, kam auch von ihm kein Anruf bei mir. Ich habe diese Episode in guter Erinnerung. Aber offenbar war meine sexuelle Befreiung nicht bis zu dem Punkt vorgedrungen, daß ich mir eine längerfristige Beziehung, ich der ich als Freier auftrat, vorstellen konnte.

Ich hatte nicht das Gefühl, daß ich ihn oder er mich ausnutzte. Es war mehr, daß ich mich beschämt und gedemütigt fühlte, weil ich für Sex Geld hergab; mein Stolz war verletzt. Außerdem verschleuderte ich auch meine inneren Werte, wenn ich den Unterschied an Macht und Geltung übersprang. Liebe sollte nichts Käufliches sein, sondern etwas, das ein Mensch einem andern spontan zum Geschenk macht. Oder war dies ein alberner Idealismus? Lebte ich in einer scheinheiligen Welt? Ich war verwirrt. Ich fühlte mich fast wie ein Pfadfinder, der mit der Hand an der Stirn vor den strammen Werten der Gesellschaft salutiert. Und mir fiel dazu ein, wie einer der Gründer der Angewandten Sozialwissenschaft an der Columbia Universität auf den Vorwurf der Datenfälschung zynisch geantwortet hatte: „Wir sind keine Pfadfinder". Im tiefsten Herzen hielt ich wohl noch am Ehrenkodex der Pfadfinder fest und beschnitt damit meine Handlungsmöglichkeiten in der realen Welt, in der Welt der Erwachsenen.

Nach dieser Selbstanalyse hatte die Sexualität zwischen Timmy und Meg keine so große Bedeutung mehr für mich. Auch meine eigenen Eskapaden mit bezahltem Sex konnten mich nicht wirklich beunruhigen. Ich regte mich auch nicht über einen guten Freund auf, der sich als Sexualpartner vor allem Stricher suchte. Seine streng protestantische Erziehung hatte ihm ein so tiefes Schuldgefühl wegen seiner Homosexualität eingepflanzt, daß er ihm nur durch die Verschiebung von Liebe und Sex auf ein simples Geldgeschäft mit Strichern entkam. Und um nicht mitansehen zu müssen, wie tief er in in den Schmutz gesunken war, betrank er sich gerne zuvor. Ich verurteilte ihn für seinen Kauf von Sex nicht. Er war mein Freund, ich hatte für seine Bedrängnis Mitgefühl und spürte höchstens im Allerinnersten ein bißchen Kritik.

Ein anderer Freund fühlte aus anderen Gründen zu Strichern hingezogen. Billy war sexuell durchaus attraktiv; er liebte die Jagd und die Chance zur Eroberung. Gelegentlich liebte er es auch, überwältigt zu werden und sich hinzugeben, aber wenn er nicht in der Laune dazu war, ging er gerne in Stricherkneipen wie Rounds, suchte sich den geilsten Jungen aus und nahm ihn mit nach Hause. Dann fing sein Vergnügen an: der Wettkampf begann. Billy wollte dem Stricher so sehr gefallen, daß nach einer Weile aus dem Geschäft eine persönliche Beziehung wurde. Es machte ihm nichts, den Stricher im voraus zu bezahlen. Das war einer seiner Köder. Danach zog er alle Register, um den Strichjungen kennenzulernen, ihm zu gefallen und seine Zuneigung zu erringen. Billy wollte es so weit bringen, daß ihn der Stricher zum Freund haben wollte. Oft gelang ihm das auch. Damit hatte er sich dann bewiesen, wie begehrenswert er ist, nämlich so sehr, daß sogar ein Stricher auf sein Geld verzichten wollte. Ich habe dieses Verhalten von Billy nie hinterfragt, sondern ihn stattdessen für seinen Einsatz und seine Ausdauer bewundert. Ich war von seinen Erfolgen sehr beeindruckt und fragte mich nur, wie er sich wohl nach einer Reihe solcher Piratenstücke fühlte. Ich ahne schon wie, aber nicht einmal als gute Freunde haben wir über seine Motive und Gefühle offen gesprochen.

Was mir keine Ruhe ließ, war, daß man sich selbst für Geld verkaufen kann. Ich hatte die feste Überzeugung, daß man seinen Körper und seine sexuelle Intimität nur mit jemanden teilen konnte, der sich darauf in voller Gegenseitigkeit und als Partner in einer längerfristigen Beziehung einlassen wollte. Ich weiß, viele werden meine Ansicht für romantisch und hoffnungslos überholt halten und mir vorwerfen, ich würde bloß die Heterogesellschaft mit ihren engstirnigen Auffassungen über sexuelle Lust imitieren. Doch umgekehrt bin ich der Ansicht, daß eine bloß hedonistische Auffassung von Sexualität den Menschen darum betrügt, mehr zu erlangen als die vorübergehende Geilheit der Ejakulation. Um kein Mißverständnis aufkommen zu lassen: ich finde Lust durchaus wunderbar. Aber die hedonistische Auffassung verbaut die Möglichkeit, daß sich Liebe entwickelt, von der nur ein Zyniker meinen kann, sie sei eine bürgerliche Erfindung zur Unterdrückung des einzelnen. In diesem Punkt unterscheide ich mich von manchen Theoretikern der Schwulenemanzipation. Sogar wenn ich damit gelegentlich in die Nachbarschaft von *Barbara-Cortland-Romanen* (13) gerate, stehe ich zu meiner romantischen Auffassung, daß wir sowohl heiße Lust als auch wirkliche Liebe erleben können. Von diesem geliebten Grundsatz laß ich mich durch keinen Berg an Wissen und Erfahrungen abbringen. Ich weiß, daß es Liebe gibt und daß sie sich erlangen läßt.

Natürlich hat auch Liebe ihren Preis, braucht Zeit, Bemühung und harte Arbeit. Ich halte es mit dem Grundgedanken der protestantischen Ethik, diesem Evergreen von Max Weber: intensives Streben wird mit Erfolg und Reichtum belohnt als Zeichen dafür, daß wir zu den Auserwählten gehören. Zwar habe ich meine persönlichen Vorbehalte und Abwandlungen zur Protestantischen Ethik, aber an ihrem zentralen Lehrsatz, daß Anstrengung etwas wert ist und auf dieser Welt belohnt wird, halte ich fest.

Timmy war nun jemand, der ohne harte Arbeit Erfolg hatte. Einmal im Monat gab er Meg, was sie von ihm sexuell begehrte, und wurde dafür von ihr ansehnlich belohnt. Auch Meg hatte nicht hart gearbeitet. Sie hatte zwar gelitten, aber einfach wegen ihrer attraktiven Erscheinung und ihrer schönen Beine war sie zu Wohlstand gelangt. Meine irrationale Antwort darauf war, sie beide für ihren leichten Weg zum Erfolg zu beneiden und zu verurteilen.

Ich wußte, daß ich diese Haltung nicht ernstnehmen konnte. Um so mehr machte es mir zu schaffen, daß ich die Beziehung zwischen Timmy und Meg mißbilligte. Deshalb beschloß ich, noch ein Stück mehr an mir zu arbeiten, bis ich vielleicht besser begriffe, was Timmy in mir auslöste, um ihn dann unbefangener behandeln zu können. Ich verschrieb mir dazu eine Übung am Paradox: Wenn ich bislang meinte, Prostitution sei korrupt, so wollte ich mir nun einmal überlegen, was an ihr Gutes sei, oder darüberhinaus, inwiefern wir uns alle irgendwie prostituieren. In einer Bar hatte mich einmal - leider nur einmal - ein Mann gefragt, wieviel ich von ihm verlangte. Das war das erste Mal, daß mich jemand für einen Stricher hielt. Ich fühlte mich geschmeichelt, aber dann dachte ich auch daran, wie unattraktiv viele Stricher zum Beispiel auf der Third Avenue sind. Viele Freier haben so viel Schuldgefühle und so wenig Selbstbewußtsein ihrer sexuellen Anziehungskraft, daß sie sich Sex sogar von weniger attraktiven Männern Geld kaufen. Dadurch wird ihr Erlebnis zu etwas Schmutzigem und einem Verlustgeschäft, so daß sie sich angewidert fühlen und froh sind, wenn es vorbei ist. Deshalb fand ich es besser, wenn keiner über mich denkt, ich würde auf den Strich gehen.

Timmy verkaufte seinen Körper für Geld. Aber wie verkaufen wir alle uns selbst, wie verkaufe ich mich? Dabei wollte ich „mich verkaufen" im übertragenen Sinn von „mich anpassen" und „mich verraten" verstehen, um mit meiner Selbstanalyse weiterzukommen. Sofort fielen mir genügend Fälle ein, wo ich, um einem Chef zu gefallen, einen Freund oder Liebhaber zu besänftigen oder einen Verkehrspolizisten milde zu stimmen, ihm in den Hintern kroch. Timmy tat dies in einem noch wörtlicheren Sinn, wenn er Meg die Muschi leckte. Ich weiß, daß ich keine unerschöpflichen Energien besitze, um mich bei jeder Herausforderung durch das „andere" durchzusetzen. Ich kann feige sein und Kompromisse schließen.

Ich weiß noch, wie ich jüngst eine unberechtigte Forderung vom *IRS* (14) bekam und meinen Steuerberater um Rat fragte. Er antwortete: „Zahlen Sie einfach. Das Gesetz ist so kompliziert, daß Sie sogar dann besser fahren, wenn Sie eigentlich im Recht sind." Ich weiß also nur zu gut, was es heißt, sich zu verkaufen, um einem Konflikt aus dem Wege zu gehen oder um jemandes Zustimmung zu erlangen.

Von dieser höheren Warte aus konnte ich mich Timmy näher fühlen, auch wenn mir seine Form der Käuflichkeit immer noch zu viel war. Ich dachte daran, daß der ausgeprägte Sinn meiner Mutter für menschliche Würde und ihre sture Geradlinigkeit sicher eine der Wurzeln meines Ärgers auf Kompromisse war. Wegen ihrer starren, unnachgiebigen Art, ihrer Abneigung, auch nur einen Millimeter zu weichen, war sie oft enttäuscht, gab sich geschlagen, zog sich zurück und fühlte sich isoliert. Wenn ich nicht achtgab, würde ich mich von Timmy genau so isolieren. Ich nahm mir also vor, seine Ausnutzung von Meg auf sich beruhen zu lassen und mich stattdessen mehr auf das zu konzentrieren, was ich an ihm mochte und was für Nöte und Bedürfnisse er hatte. Damit würde ich mich wohler fühlen, und sicher war es auch das, was er von mir für sein Geld erwartete. Oder war ich hier selber dabei, mich zu verkaufen?

Eine gute Freundin von mir, die gegen ihre provinzielle, etablierte, sicherheitsorientierte Familie in Connecticut rebelliert hatte, lebte nun in New York in Greenwich Village und bewegte sich in den Kreisen der literarischen Avantgarde. Sie war berühmt für sprühenden Humor, derbe Witze und anzügliche Anekdoten. Sie erzählte besonders gerne die Geschichte von zwei Brüdern, die beide noch unter zehn waren. Der jüngere fragte lispelnd: „Was ist eine Hure?" Sein Bruder antwortete: "Das ist eine Dame, die für Geld bumst." (Eine andere Anekdote handelte von zwei feinen Damen, die in einem Tearoom in Greenwich Village speisen. Als es einen Moment still war, hörte meine Freundin, wie eine der Damen sagte: „Neulich hatte ich ‚crabs' {was im Amerikanischen sowohl „Krabben" als auch „Filzläuse" heißt, d.Ü.]", und dabei vor Lachen aufkreischte. Noch eine andere Anekdote handelt von Franz Kline. Sie geht so: „Dieses Bild hat mir Franz versprochen, als er betrunken war, aber er gab es mir, als er nüchtern war.").

Auf mich machte der nüchterne Ton, in dem der ältere der beiden Brüder „Hure" definiert, ganz besonderen Eindruck. Wenn ich selber von Prostitution rede, dann immer so viel von ihren moralischen Aspekten. Ich kann mich mit dem liberalen Standpunkt von Shaw in „Mistress Warren's Profession" anfreunden: in einer kapitalistischen Gesellschaft bringt eine Hure ein Leistungsangebot auf einen bestehenden Markt; die Frage der Moral kommt darin nicht vor. Ich denke auch an die „Coyoten", eine Gruppe von Prostituierten in den sechziger Jahren, die sich zu einem Berufsverband ähnlich dem amerikanischen Ärzteverband entwickeln wollten. Aber gewisse Bedenken blieben bei mir bestehen. Nicht jede Frau, die in Armut versinkt, versucht durch Prostitution auf eigene Füße zu kommen. Muß nicht noch ein Element der Wahl hinzukommen, es mit der Moral nicht so genau zu nehmen? Sind nur die Freier zu tadeln, wie es die Feministinnen gerne tun, und sind die Huren nur ihre armen Opfer? Ich bleibe skeptisch, besitze aber auch nichts des Rätsels Lösung.

Und wie steht es mit den männlichen Rollen der Prostitution, dem Zuhälter und dem Gigolo? Für den Zuhälter legt niemand ein gutes Wort ein, aus wie armen Verhältnissen er auch immer stammt. In ihm sieht man nur den Ausbeuter, der die Frauen bumst und mit Drogen vollpumpt. Aber wäre er dann nicht auch nur ein Unternehmer? Ich kann so wertneutral nicht sein, sondern schließe mich der Mehrheit an und lehne ihn ab. Zum Glück bin ich bisher noch nicht um Therapie für einen Zuhälter angefragt worden. (Allerdings mag es vorgekommen sein, daß bei einem Workshop ohne mein Wissen die Unterkunft von einigen Gruppenmitgliedern für Gelegenheitssex benutzt wurde. In diesem Fall bin ich es, der sich ausgenutzt fühlt.)

Und wie steht es mit dem schönen schwulen Mann, der für Geld mit Frauen bumst? Ist es nicht eine zusätzliche Überschreitung, wenn er um des Gewinnes willen auch noch über seine sexuelle Orientierung hinweg handelt? Oder stünde er moralisch besser da, wenn er für Geld nur mit Männern bumsen würde? Wieviel unterscheidet ihn von einem schwulen Mann, der eine Heterofrau heiratet, um gesellschaftliche Anerkennung, Einfluß oder Reichtum zu erwerben?

Ich werfe diese Fragen auf, ohne daß ich eine Antwort hätte. Ich bin mir gewahr, daß mir all diese Fragen Kopfschmerzen machen. Bei den wenigen Gelegenheiten, wo ich erfuhr, daß sich Klienten oder Klientinnen prostituiert hatten, setzte mir dies zu. Zwar sagte ich mir, daß mir ein Recht zu einem moralischen Standpunkt nicht zusteht, aber in der Praxis fühlte ich mich im Konflikt, zumal niemand von ihnen in Armut versank.

Mich störte auch die Wichtigkeit, die Timmy und Meg materiellen Dingen beimaßen. Meg wußte, daß sie Timmys Gunst mit einer Armbanduhr von Phillipe Patek gewinnen konnte, genau wie einst sie mit einem Armband aus Flußkiesel umgestimmt worden war. Ihre Währung waren Waren, nicht Liebe, Zärtlichkeit und Gefühl. Gefälligkeiten wurden erkauft. Timmy wie Meg waren in der Kindkeit Armut und Unglück ausgesetzt gewesen. Daraus hatten sie beide die Konsequenz gezogen, daß Geld und Geschenke mehr Wert verkörperten als Gefühle. Ich fand das sehr schade, aber sah bei Timmy und Meg kein Interesse, etwas daran zu ändern. Ich hätte keinen Erfolg damit gehabt, den augenrollenden Eiferer Savonarola zu spielen, sie zum Verzicht auf Prunk und Eitelkeit zu drängen und in die wahre Kirche zurückholen zu wollen. Die Kirche wäre leergeblieben.

Eine neue Komplikation trat ein. Mit den Fortschritten seiner Therapie und wachsendem Selbstbewußtsein wagte Timmy, eine bedeutsame Beziehung zu einem Mann einzugehen. Bis dato waren seine sexuellen Beziehungen oberflächlich und auf schnelle Befriedigung ausgerichtet gewesen. Seine Affären hatten kaum einen Monat gehalten und von ihm deshalb die Bezeichnung „affairlettes" bekommen. In der Regel hatte er rasch einen Fehler am andern entdeckt und zum Anlaß genommen, sich von ihm zurückzuziehen. Mit Frank war es diesmal anders.

Frank kam wie Meg aus der Nähe von Boston, aber das war auch schon ziemlich das einzige, was sie gemeinsam hatten, abgesehen von ihrer beider Zuneigung für Timmy. Frank war Timmy zufolge weder schön noch reich noch freigiebig. Was an ihm war also so anziehend? Er war solide, zuverlässig, vernünftig. Er stammte aus einer Mittelschichtfamilie, die *Ozzie und Harriet* (15) übertraf, *Leave it to Beaver* (15) geradezu als dekadent erscheinen ließ und *Father Knows Best* (15) in der Wirklichkeit inszeniert. Sein Vater und seine Mutter hatten sich aus der unteren Mittelschicht emporgearbeitet und wollten die Spuren der Vergangenheit tilgen. Seine Mutter führte den Haushalt untadelig. Gesunde, nahrhafte Mahlzeiten wurden auf die Minute serviert. Sein Vater hielt sich vom Alkohol fern, arbeitete unermüdlich an Projekten zur Verbesserung des Eigenheims und war zur „Ersten Kirche Christi Wissenschafter" übergetreten. In diesem keimfreien Haushalt gab es keinen Hauch von Skandal, keinen Anflug vom Schnickschnack moderner Kunst, nicht einmal den Schatten politischer Skepsis. Frank und seine Familie waren gottesfürchtige, recht(s)denkende, waschechte Republikaner. Timmy war von Franks Geschichten völlig verzaubert und erquickte mich mit ihrer Nacherzählung.

Timmy gab zu, daß ihm Franks Solidität ein wenig auf den Nerv gehen konnte, aber gleichzeitig badete er sich in ihr. Frank lud Timmy nie nach Hause ein, Timmy äußerte auch niemals den Wunsch, Franks Eltern kennenzulernen. Aber Timmy sog Franks Geschichten förmlich in sich auf, zum Beispiel von Ausflügen zum Mount Desert State Park, vom Rasenmähen in der Teenagerzeit, von Tanzveranstaltungen der High School in geliehenem Frack mit einer Rose am Revers. An dieser Stelle konnte ich wieder mehr Sympathie mit Timmy empfinden. Seine romantischen Fantasien waren zwar nicht dieselben wie die meinen, aber im Grunde schien er genauso romantisch veranlagt zu sein wie ich selbst. Und wenn in den Geschichten auch etwas Langweiliges mitschwingen konnte, so war das doch in Ordnung. Timmy schmeckten die Erinnerungen Franks an einen Mittelschicht-Vorort weit besser als seine eigenen farbenfrohen Geschichten, wie er in der Hitzezeit sich zum Schlafen auf das Feuergitter der Mietskaserne legte, in der Schule seine Wanzenstiche versteckte und beim Lebensmittelladen Obst aus der Auslage stahl.

Auch der Sex zwischen beiden war nicht sehr aufregend, aber für Timmy war das in Ordnung. Frank blieb dabei steif und gehemmt, und Timmy begnügte sich damit, wenn sie einander in den Armen hielten. Meg war zuerst sehr eifersüchtig. Sie gab es vor Timmy zwar nicht zu, aber sie fand es schrecklich, ihn teilen zu müssen. Sie tat so, als fände sie Frank interessant, und lud beide zum Essen in vornehme Restaurants ein. Ihr schien, sie hätte keine andere Wahl, denn wenn es hart auf hart käme, würde Timmy sich für Frank entscheiden. Frank sah, daß Meg für Timmy als Einkommensquelle diente, und fühlte sich deshalb von ihr nicht bedroht. Mit dem, was er Timmy zu bieten hatte, konnte sie nicht mithalten: er war ein Mann.

Als ich meine Selbstanalyse fortsetzte, dachte ich darüber nach, ob ich zu Timmy wirklich gerecht war. Könnte ich bei ihm nicht seine eigene Version protestantischer Ethik entdecken? Wurde er nicht von Meg genau so ausgenutzt wie sie von ihm? Man konnte das Verhältnis zwischen den beiden auf verschiedene Weise betrachten. Von Timmys Zielen her gesehen war er ein ehrgeiziger junger Mann, der die Schichtgrenzen überwinden und auf der sozialen und ökonomischen Leiter aufsteigen wollte. Als Kapital setzte er dafür seinen Charme, seine sexuelle Gunst und seine Offenheit ein.

Timmy arbeitete durchaus hart, um aus sich ein „besseres Produkt" zu machen. Er wollte sich mit der passenden Kleidung und den vorgeschriebenen Möbeln ausstatten und im richtigen Ton seine Mahlzeiten ordern. Aufstieg. Was war daran so verkehrt? Für sein Streben nach Anerkennung war er bereit, mit einer Frau zu vögeln und sie zu lecken, sogar wenn ihm die weiblichen Genitalien zuwider waren. Eindeutig erbrachte er hiermit ein Opfer im Dienste seines Gelderwerbs, auch wenn es nicht darin bestand, seine Arbeit zehn Stunden am Tage zu tun. Mir kam die Frage, wieso er sich dafür nicht ältere Männer suchte, und es stellte sich heraus, daß er das tatsächlich schon getan hatte. Zwei ältere Herren waren bereits seine „Sponsoren" gewesen. Aber sein Hintergrund in der puertoricanischen Machokultur schrieb ihm vor, wenn er schon Geld fürs Bumsen verlangte, dann besser von einer Frau als einem Mann. Gegenüber einem Mann fühlte er sich in der Position des Jüngeren beschämt, gegenüber einer Frau jedoch konnte er sogar die Fantasie aufbauen, er stünde über ihr. Was er mit Frank ausprobierte, war etwas ganz Neues für ihn, nämlich einen Mann zum Partner zu haben.

Timmy hatte sich mit seinem Schwulsein herumgeschlagen. Als Teenager in einem puertoricanischen Viertel in der Bronx hatte er seine sexuellen Wünsche verstecken müssen. So war er wütend auf die heterosexuelle Welt, und an Meg konnte er stellvertretend seine Wut ablassen.

Was für Gefühle hätte ich für Timmy gehabt, wenn er schwarz gewesen wäre? Mehr Sympathie mit seinem Gefühl der Unterdrückung und der Wahllosigkeit seiner Mittel zur Befreiung? Vermutlich ja. Die Themen rund um Schichtzugehörigkeit, wirtschaftliche Lage und sexuelle Orientierung waren nicht bloß psychologisch, sondern politisch. Sie waren in Timmys Leben zu einem Geflecht verbunden, das sich kaum mehr entwirren ließ. Und meine eigenen Ansichten über Politik, Wirtschaft und Gesellschaft würden jenseits der psychologischen Ebene ihren Einfluß haben. Deshalb war es so wichtig, den Platz zu bestimmen, den ich in Timmys Verwirrungen bei der Suche nach Sicherheit und Achtbarkeit einnahm. Mir fiel ein guter Freund ein, der als Kochbuchautor Erfolg hat, radikale Ansichten vertritt und mir einmal sagte: „Gerade die alten Huren sind es, die am Ende alles der Kirche vermachen." Gewiß kann auch dies ein Weg zur Achtbarkeit sein.

Ich entdeckte in der Beziehung von Timmy und Meg noch ein anderes Element, das für mich eine individuelle psychologische Bedeutung hatte. Am deutlichsten trat es bei Megs Gefühl zu Tage, sie sei „aus dem Rennen" und „jenseits von Gut und Böse", eben eine ältere Frau in einer Jugendkultur. Und damit hatte sie wohl Recht. In unserer Gesellschaft haben es ältere Frauen sogar noch schwerer als ältere Männer. Ihre Chancen, sich noch einmal zu verheiraten, sind eher gering. Das liegt daran, daß viele ältere Männer entweder wegsterben oder sich jüngeren Frauen zuwenden. Ich hatte für Megs Situation viel Verständnis.

Und dann fiel mir plötzlich ein, daß ja auch meine Mutter verwitwet war. Ich erkannte die Parallele zwischen der Witwenschaft meiner Mutter sowie meinen Beschützergefühlen für sie und der Witwenschaft von Meg sowie meinen Beschützergefühlen für sie. Jetzt war mir klar, warum ich um Meg so besorgt war und zu Timmy so kritisch stand. Mit dieser neuen Information kannte ich die Quelle meiner Gefühle. Aber Meg war nicht meine Mutter. Sie wußte sehr wohl, was sie mit Timmy tat. Von ihrem Standpunkt aus waren es sogar kluge Investitionen in ihre Zukunft. Würde ich meine Beschützergefühle weiterhin auf Meg übertragen, so würde ich weder ihr noch mir einen guten Dienst erweisen. Endlich hatte mein Bemühen um die Klärung meines Unbehagens erste Früchte getragen.

Timmys psychosomatische Symptome besserten sich immer weiter. Seine Blähungen gingen zurück, sein schlechter Atem verschwand, die Kopf- und Bauchschmerzen wurden rarer und schwächer; einzig das übermäßige Schwitzen widersetzte sich noch. Timmys Grundstimmung hatte sich auch gewandelt. Seine Depression lockerte sich, er wurde fröhlich und ausgelassen. Sein Leben nahm die Formen an, die er gehofft hatte. Sein Plan, Meg in eine gute Mutter zu verwandeln, hatte Aussicht auf Erfolg. Sie sollte ihn nur noch mit Gaben und Geschenken versorgen, aber ihre sexuelle Beziehung sollte der Vergangenheit angehören. Meg schien auch Frank zu mögen, und Timmy freute sich darauf, von beiden, wenn auch aus unterschiedlichen Gründen, umworben zu werden. Dies erinnerte ihn an seine Kindheit, als er für seine Onkels, Tanten und Großeltern der erklärte Liebling war.

Mit der Aufheiterung seiner Stimmung trat Timmy auch weniger großspurig auf, sondern ließ mehr Jungenhaftes zu, was mir an ihm gut gefiel. Meg wahrte stoische Gelassenheit. Sie war entschlossen, die Oberhand zu behalten, aber wie? Unsere therapeutische Arbeit hatte ihr Gefühlsleben umschifft. Sie konnte mir ihre Gefühle, sogar wenn sie sie spürte, nicht anvertrauen. Nein, was sie von ihrem

Therapeuten erhoffte, war ein Verbündeter für ihr Ziel, Timmy zu behalten. Ich, der ich Timmy kannte, sollte mit ihr Pläne aushecken, damit sie ihn nicht verlöre. In Wirklichkeit war diese Gefahr ziemlich gering, solange sie ihr Portemonnaie offenhielt, ein Umstand, den sie jedoch gerne herunterspielte. Nach einigem Zögern hielt sie es für das Klügste, Frank als zweiten Verehrer zu vereinnahmen, wohlwissend, daß zwischen Frank und Timmy eine Beziehung bestand. Sie bekam ja schon von einem schwulen Mann Sex für Geld, warum dann nicht auch von zweien? Nun kam es zwar zwischen ihr und Frank niemals wirklich dazu, doch um sich bei Unternehmungen zu dritt nicht zurückgesetzt zu fühlen, tat sie einfach so, als ob Frank an ihr interessiert wäre. Frank seinerseits spielte auf Drängen von Timmy mit. So neckten sie die drei gegenseitig, wen Meg wohl attraktiver fände und wer der bessere Liebhaber wäre.

Mir fiel ein schwuler Dreier ein, den ich eines Winters auf *St. Barts* (16) getroffen hatte. Ein älterer Verwandter der Krupps hatte seine Villa auf dem höchsten Punkt der Insel und hielt dort mit zwei attraktiven jungen Deutschen, einem Blonden und einem Brünetten, Hof. Die beiden blieben bei ihm, weil er ihnen alles ausgab. Der Blonde und der Brünette hatten einen herzlichen Umgang miteinander, und es wurde sogar gemunkelt, sie hätten miteinander geschlafen, seien aber beide aktiv und deshalb nicht weit gekommen. Ich fühlte mich abgestoßen von diesem Schauspiel, von den Aufwendungen des älteren Mannes und von seiner Vorspiegelung, der Geliebte der beiden zu sein und nicht bloß ihr Gönner. Sehr eindrucksvoll fand ich den verblichenen Glanz der Villa im Stile von *Norma Desmonds* (17) Anwesen auf dem Sunset Boulevard. Es gab auch Drogen und zu viel Alkohol, und der Blonde setzte etwas zu sehr an und bekam um die Augen schon zu viele müde Falten. Mit diesem dekadenten Trio verglichen erschienen Frank, Timmy und Meg als gesunde und unschuldige Amerikaner bei einem Sonntagsausflug, beinahe wie aus „Ozzie and Harriet".

Timmy war über den Fortschritt seiner Therapie beglückt, Meg war mit dem ihren zufrieden, aber ich fühlte mich dabei nicht wohl. Ich war immer noch verwirrt über meine heftige Reaktion auf Timmy. Irgendein störendes Element wirkte noch immer in mir. Ich sprach mit einem Kollegen über die Situation, und dabei entdeckte ich einen weiteren Grund für meine Distanz zu Timmy. Es hatte mit einer alten Wunde von mir zu tun und damit, daß Timmy als schwuler Mann seine heterosexuelle Seite benutzte, um sich besser zu machen. Ich hatte Jahrzehnte zuvor mit viel Schmerzen erlebt, daß ich auch mit Frauen Sex haben kann, aber trotzdem Männer bevorzuge. Ich stand vor der Wahl, mit einer Frau, einem Mann oder beiden zusammenzuleben. Mit der Entscheidung für eine Frau als Lebenspartner wäre eine Enttäuschung verbunden gewesen, die ich niemandem zumuten wollte. Ich war überzeugt, daß eine empfindsame Frau in meiner körperlichen Liebe etwas vermißt hätte. Um mir diese Zurückweisung zu ersparen und mich selbst vor der Heuchelei zu bewahren, hatte ich heterosexuellen Verkehr ganz aufgegeben. Ich wählte ein schwules Leben mit allem, was dazugehört. Das bedeutete, daß ich mich all der Schwulenfeindlichkeit, die in den fünfziger Jahren bestand (und die heute nicht gar so viel geringer ist) ausgesetzt hatte. Ich war auf Timmy ärgerlich, weil er meine damalige Entscheidung in Frage stellte. Er konnte den Kuchen essen und ihn zugleich behalten. Er wurde weiterhin von der Heterowelt unterstützt, ja sogar obendrein noch bezahlt. Sicher würde ich auch heute wieder dieselbe Entscheidung wie damals treffen. Aber offenbar war die Wunde noch immer nicht ganz verheilt, daß ich dafür so viele Diskriminierungen als Schwuler in Amerika in Kauf nehmen mußte.

Meine Selbstanalyse brachte immer neues Material für meinen Ärger zu Tage. Flaubert hatte einmal gesagt: „Madame Bovary, das bin ich." Ich war überrascht und erschreckt, in allen drei Mitgliedern des Trios Teile meiner selbst wiederzufinden.

In Frank erkannte ich meine Selbstgerechtigkeit wieder. Ich bin ja für meine Entscheidung zu einem schwulen Leben unter anderem auch deshalb dankbar, weil ich dadurch die scheinbaren Sicherheiten der Welt und die Besitzansprüche auf alleinige Wahrheit aufgeben mußte. So, wie die Welt mit Schwulen umging und wie sie mich behandelt hatte, wurde ich davon geheilt, und meine Selbstgerechtigkeit löste sich gottseidank weitgehend auf. Wenn ich aber nun Frank vor mir sah, fühlte ich mich an eine Vergangenheit erinnert, von der ich am liebsten nichts mehr wüßte. Wie ein trockener Alkoholiker, der die Freuden anderer am Alkohol nicht aushalten kann, hätte ich Frank am liebsten seine kleinbürgerliche Arroganz und Selbstgefälligkeit ausgetrieben.

In Timmy erkannte ich den Sohn von Einwanderern wieder, der in die amerikanische Gesellschaft aufgenommen werden möchte, wenngleich auch er und ich verschiedene Wege zu diesem Ziel gewählt hatten. Als Jude habe ich ein Gefühl für Außenseitertum.

Zwar werden die Juden in Amerika seit dem Holocaust eher akzeptiert, aber ich finde es entsetzlich, daß dies nur um den Preis der vielen ermordeten Opfer in den europäischen Konzentrationslagern möglich wurde. Als Überlebender profitiere ich von dem Gemetzel, und wenn ich jetzt überall ein Hotel buchen kann, ohne wegen meines jüdischen Namens schief angesehen zu werden, habe ich ein Schuldgefühl. Mir sitzt immer noch der alte Spruch in den Knochen: ein Schwein, das sei der jüdische Herr, der gerade den Raum verließ. Mit dem Wort Ghetto wurde ursprünglich der Stadtteil Venedigs bezeichnet, in dem die Juden leben mußten, so wie Guideca das Judenviertel bezeichnet. Bin ich dem wirklich entkommen? Ich werde es wohl mein Leben lang bei mir haben und im rechten Moment darüber reden. Vielleicht kann der Schmerz der Vergangenheit einmal in hundert Jahren vergessen sein.

Und was von mir traf ich in Meg (im Sinne Flauberts)? Da Meg und ich etwa gleichalt sind, teilten wir die Last des Alters. Wäre sie zehn oder zwanzig Jahre jünger gewesen, hätte ich ihr zugerufen: „Such dir gefälligst einen Heteromann, einen der wirklich DICH will und nicht bloß dein Geld!" Doch mit dem Alter lassen die Kräfte nach, und mein Ruf kam nur noch als subvokales Flüstern heraus, das sie offenbar nicht hörte. Laut stimmte ich ihr zu, daß sie mit Timmy sicher auf den Richtigen gesetzt hätte, solange sie ihr Königreich nicht wie King Lear vor der Zeit verteilte. Ich fühlte mich durch Megs Alter entwaffnet, so wie ich es bald durch mein eigenes Alter sein würde. Außerdem fühlte ich mich vor Meg wie eine Hure, denn sie bezahlte mich zwar, aber bekam keinen besonders guten Gegenwert dafür. Sie war damit zufrieden, aber ich war es nicht. Ich hätte gewünscht, daß sie sich mehr einließe, aber ihr war es Befriedigung genug, mich zu bezahlen, meine Zeit und mich zu kaufen.

Da stand ich also und erblickte schmerzliche Aspekte meiner selbst in allen dreien, in Timmy, Meg und Frank. Ich empfand keine Freude bei diesem Triptychon, bei diesen meinen Spiegelbildern. Und dann gab es noch einen Grund, warum es mir damit nicht gut ging, einen ziemlich trivialen Grund sogar. Aber wenn ich mich schon selbst betrachte, warum dann nicht auch mit meiner Trivialität? Timmy, Meg und Frank waren die engste Beschäftigung mit einer *menage à trois*, die ich je hatte. Bis dahin hatte ich solche Arrangements nur in der Literatur kenngelernt. Ich hatte schon erwähnt, wie hoffnungslos romantisch ich manchmal sein kann. Nun, mit sechzehn hatte ich O'Neills *Strange Interlude* (18) gelesen und

Stark Youngs (19) Kritik über *Lynn Fontana* (20) in der Rolle der Nina, wie sie im Schlußakt triumphal erklärt, wie glücklich sie mit ihren drei Männern sei, mit ihrem Mann, ihrem Sohn und ihrem Hausfreund. Noel Coward lieferte eine wunderbare Darstellung einer menage à trois mit seinem Film *Design for Living* (21) mit *Noel Coward* (22), *Gertrude Lawrence* und *Alfred Lunt* (20) in den Hauptrollen. Zur gleichen Zeit schrieben Lillian Hellman *The children's hour* (23) und D.H.Lawrence *The Fox* (24). Ich fand ihre Vorstellungen von Bisexualität und von Beziehungen zu dritt höchst aufregend, auch wenn ich zu jener Zeit noch nicht wußte, warum. Einiges von dieser Aufregung bei ungewöhnlichen Beziehungskonstellationen besteht bis heute fort, sogar wenn ich ihnen in einer überreifen Form wie auf St. Barts begegne. Als mich mit näher damit beschäftigte, wie Frank, Timmy und Meg miteinander rangen, war ich enttäuscht, daß ihre Dreierkonstellation nicht an meine romantischen Visionen und die Großartigkeit der Literatur heranreichte, sondern sich in prosaischen Fragen des Alltags erschöpfte.

In meiner Arbeit als Therapeut habe ich viel mit alltäglichen Dingen zu tun, aber wenn mir eine Dreierbeziehung begegnet, flammen die glühenden Fantasien von Gertrude Lawrence, Virginia Woolf, Colette, Alfred Lunt und Noel Coward wieder auf. Mir hatte einmal eine übergewichtige Klientin erzählt, daß sie und ihr guatemaltekischer Freund, den sie über eine Computervermittlung kennengelernt hatte, sich gerne hinsetzten und sich einbildeten, *Greer Garson* und *Walter Pidgeon* (25) zu sein. Nun war ich noch nicht so weit gegangen, mich für Noel Coward auszugeben, aber kurz davor stand ich wohl schon. Ich dachte: „Mein Gott, es ist an der Zeit, mehr für mich selber zu tun. Ich sollte mich daran erinnern, daß die süße Mary Pickford, der Liebling aller Amerikaner, privat wie ein Landsknecht fluchte und zwanzig Jahre lang jeden Tag zum letzten Mal einen halben Liter Whiskey soff."

Ich arbeitete mit realen Menschen, aber entdeckte, daß ich sie auch durch die Brille von Starphantasien sah, die mich als Sechszehnjährigen bewegt hatten. Zu allem Überfluß hatte wohl Noel Coward niemals wirklich eine Dreierbeziehung, und die Heirat von Alfred Lunt und Lynn Fontanne war nur eine Scheinehe, in der der Altersunterschied zwischen den beiden sogar noch größer war als der zwischen Timmy und Meg.

Ich will jetzt nicht so weit gehen, den Wert von Literatur und historischen Biografien zu schmälern, vor allem, wenn sie sich um ein

Verständnis des menschlichen Lebens bemüht. Es war Freud, der mit seinen Studien über Leonardo und Moses das Feld der psychologischen Biographie erschloß. Auch wenn wir heutzutage seine Irrtümer und Übertreibungen kritisch betrachten, so hatte er doch eine Pionierleistung vollbracht, die trotz aller Unzulänglichkeit auf ein tieferes Verständnis der menschlichen Seele, und der begabten allzumal, hoffen läßt. Die jüngste Fortentwicklung ist Anne Sextons Biografie, die sich auf einige hundert Therapiestunden stützt, deren Bandaufnahmen ihr Therapeut zur Verfügung stellte. Freud schrieb auch Studien zu den psychologischen Charakteren in Erzählungen von Dostojewski und Stefan Zweig. Er benutzte auch den vielgelesenen viktorianischen Roman „Gravida" zur Veranschaulichung seiner Theorien, genauso natürlich Euripides' Ödipus. Für problematisch halte ich nicht die Verwendung von Literatur und Biografien zur Vertiefung unseres Verständnisses des Lebens. Für problematisch halte ich eine Verkehrung, in der die Literatur das wirkliche Leben ersetzt oder mittels ihrer besonderen Formen und dramatischen Inhalte zu einem Schauspiel überhöht. In dieser Weise hatte ich versucht, dem wirklichen Leben von Meg, Timmy und Frank meine romantischen Vorstellungen über Dreierbeziehungen, die ich aus der Literatur gewonnen hatte, anzuhängen.

Timmys Sitzungen waren ohne übermäßiges Interesse für mich, aber sie erfüllten ihren Zweck. Er verwendete viel Zeit darauf, über Möglichkeiten zu reden, mit Megs Unterstützung einen Krawattenladen auf der Madison Avenue zu eröffnen, in die Branche des Herrenausstatters einzusteigen und mit seinem perfekten Geschmack die Reichen als Kunden zu gewinnen. Vielleicht wolle er auch Megs Finanzberater werden. Ein Freund an der Wall Street hätte gemeint, mit Insidertips könne er spielend ihr Kapital verdoppeln. Ich fragte Timmy, warum Geld so wichtig ist. Darauf schaute er mich an wie einen entlaufenen Irren. Unsere Gesellschaft ist auf Geld gegründet. Geld auf der Bank, Geld in der Tasche. Ich fragte nach der psychologischen Bedeutung von Geld. Timmy antwortete wie aus der Pistole geschossen: „Sicherheit!" Mit Geld ist man sicher, ohne Geld hilflos. Ich fragte, ob Meg sicher sei. Und wie es denn kommen könne, daß sie trotz ihres Geldes hilflos sei. Timmy runzelte die Stirn, gab aber keine Antwort; ich wollte ihn auch nicht weiter drängen. Als ich ihn fragte, ob er mich kaufen könne, war er bestürzt. Ja irgendwie schon, meinte er. Nein, erwiderte ich, man kann meine Zeit, Fähigkeiten und Erfahrungen kaufen, aber nicht mich. Mit einiger Mühe verstand er, daß ich mehr bin als diese Liste meiner Attribute. Ich wiederholte also: „Kann man mich kaufen?" Und ich zitierte einen früheren Therapeuten: „Jeder hat seinen Preis, und meiner ist ziemlich hoch." Worin bestand mein Preis? Und konnte es sich Timmy leisten, ihn zu bezahlen? Er erwiderte, wenn er mir kein Honoror mehr gäbe, würde ich mit ihm nicht weiterarbeiten. Aber als ich ihm mitteilte, daß ich mit manchen Klienten für ein sehr niedriges oder gar kein Honorar arbeitete, wurde er stumm. Was also sei mein Preis, außer dem Honorar, hakte ich nach. Langsam, ganz langsam brachte er heraus, ich verlange, daß er offen und ehrlich sei gegenüber mir und sich selbst. Und dann fügte er rasch hinzu, diese Strategie könne nur hier drin funktionieren, aber nicht draußen in der Welt.

Ich fragte, ob er Frank kaufen könne. Er gab ein leises obszönes Kichern zur Antwort. Ja, sicher, das sei nicht schwer. Mit Sex. Das sei die Währung, in der sich Franks Gunst einkaufen ließ. Und Megs genau so. Ich fragte nach: Wenn er nicht seinen dicken Schwanz hätte und ihn zu benutzen wüßte, und wenn er nicht sein hübsches Gesicht hätte und im richtigen Moment zu lächeln wüßte, wo würde er dann bleiben? Wo wäre er dann jetzt? Was würde geschehen, wenn sein Gesicht nicht so hübsch wäre oder er keinen mehr hochbekäme? Er antwortete schnell: „Ja, darum muß ich mich ja beeilen, mein Moos jetzt zu machen. Mich will doch keiner mehr, wenn ich erst alt und grau bin. Wenn ich nicht jetzt bekomme, was ich will, krieg ich es niemals mehr."

„Und was ist mit mir, der ich alt und grau bin?"

Timmy lachte: „ Sie haben es doch schon geschafft. Sie haben Geld auf der Bank, ihre eigene Wohnung und einen guten Ruf. Wenn ich das auch hätte, würden mich ein paar Falten nicht mehr stören."

Ich fragte ihn noch einmal nach Meg. Er blieb einen Augenblick still. „Mit Meg ist alles in Ordnung. Sie hat ein gutes Herz. Und sie hat es genau so beizeiten geschafft. Sie hat den richtigen Zug gemacht, als sie diesen alten Juden heiratete. Jetzt hat sie von ihm die Penunzen geerbt und hat ausgesorgt."

Und wenn Meg kein Geld hätte, ginge es ihr dann immer noch gut? Würde er weiterhin mit ihr zusammensein?

Timmy lachte. „Sie kennen doch die Antwort. Sie ist reich und ich bin's nicht. Sie hungert nach einem Typen, und ich steh ihr zur Verfügung, wenn der Preis dafür stimmt."

Wie viel Timmy aus dieser Diskussion gelernt hat, kann ich nicht sagen. Ich trieb ihn zum Teil auch aus eigenen Motiven so weit. Ich wollte alles getan haben, um ihm andere Gedanken zu vermitteln, ähnlich wie ich einmal eine ganze Sitzung darauf verwandt hatte, einem Zahnarzt und begeisterten Jäger die Gedanken der Animal Liberation zu vermitteln. Ich hatte ihn gebeten, sich einmal vorzustellen, er würde statt Zielfernrohr nur Pfeil und Bogen benutzen. Dann hatte ich ihm vorgeschlagen, einmal in die Rolle des Hirsches zu gehen, um die Folgen seiner Handlungen auch aus einer anderen Warte zu erleben. Ich glaube, er hat mir diese Sitzung niemals verziehen, und ich kann das auch verstehen. Aber ich weiß, ich würde es heute wieder so machen. Vielleicht kann man mich damit kaufen, daß man sich mit meinen höchsten Werten und Überzeugungen offenen Herzens auseinandersetzt, so daß sich etwas Neues entwickeln kann. Jago in Shakespeares *Othello* (26) sagt: „Ich säte die Saat des Zweifels, nun will ich ernten." Was würde wohl meine Ernte bei Timmy sein? Würde er in der Therapie noch mehr an weichen Seiten erkunden?

Meg wollte das nicht. Wozu war sie in ihren Sitzungen überhaupt bereit? Ihre Hauptabsicht war, mich zum Verbündeten zu machen. Sie meinte, ich als schwuler Mann würde Timmy dazu raten, sich einen schwulen Mann als Partner zu nehmen. Sie versuchte mir zu schmeicheln, indem sie auf ihre Freundschaften mit Schwulen verwies, die Werke schwuler Künstler und Denker bewunderte und sich anerkennend über den schwulen Lebensstil äußerte. Ich griff ihre Kommentare nicht weiter auf, und irgendwann ließ sie sie bleiben.

Sie verbrachte viel Zeit damit, sich an Kindheitserlebnisse zu erinnern. Therapeuten sind doch an sowas immer interessiert. Also zog sie, um mir zu gefallen, ihre frühen Lebenserinnerungen hervor. Ich habe als Gestalttherapeut allerdings wenig Interesse an der Vergangenheit als solcher. Ich untersuche sie nur dann gerne, wenn sie für die Gegenwart von Bedeutung ist. Anderenfalls lasse ich Vergangenheit einfach auf sich beruhen. Bei Meg war vieles in der Vergangenheit ungelöst geblieben und brach störend in ihre Gegenwart ein. Ich ermutigte sie, über diese Themen mehr zu sprechen. Aber leider hatte sie daran nur so weit Interesse, als sie mich damit befriedigen könnte. Im Grunde wollte sie die ungelösten und schmerzhaften Fragen weiter verdrängen, um den Schmerz nicht neu zu erleben.

146

Meg hatte allerdings zwei Themen, zu denen ich ihr etwas anbieten konnte.

Das erste war ihre Angst vor dem Altern. Sie spürte, daß sie den größten Teil ihres Lebens verträumt hatte. Wie bei Schneewittchen waren die Jahrzehnte ins Land gegangen, ohne daß sich etwas ereignete. Sie hatte keine Kinder, ihre Ehe hatte vor allem der Bequemlichkeit und Vermeidung von Arbeit gedient, und die zehn Jahre ihrer Witwenschaft waren mit leerem Herumreisen zum Zeitvertreib verflossen. Der Gedanke an die Zukunft war ihr zuwider. Wenigstens Timmy war ein Mensch, um den sie sich kümmern und mit dem sie sich verbunden fühlen konnte. Praktische Lösungsvorschläge liefen jedoch ins Leere, weil sie an der Entwicklung neuer Interessen und Freundschaften desinteressiert war. Das beste, was ihr passieren könnte, wäre jemand wie Timmy, mit dem sie zusammenbleiben und den sie sich als Freund kaufen könnte. Sie hoffte, bei fortgesetzter Belohnung mit Freundlichkeit und Geld würde er sie eines Tages wirklich gerngewinnen und mit ihr gut umgehen. Eine tröstlichere Zukunft konnte sich Meg nicht vorstellen. Sie glaubte nicht, daß sie einen Mann ihres eigenen Alters gewinnen könnte: „Warum sollte er sich mich aussuchen statt einer jüngeren und hübscheren Frau?"

Ob sie etwas mit dem Konzept des Senior *Citizen* (26) anfangen könne?

„Das ist ein riesengroßer Sch...dreck, wenn Sie mir den Ausdruck verzeihen."

Das Gesicht hatte sie schon ein erstes Mal liften lassen. Wenn es wieder welk würde, würde sie sich halt ein zweites Liften leisten. Sie war entschlossen, ihr Gesicht und ihre Figur so lange wie möglich in Schuß zu halten, und ging zum Haarefärben zu Elizabeth Arden wie zu einem Gottesdienst.

Was war dran an Megs Depression, an ihrer Sorge, sie hätte nichts außer ihrem Geld, und ohne ihr Geld wäre die Zukunft leer und einsam? Da sie nicht dazu bereit war, sich auf ihre tieferen Gefühle einzulassen, konnte ich an ihren Zukunftsvorstellungen nicht viel ändern. Wenn eine Klientin von ihrem inneren Wert überzeugt ist und sich zutraut, mit der Welt erfolgreich zurechtzukommen, dann kann sie sich den Lasten und Härten des Alters stellen und sich einige Hoffnung machen, eine verwandte Seele zu finden. Aber da dies bei Meg nicht so war, konnte ich ihr höchsten ein bißchen Unterstützung auf dem von ihr eingeschlagenen Wege anbieten. Ich mußte dazu meine Meinung, daß sie ganz ohne Timmy besser fahren würde, bei mir behalten. Stattdessen konnte ich sie darin bestärken, ihre Zukunft lieber mit einem bezahlten Gefährten als ganz alleine zuzubringen. Ich bot also keine neue Lösung an, sondern bestärkte nur die bestehende Wahl.

Das zweite, was ich Meg anbieten konnte, betraf ihre Geschäftsangelegenheiten. Sie war zwar nicht dumm, aber auch nicht gerade gewieft. Weil ich an ihren Geschäften kein Eigeninteresse hatte, konnte ich ihr ein unabhängiges Urteil anbieten. Wir könnten uns zusammen ihre Geschäfte ansehen, und sie könnte dann mit weniger Angst und Sorge ihre eigenen Entscheidungen treffen. Sie ging dankbar darauf ein und besprach mit mir, ob es überhaupt richtig wäre, für Timmy einen eigenen Laden einzurichten, wieviel er wohl kosten würde, was bei einer Geschäftskrise passieren könnte, ob sie dann noch mehr Geld investieren sollte, ob sie durch ihre Finanzhilfe Timmys Gunst gewinnen könne, ob im Falle von Mißwirtschaft durch Timmy das Verhältnis mit ihm kompliziert würde. Sie kam zu dem Ergebnis, daß es wohl für beide besser wäre, wenn Timmy weiter bei Countess Mara arbeitete und sich wie bisher seine Nebeneinkünfte verdiente. Ich würde unsere Sitzungen nicht gerade als die besten meines Lebens bezeichnen, aber vielleicht war ich hier ja selbst ein bißchen zur Hure geworden, indem ich Meg einfach gab, was sie von mir wünschte.

Ich sprach mit Meg offen über ihre Gefühle gegenüber der Therapie. Sie blieb weiter wenig zugänglich und fand es vor allem nützlich, einen Ort zu haben, wo sie mit einer neutralen Person über ihre Gedanken sprechen könne. Ich warf ein, daß ich manchmal den Impuls hätte, mehr als neutral sein, sondern ihr beizustehen. Sie reagierte mit einem schmalen Lächeln und einem kurzen Kopfschütteln. Der Therapieprozeß sei ihr immer noch ziemlich fremd, meinte sie ohne große Überzeugungskraft, aber sie hoffe, mit der Zeit mehr Mut zum Ansprechen wichtiger Themen zu gewinnen. „Welche Themen?" fragte ich sie. Sie sah mir in die Augen, lächelte und erklärte: „Ich bin jetzt nicht bereit, darüber zu sprechen." Nun hatte ich die Wahl, ihr zu sagen, daß wir so wohl kaum weiterkämen, oder an die Möglichkeit zu glauben, daß sie tatsächlich im Laufe der Zeit mehr von ihrem tiefen Schmerz und ihrem Verlustgefühlen zulassen würde. Ich konnte mir nicht vorstellen, daß sich Meg später auf mehr einlassen würde, aber es stand mir nicht zu, dies fest zu behaupten. Sie war selber dafür verantwortlich, wann sie ihre Themen ansprach. Ich meinerseits war weiterhin bereit, ihr als Führer, Provokateur, Freund und wohlmeinender Störenfried zu dienen, als jemand, der ihre Wasser trübt, wenn sie zu tief und still werden.

Meg und ich beschlossen also, weiterzuarbeiten. Sie gab zu, daß sie in der Therapie weniger wollte als ich. Ich sagte, ich könne ja Druck machen. Sie lachte ein wenig und entgegnete, dann würde sie entweder zurückdrücken oder zur Seite gehen und mich auf die Nase fallen lassen. Hier hatte ich eindeutig eine Klientin mit Widerstand vor mir. Ich war herausgefordert. Wer würde sich durchsetzen mit seiner Richtung? Es war ein Kampf zwischen Gleichen, aber ich hätte wetten können, daß Meg gewinnt.

In der Nacht darauf hatte ich einen Traum. Ich träume selten von Klienten und auch nur dann, wenn mich Ereignisse ihres Leben sehr beschäftigen oder, was noch häufiger der Fall ist, wenn sie eine Bedeutung in meinem eigenen Leben haben. Mein Traum war kurz und bruchstückhaft.

Marvin Gaye (27) spielt Kesselpauke. Neben ihm steht eine Tambourmajorin in vollem Ornat, wirbelt ihren Stock durch die Luft und schickt sich an, eine Parade anzuführen. Niemand sonst ist da, keine Kapelle, kein Publikum, keine anderen Spieler, aber ihr macht das nichts aus. Auf Gayes Musik gibt sie nicht acht, sondern übt ihre eigenen Schritte.

In meinem Traum sah Marvin Gaye wie Timmy aus. Wie er in Wirklichkeit aussah, weiß ich nicht; mir ist nur bekannt, daß er von seinem Vater umgebracht wurde. Ich hatte ihn sicher wegen seines Namens „Gaye" gewählt, und weil ihn sein Vater, von dem er hätte Hilfe und Freundschaft erwarten dürfen, ermordet hatte. Also war ich dabei, Timmy zu ermorden, indem ich ihn umerziehen und den Stricher in ihm vernichten möchte. Auf diese Einsicht, daß ich meinen Sohn umbrächte, war ich nicht gerade stolz. Und was war mit der Kesselpauke? Gaye spielte die Pauke, er trommelte auf ihr wie ein Geschäftsmann seine Kundschaft zusammentrommelt. War Timmy nicht gerade solch ein Trommler beim Versuch, sein Geld zusammenzubekommen?

Gaye spielte auf der Kesselpauke, und dazu fiel mir das Sprichwort ein: „Ein leerer Kessel macht den größten Krach." Darin steckte wieder, wie abwertend ich über Timmy dachte. Ich sah ihn für einen leeren Kessel an, der sein Geschäft durch Manipulation und Ausbeutung von Meg betreibt.

Plötzlich fiel mir ein weiterer Teil des Traums ein: Zu Füßen der Tambourmajorin lag ein Huhn, dem alle Federn ausgerupft waren. Ich wußte sofort, daß Meg das Huhn war. Timmy würde nicht eher damit enden, Meg zu plündern, bis sie, gänzlich gerupft und ausgenommen, in den Topf wandern würde. Mir schauderte. Timmy war bereit, bei Meg bis zum äußersten zu gehen, und ich war bereit, ihn dafür umzubringen. Zwei sehr gewalttätige Bilder, beide Teil meines Traums.

Hier endete ich mit dieser Deutung, um den Traum noch aus einer anderen Perspektive zu betrachten. Angenommen, ich selbst wäre Marvin Gaye, der die Kesselpauke spielt. Sofort fiel mir ein, daß ich tatsächlich viel Lärm um die Beziehung zwischen Meg und Timmy machte, daß ich hier meine eigenen Gedanken ins Spiel brachte bzw. ein Echo gesellschaftlicher Klischees, wie sich Menschen zu benehmen hätten. Als Marvin Gaye würde ich von meinen psychologischen Vätern umgebracht, weil ich so parteiisch war und meinen Klienten meine persönlichen Probleme aufdrängte. Bei diesem Gedanken an meine Aufdringlichkeit stieg mir die Schamesröte ins Gesicht.

Und was war mit dem gerupften Huhn? Hatte ich Meg mit ihm voreilig identifiziert? Konnte nicht auch Timmy das gerupfte Huhn sein? Im schwulen Jargon werden ja junge Leute als „chicken" bezeichnet. Vielleicht war es also Meg, die Timmy rupfte.

Oder es war ich, der alle beide rupfte, indem ich Meg in Therapie nahm, obwohl sie sich gar nicht auf tiefere Prozesse einlassen wollte, und indem ich Timmy hartnäckig auf meine Ideen festnageln wollte, wie er zu leben hätte.

Und was wäre, wenn ich selber das gerupfte Huhn wäre? Und wer ist es, der mich rupft und in den Kochtopf stecken will? *Jim Simkin* (28), ein Therapeut in Big Sur, gab immer sehr darauf acht, daß ihn seine Klienten nicht „aussaugen", um ihre Bedürfnisse an ihm zu befriedigen, sondern daß sie sie für sich bearbeiten. Von dieser Deutung fühlte ich mich nicht angesprochen. Ich fühle mich nicht von meinen Klienten ausgesaugt. Aber von Vater Staat! Die Steuererklärung stand gerade an, und ich fühlte mich als schwuler Mann übers Ohr gehauen. Ich mußte einen viel höheren Steuersatz zahlen als ein verheiratetes Paar. Obwohl ich mit meinem Partner schon länger als zehn Jahre zusammenlebte, gilt das vor dem Finanzamt nichts, weil wir schwul sind.

Und ich war sehr gegen den astronomischen Rüstungshaushalt, der mit der unterstellten Bedrohung durch die Sowjetunion begründet wurde. Hier lag noch eine weitere Bedeutung der Pauke: Die amerikanische Regierung haute auf die Pauke und rupfte uns alle. Nun fühlte ich mich mit Meg und Timmy, dem Puertoricaner auf der Flucht vor der Armut der Bronx, im gleichen Boot.

Ging ich in die Rolle des Tambourmajors, so sah ich erneut, wie sehr ich in meiner Idee befangen war, Timmy und Meg sollten das Geld aus ihrer Beziehung herauslassen, die sie ohne Rücksicht auf ihre Bedürfnisse geschmiedet hatten. Es lag aber bei ihnen, sich miteinander zu verbinden. Sie machten ihre Pläne untereinander, ich war der störende Außenseiter. Als Tambourmajor war ich aus dem Takt geraten, in dem die anderen marschierten: Timmy für Sicherheit, Geld und Protektion; Meg für Sicherheit und männliche Begleitung. Mit Thoreau gesagt, marschierten sie einer anderen Trommel nach, fanden sie ihre eigene Musik. Wollte ich ihnen hilfreich sein, sollte ich besser einmal auf ihre Musik hören und auf ihre Bedürfnisse statt mich von meiner eigenen leiten zu lassen.

Ein letzter Einfall kam mir zu „Parade". Ich hatte die Sitwells und ihr Ballett *Parade* (29) nie gemocht. Nun hatte vor langer Zeit einmal ein Bekannter von Osbert Sitwell im Gespräch einen „Sir" Noel erwähnt. Darauf hatte Osbert Sitwell gelacht und gemeint, Noel Coward würde sicher nie geadelt werden, weil er auf Jamaica lebte, um der Königin Steuern zu hinterziehen (30). Hier also schloß sich der Kreis! Ich war so froh, daß mir noch einmal klar wurde, wie sehr meine Vorurteile uns allen schadeten, daß ich am liebsten eine Trommel geschlagen und eine Parade veranstaltet hätte!

Die Klärung meines Ärgers auf Timmy hatte sich ausschließlich in meinem Innern abgespielt. Aber hatte Timmy meinen Ärger nicht dennoch gespürt? Vermutlich hatte ihn ja auch Roger, der in der Gruppe Timmy eine Hure genannt hatte, gespürt. Und Timmy hatte in der Diskussion über die Bedeutung von Geld vermutlich auch meine Werte erspürt. Also beschloß ich, ihn offen danach zu fragen.

Timmy eröffnete die nächste Sitzung damit, wie zufrieden er mit seinem Fortschritt sei. Die meisten Symptome waren verschwunden. Geblieben war das übermäßige Schwitzen, und er wollte von mir meine ehrliche Meinung hören, ob ich ihm bei diesem Problem helfen könne. Seine Direktheit bewegte mich. Ich schlug vor: „Wir können sofort sehen, was sich daran machen läßt. Erzähl mir mal, in welchen Situationen du zu schwitzen beginnst." Er antworte, er müsse gerade eben wieder schwitzen.

„Was fühlst du eben? Bei welchen Gedanken beginnst du zu schwitzen?"

Ein Strom von Antworten brach aus ihm hervor. Er sei auf dem Weg zu mir ins Schwitzen gekommen. Er fühle sich ähnlich wie vor dem Schuldirektor, wenn er etwas ausgefressen hatte. Oder wie vor einer Nonne, die ihn ausschimpfte. Er spüre, daß ich etwas gegen ihn hätte (das hatte er bisher noch nie auszusprechen gewagt). Und ich behandele ihn von oben herab.

Wieviel von dem, was er über mich gesagt hatte, träfe wohl auch auf ihn selber zu?

Timmy war sich bewußt, daß er sich selbst ablehnte, sich selbst von oben herab betrachtete. Deshalb war ihm ja auch sein Name Mario nicht gut genug gewesen, deshalb hatte er sich in Timmy umbenannt.

Ob er auch eben am Schwitzen sei?

Das Schwitzen hatte aufgehört. Er fühlte sich leichter. Kühler.

Ich erklärte ihm, daß er durch seine Projektionen Gefühle bei mir wahrnahm, die seine eigenen waren. Allerdings – und jetzt tat ich den Sprung ins kalte Wasser – in allen Projektionen sei auch zumindest ein Körnchen Wahrheit enthalten. Und ich gab zu, daß ich nur schwer akzeptieren konnte, wie er sich bei Meg Geld beschaffte, und daß dies ein sehr ungewöhnliches Arrangement sei, mit dem ich Probleme hätte. Timmy lachte und zwinkerte mir zu: „Stellen Sie sich vor, Sie sollen es ihr besorgen. Wie viel würden denn Sie dafür verlangen?" Ich hütete mich, auf dieses Ausweichmanöver einzugehen, und fuhr fort, daß ich auch Schwierigkeiten damit hätte, wie viel er von seinem wahren Selbst vor der Tür stehen ließ, um stattdessen Mittelschicht zu spielen. Ich käme mit dem offenherzigen, unumwundenen, heitergestimmten Mario viel besser klar als mit dem bemühten, ehrgeizigen, ängstlich korrekten Timmy, dessen Atem übel rieche, dem der Kopf wehtue und der schwitze.

Er runzelte die Stirn und meinte: „Sie haben keine Ahnung, wie das ist, wenn man arm ist, wenn man zu siebt in drei Zimmern hausen muß, wenn man kein Geld hat fürs Kino oder für ein neues Hemd, wenn man drei- oder viermal die Woche nichts andres zum Essen kriegt als Reis mit dicken Bohnen."

Ob er gerade eben schwitze?

„Nein", sagte Timmy. „Mir ist heiß und ich bin ärgerlich. Aber schwitzen tue ich nicht."

„Vielleicht schwitzt du immer dann, wenn du indirekt bleibst, dir keinen Ausdruck verschaffst und dich selber verhüllen zu müssen meinst."

Timmy nahm diesen Gedanken auf und überlegte. Ich warte ein paar Augenblicke still und kam dann auf seinen Ärger zurück.

Arm zu sein ist sicher kein Vergnügen, aber die Alternative dazu ist nicht, bürgerlich zu werden. Billy Rose zum Beispiel hatte viele Millionen Dollar für seine Kunstsammlung ausgegeben, aber bei den impressionistischen Bildern schaltete er stets die Beleuchtung ab, um Geld zu sparen. In der millionenteuren Schloßanlage von William Randolph Hearst ertönte auf den Toiletten Musik, sobald sich jemand setzte, aber auf den Eßtischen aus der Renaissancezeit standen billige Aschenbecher in der Gestalt von Cowboys, die aus dem Ramschladen stammten.

Timmy war immer noch ärgerlich. Was denn er mit Billy Rose und William Randolph Hearst zu tun hätte? Die waren Millionäre, aber er sei ein armer Junge aus der Bronx, der seiner Mietskaserne entkommen wolle. Ich dachte: „Ja, er hat wohl recht, ich bleibe nicht bei seiner Situation. Ich werde es mit einer anderen Methode probieren."

„Es heißt so schön, man kann den Jungen aus der Bronx rausbringen, aber man bringt nicht die Bronx aus dem Jungen heraus. Was hältst du davon?"

Timmy staunte. „Sie wollen damit sagen, ganz gleich wie gut ich mich kleide und ob ich auch eine Luxusresidenz auf der Fifth Avenue beziehe, ich bleibe immer Mario, der arme Junge aus der Bronx?"

Ich machte eine kleine Richtigstellung: „Mario, der Junge aus der Bronx: Ja. Aber nicht der arme Junge, denn du bist ja jetzt nicht mehr arm. Du bist Mario aus der Bronx, der Erinnerungen und Wurzeln nach dort hat, die man in Ehren halten kann."

Wieder blieb Timmy eine Weile stumm. Dann sagte er: „Ich muß das noch mal in aller Ruhe überdenken. Bislang fand ich es einfach nur fürchterlich, arm zu sein, und wollte nichts wie weg aus der Bronx. Daß ich dabei vielleicht auch gute Sachen weggeworfen habe, war mir so nicht klar."

Ich zitierte aus einem Gedicht von Ogden Nash, und wir mußten beide lachen:

The Bronx.

No thonx.

„Was macht das Schwitzen jetzt?"

Er lachte wieder und sagte „Alles okay". Dabei streckte er den Arm aus und machte eine Geste wie die schwarzen Straßenkinder, wenn sie sich kameradschaftlich berühren und ihre Freude zum Ausdruck bringen. So locker hatte ich Timmy noch nie erlebt, und ich fühlte mich ihm so nah wie nie zuvor.

Als nächstes gab ich ihm meine Standardlektion in Entspannung. „Timmy, wenn du ängstlich oder aufgeregt, angespannt oder sehr besorgt bist, hat es keinen Sinn, dir einfach zuzurufen 'entspann dich!'. Denn wenn du wüßtest, wie das geht, tätest du es längst selber. Du mußt also stattdessen etwas anderes tun, nämlich herausfinden, auf welche Weise du dich selber verspannst. Was hattest du hier in der Situation mit mir getan, um dich anzuspannen?"

Timmy suchte die Puzzlesteine für eine Antwort zusammen. „Ich hatte Angst davor, Sie zu sehen. Ich habe jetzt keine Angst. Vielleicht habe ich das Gefühl, daß Sie mich mehr mögen. Es kann auch sein, daß ich jetzt nicht mehr so sehr darauf achte, ob Sie mich mögen. Vielleicht ist ja der Trick auch der, daß ich mich selber mag."

Ich belehrte ihn: „Nicht 'vielleicht', sondern tatsächlich. Und es ist nicht bloß ein Trick, sondern es hängt alles davon ab, daß du dich selber magst."

Timmy fuhr fort: „Ich habe keine Angst." Er lächelte: „Ich brauche nicht besser zu sein als ich bin. Ich kann einfach Mario sein." Und er strahlte übers ganze Gesicht.

„Mario, jetzt möchte ich dir noch eine Aufgabe geben. Und ich hätte gern, daß du mitspielst. Du bist ja eben nicht am Schwitzen. Ich möchte dich nun bitten, daß du mit dem Schwitzen anfängst. Bring dich selbst ins Schwitzen."

„Aber José, ich denke ja nicht daran. Ich will doch mit dem Schwitzen aufhören," erwiderte er.

Ich wiederholte meine Aufforderung. Ich wollte ihn nämlich erfahren lassen, daß er schwitzen konnte, wenn er es wollte, und daß er daraus schließen kann, daß er auch nicht zu schwitzen brauchte, wenn er es nicht wollte.

Zögern ließ sich Timmy darauf ein. Er blieb dabei still, dann erklärte er: „Ich habe mir den Anfang dieser Sitzung vorgestellt, als ich vor Ihnen noch Angst hatte und auf Sie Eindruck machen wollte. Daraufhin habe ich gespürt, wie mir ein Tropfen Schweiß aus der Achselhöhle den Arm herunterrann. Ich glaube, ich kann es wirklich selber auslösen, wenn ich will. Aber wer will denn schon schwitzen?"

Ich fragte: „Wann ist es angemessen, zu schwitzen? Wofür kann Schwitzen gut sein?" Timmy hatte bisher noch nie über den Zweck und den Nutzen des Schwitzens nachgedacht. Er sagte, daß er die schwitzenden Körper von Leuten beim Sex liebte und daß ihn der kräftige Geruch von Frank anmachte. Dann fiel ihm auch wieder ein, wie einst sein Vater verschwitzt von der Arbeit als Packer im Hafen heimkam, und er sah dabei traurig aus.

Dann fragte ich noch weiter: „Und wie ist es mit Athleten?"

„Oh ja, und auch die Marathonläufer. Die müssen unbedingt schwitzen, sonst würden sie sterben." Er schaute ganz erfreut: „Vielleicht darf ich ja auch schwitzen. Für meine eigenen Zwecke." Ich lächelte sagte als Schlußbemerkung für die heutige Sitzung: „Hast du davon gehört, daß Pferde schwitzen, Männer heiß werden und Frauen in Wallung geraten?" Er lachte und zwinkerte mir auf Mario-Art zu: „Das mit den heißen Männern gefällt mir besonders."

Ich hatte mit Timmy nicht alles durchgesprochen, was ich ihm hätte beibringen können über Entspannung und Atmung in Zusammenhang mit seinem Schwitzen. Aber könnten wir ja später noch einmal darauf zurückkommen. Wichtig war, daß ich dieses Mal zwei große Hürden genommen hatte: Er brauchte vor mir keine Angst mehr zu haben, und ich brauchte ihn nicht mehr zu kritisieren.

Wie waren nun meine Gefühle gegenüber Timmy, meine wahren Gefühle? Ich gestehe, daß ich ihn nicht besonders mochte. Aber wie wichtig ist es für einen Therapeuten, seine Klienten zu mögen? Laura Perls hatte mir einmal gesagt: „Es ist nicht nötig, alle Klienten gern zu haben. Was du erreichen willst, ist, daß Klienten ihr einmaliges Selbst entwickeln, sich selbst zu unterstützen lernen und unabhängig werden." Sie hatte hinzugefügt: „Manchmal, wenn wir Klienten mögen, gehen wir zu vorsichtig mit ihnen um und machen sie abhängig. Wir konfrontieren sie dann nicht genug mit ihren neurotischen Seiten. Es ist also gar nicht immer gut, wenn wir unsere Klienten mögen." Ich nehme diese Weisheit gerne an. Aber ich finde es trotzdem schwer zuzugeben, daß ich jemanden nicht mag, der bei mir für sein Leiden Heilung sucht.

Andere Therapeuten vertraten die Ansicht, wenn ein Therapeut seinen Klienten nicht mag, wäre das Problem, daß er ihn oft mißversteht. Doch bleibt es sicher ein frommer Wunsch, jeden Menschen mögen zu können. Und angenommen, ich bekäme einen Massenmörder, Antisemiten, Rassisten oder Schwulenfeind als Klienten –

könnte ich ihn, sogar wenn ich mir über meine Antipathien und ihre Wurzeln im klaren wäre, denn überhaupt behandeln?

Unter dem erweiterten Blickwinkel von Polaritäten ergibt sich, wenn jeder Mensch liebenswert ist, ist jeder Mensch auch nicht liebenswert. Aber auch wenn ich nun einsehe, daß jeder je nach Perspektive sowohl liebenswert als auch nicht liebenswert ist, so bleibt immer noch die Frage: wie gehe ich mit einem Klienten um, für den ich tendenziell weniger Sympathie als Antipathie empfinde?

Ich habe darauf keine salomonische Antwort parat. Ich bemühe mich, so gut ich kann. Im Chinesischen ist das Schriftzeichen für „Problem" dasselbe wie für „Chance". Was ich versuche, ist, das Problem als Chance zur weiteren Erkundung zu benutzen. Ich ergründe mich selber: Was ist es genau, was ich an Timmy nicht mag oder beängstigend finde? Solch eine Selbstanalyse kann oft hilfreich sein. Manchmal lege ich dazu auch Listen an mit dem, was ich an einem Klienten mag und was nicht.

Was ich an Timmy nicht mochte, war sein Vorsatz, Meg auszunutzen, seine fortgesetzte Praxis der Ausbeutung, sein Überbewertung von Geld als dem höchsten Gut im Leben. Ich mochte an ihm auch nicht seinen Schmuck, die Pomade, das Kölnisch Wasser und die Aufsteigermentalität.

Was ich an ihm mochte, waren sein Feuer und sein Durchhaltevermögen. Er hatte sich in den Kopf gesetzt, der Südbronx zu entkommen, und er hatte sich mit dem, was ihm zu Gebote stand, seiner Männlichkeit und seinem Charme, einen Weg dafür gesucht.

Ich mochte an ihm auch seine Bodenständigkeit, einen Zug, den er an sich selber nicht schätzte. Er selber wollte förmlicher und geschliffener werden und war auf seine erworbenen Umgangsformen stolz. Wenn er ein Glas Wasser trank, spreizte er den kleinen Finger geradezu sklerotisch ab. Er trug gerne Krawattennadeln, um proper und nett auszusehen. Ich wollte mehr von dem lebhaften, temperamentvollen puertoricanischen Mario sehen. Den jedoch wollte er lieber verstecken, außer beim Auftreten in der Öffentlichkeit, wenn er sich dadurch Meg warm halten konnte.

Schließlich gefiel mir Timmys deftige Sprache. Seine Ausdrucksweise war gewürzt mit scharfen Sprüchen und gepfeffertem Witz. Ein besondere Gabe von ihm war, die Geschlechtsorgane mit Früchten, Gemüse und anderen eßbaren Dingen zu bezeichnen. Wenn er von seinen Schwanz sprach, hatte er jedesmal eine neue Bezeichnung für ihn: Banane, Zucchini, Stangenbohne, dicke Nudel, Sahneschnittchen. Er wußte, daß ich seinen Humor mochte, und erfand sogar manche Bezeichnungen extra für mich. Hoden waren Pflaumen oder Zitronen, und besonders große waren Mangos. Brustwarzen hießen Kirschen oder Erdbeeren. Sperma nannte er Morgentau oder Liebesgetränk. Sex mit Meg war Müslimachen, Puddingsteilchen oder Platte putzen, oraler Sex war wie chinesisches Essen: eine halbe Stunde danach hat man schon wieder Hunger auf was Richtiges mit Fleisch.

Bei Timmys Stärken fiel mir wieder ein, was ich nach der ersten Stunde über „My Fair Lady" überlegt hatte. Meg und ich waren sozusagen Professor Higgins in verschiedenen Spielarten. Unsere erzieherische Aufgabe war die, Timmy im letzten Akt in eine Herzogin bzw. einen Herzog umzuwandeln. Ich lachte. Und es ist schon fast neunzig Jahre her, daß George Bernard Shaw in „Mistress Warren's Profession" herausgearbeitet hatte, wie sich Prostitution und Bordelle als wirtschaftliche Investitionen moralisch rechtfertigen lassen. Es war wie ein Vorgriff auf Timmys Weg, sich über die verschiedenen Klassenschranken nach oben zu bumsen. Timmy hätte wie die schwarzen Transvestiten in dem Film „Paris brennt" von sich sagen können: „Ich will nicht ein Hofverwalter bleiben, ich will der Schloßherr selber sein." Wie hätte ich ihm verdenken können, daß er seine besten Gaben nutzte, um hochzukommen?

Meine Mutter hatte sich darin gefallen, ihre Kinder alle gleich zu lieben. Sie wollte damit gut und gerecht sein, hatte uns aber nicht miteinbezogen. Wir fragten nämlich: An wen geht, wenn es Huhn gibt, die Leber? Wer bekommt das Lendenstück? Sie hatte nur gelacht und blieb die Antwort schuldig. In Therapiegruppen haben Klienten ein feines Gespür, wer der Liebling des Therapeuten ist. Sie klagen mich manchmal an, einen von ihnen besonders zu lieben. Ein eifersüchtiger Klient zum Beispiel hatte einmal genau registriert, wie ich mich um eine schwächere Frau kümmerte. Weil ich auf ihre Bedürftigkeit einging, hatte er dies als Zeichen gewertet, daß ich sie den andern bevorzuge. Seine Schlußfolgerung war falsch; ich hatte die Klientin nicht besonders gern, sondern wollte nur ein guter Therapeut sein. Im Prinzip jedoch hatte er recht, denn ich habe für manche Klienten mehr und für andere weniger übrig. Auf eine Frau mittleren Alters, die sehr viel jammerte, konnte ich nur mit Mühe eingehen; denn ich hatte ihr Klagen mit einem Verhalten identifiziert, das ich früher selber praktizierte. Ich weiß heute noch, wie ich vor Scham rot anlief, als *Dwight Macdonald* (32) mir dies vor über vierzig Jahren zum ersten Mal über mich zurückspiegelte. Er war nett und nannte sich gerne mein guter Onkel, und ich schätzte an ihm, der er mir schwierige Wahrheiten über mich sagte. Beim Gedanken an seine Ermahnungen werde ich heute noch rot. Er war ein guter Therapeut, denn er konnte mir sagen, was ich hören mußte und nur mit Mühe annehmen konnte.

Für Timmy wurde das Schwitzen immer weniger problematisch, auch wenn es nicht vollkommen aufhörte. Seine Therapie kam an ihr Ende. Er hatte erreicht, was er erreichen wollte. Seine Symptome waren nun alle verschwunden oder zumindest erträglich geworden. Wir sprachen darüber, die Arbeit abzuschließen. Meine eigenen Therapieziele für Timmy waren jetzt nicht mehr aktuell, teils unangemessen, teil erledigt. Ich war glücklich, in Timmys Sprache und Erscheinung mehr von Mario zu sehen. Zu einer unserer letzten Sitzungen kam er leger mit T-Shirt ohne Jacket, zu einer anderen statt mit Guccis mit Reeboks, wenn auch immer noch den teuersten. Er fühlte sich wohl mit Meg, mit Frank und sich selbst. In der letzten Sitzung erzählte er mir, daß Frank ihn jetzt zu seinen Eltern eingeladen hätte, und Meg würde als seine Freundin dabeisein. Er hätte kaum glücklicher sein können.

Nach Timmys Weggang blieb Meg noch zwei Monate in Therapie, denn mit ihm zur selben Zeit zu gehen, wäre ihr zu peinlich gewesen. Aber ihr Bedürfnis, mich gegen Timmy zum Verbündeten zu haben, war nun gegenstandslos, und sie hatte an einer Fortsetzung eigentlich kein Interesse mehr. Sie hatte bekommen, wofür sie hergekommen war, wofür sie bezahlt hatte. Was ich bedauerte war, daß sie so wenig dafür gewollt hatte. Meg war unzugänglich geblieben für alles, was über eine oberflächliche Erkundung ihrer Motive hinausgegangen wäre. An die Möglichkeit zum Wachstum hatte sie nicht geglaubt. Auf merkwürdige Weise hatte sie nun zwei Männer statt einem, wobei sich freilich Timmy und Frank nicht zu einem ganzen Geliebten für sie addierten. Dies war ihr Kompromiß, und er paßte wohl zu ihr.

Nachdem auch Meg die Therapie beendet hatte, dachte ich über die drei nach. Wie viel hatte ich doch über mich selbst und meine versteckten Vorurteile gelernt. Wie viel Erfahrung hatte ich dazugewonnen. Hätte nicht *ich* dafür Geld bezahlen müssen? Und ich fragte mich, ob ich sie in derselben Weise ausgenutzt hatte wie sie sich gegenseitig. Oder war meine Ausnutzung doch eine andere?

8. Wie heißt Ricardo jetzt?

Ricardo erschien pünktlich zur ersten Sitzung. Als ich die Tür öffnete, stand eine klassische italienische Schönheit von der Art eines Rudolpho Valentino vor mir. Ich war wie betäubt. Ricardos Haut war wie von Elfenbein, sein Haar und der gestutzte Schnauzbart tiefschwarz. Seine Nase war leicht verlängert wie die eines römischen Adligen, seine Zähne klein und gleichgeformt. Seine Augen waren groß, dunkelbraun und warm, die Wimpern lang und geschwungen, die Augenbrauen schmal und fast wie gezeichnet, die Stirne groß und glatt. Ich hätte ihn auf sechsundzwanzig geschätzt; tatsächlich war er neunundzwanzig. *Dorian Gray* (1), zuckte es mir für einen Moment durch den Sinn, und ich fragte mich, ob es Ricardo wohl schaffen würde, über lange Zeit nicht zu altern, und welche Geheimnisse sich unter seiner schönen Oberfläche verbargen.

Beeindruckend war auch Ricardos Kleidung. Ich gebe überhaupt sehr darauf acht, was Klienten tragen. Sozialarbeiter wird sogar extra beigebracht, auf die Kleidung ihrer Klienten und Klientinnen beim Besuch im Büro zu achten, und ich finde das richtig. Auch Männer können viel dadurch zum Ausdruck bringen, was sie für eine Kleidung wählen, wie sie sie tragen bzw. wie sie von ihrer Kleidung getragen werden.

Nun, bei Ricardo war es trotz der Eleganz seiner Kleidung wohl so herum, daß die Kleidung ihn trug. Er hatte einen grauen Seidenanzug von Armani für mehrere tausend Dollar, leicht tailliert und an den Hüften ausgestellt. Ich war wirklich beeindruckt, denn ich selber habe nie auch nur ein Viertel dieses Preises für Anzüge ausgegeben, und als ich nach der *Emanzipationsbewegung der sechziger Jahre* (2) und nach meiner Zeit als Universitätsdozent frei war, in meiner Praxis zu tragen, was ich wollte, habe ich mir nie wieder einen Anzug gekauft. Ricardo war also schön wie ein italienischer Fürst und kleidete sich auch so. Einzig, daß die Kleidung vielleicht sogar zu elegant war, eleganter als die klassische Schönheit von Ricardo selbst.

Der Rest seiner Kleidung war nicht minder glanzvoll und teuer. Graue Seidensocken mit schwarzen Stickstreifen lugten aus den schwarzen Gucci-Schuhen mit silbernen Schnallen, und zu einem weißen Seidenhemd trug er eine seidene Fliege von Hermes in blau mit weißen Punkten. Das alles machte einen tiefen Eindruck auf mich, und doch ging mir auch durch den Sinn, in all diesem Glanz könne Ricardo auch gefangen sein, hinter dieser ausladenden Herrlichkeit könne noch jemand anderes versteckt sein. Der leichte Duft von Polo ließ mich an Ralph Lauren denken, der einst als attraktiver junger jüdischer Mann aus der Bronx kam und sich zum Wahrzeichen der weißen, protestantischen, englischstämmigen Schicht verwandelte, indem er eine aristokratische Kleidung verkauft, die die Fantasien der Mittelschicht über den englischen Gentleman der zwanziger und dreißiger Jahre verstofflicht. Ricardo mit seinem italienisch-manierten Stil paßte hier gut hinein.

Ricardo war auf Empfehlung seiner Tante Maria zu mir gekommen, die ich vor sieben Jahren wegen chronischer Kopfschmerzen behandelt hatte. Ich wußte durch sie, daß die Familie in der ersten Generation in Amerika lebt, daß sie 1925 als arme Leute aus Ostia, einem Hafenstädtchen bei Rom, ausgewandert waren und zusammen, Männer wie Frauen, im Handel mit Nähnadeln tätig waren. Dann hatte Ricardos Großvater, Marias Vater, ein Bekleidungsgeschäft eröffnet, in dem er Anzahlungen und wöchentliche Ratenzahlungen gewährte, und als das Geschäft florierte, zog er von der Lower East in ein eigenes Haus im Stadtteil Queens.

Insofern war für mich Ricardo, als wir uns trafen, kein gänzlich unbeschriebenes Blatt mehr. Ich kannte etwas von seinem Hintergrund und ich wußte, in welchem Gewande und mit welcher Duftmarke er erschien. Ricardo lehnte sich im Sessel zurück und wollte sich eine Zigarette anzünden. Ich unterbrach ihn und bat ihn darum, das Rauchen zu unterlassen. Ich erklärte ihm, Rauchen sei zwar auch ungesund, aber mein Grund sei ein anderer, nämlich daß sich Rauchen mit Therapie schlecht verträgt. Oft fällt es Klienten schwer, über ihre geheimen Ängste und Wünsche offen zu reden, und meiner Erfahrung nach machen sie dann mit ihren Rauchwolken ihr Anliegen unsichtbar und lenken sich mit Streichhölzern, Feueranzünden, Rauch einziehen, Rauch ausblasen, Aschenbechersuchen usw. von sich selber ab. Ich fügte hinzu, wir könnten gerne später darauf zurückkommen, welche Bedeutung das Rauchen für ihn hat, aber gerade eben zu Beginn unserer ersten Stunde wollte ich ihn einfach darum bitten, das Rauchen seinzulassen.

Ricardo schien mein Gebot „Du sollst nicht rauchen" nicht sehr zu passen, aber der Ministrant in ihm konnte mir, dem augenblicklichen Papst, doch ohne allzu großes Murren gehorchen. Bei meiner Bitte ums Nichtrauchen versuchte ich, so nett wie irgendmöglich so sein, denn schließlich hatte er sich für unsere Begegnung extra in

Schale geworfen, und ich hatte nicht vor, ihn nun zu verletzen. Andererseits wollte ich ihn doch wissen lassen, daß ich dem ernsthaften Unterfangen, das wir hier begannen, nicht mit vermeintlicher Freundlichkeit Abbruch tun wollte. Auch wenn die Abhängigkeit von einer starken Droge wie Nikotin gesellschaftlich gebilligt wird, wollte ich sie nicht unsere Kommunikation beeinträchtigen lassen. Ricardo nickte feierlich und rutschte auf dem Sessel herum, so daß seine goldgewirkten Manschettenknöpfe zum Vorschein kamen. Mir fiel dabei ein, daß das Honorar für ihn sicherlich kein Problem darstellen würde. Ich versuchte nämlich, meinen Honorarsatz dem Klienten so weit möglich anzupassen, so daß sich auch geringer Verdienende Therapie leisten können. Allerdings kommen die meisten Klienten durch Empfehlung bisheriger Klienten, und so bewegen sich meine Gebühren, außer bei einem gelegentlichen Studenten oder Jobwechsler, meist in einem mittleren Bereich. Ricardo nun warb damit, daß er mehr als viele andere aufbringen könne.

Werbung ist das Stichwort. Ricardo arbeitete in einer Werbeagentur, natürlich auf der Madison Avenue und in einer der großen, nicht *BBD&O*, nicht *Benton&Bowles*, nicht *Gray* (3), sondern eine der ganz großen Agenturen. Ich lächelte vor mich hin. Aus der Werbebranche hatte ich noch nie einen Klienten, der nicht bei Fortschritten seiner Therapie in ein anderes Feld gewechselt wäre. Mein erster Klient hatte für Benton&Bowles gearbeitet, dann beschlossen, selber Therapeut zu werden, bei seiner Agentur gekündigt und noch einmal eine Ausbildung angefangen. Ich bin stolz auf ihn wie auf einen Sohn, denn inzwischen ist er ein angesehener Therapeut geworden, und er hat eine gute Beziehung mit einem guten Partner. Dabei hatte er zu Beginn unserer Arbeit überhaupt keine irgendwie stabile Beziehung, sondern nur gelegentliche Sexpartner, die er als Typen und Nummern bezeichnete.

Ich brachte meine Gedanken wieder auf Ricardo zurück und fragte ihn: „Was hat Sie hierher geführt?" Ricardo legte sein schönstes Lächeln auf, leckte sich über die Lippen und fing an: „Ich bin mir nicht sicher. Irgendetwas ist nicht in Ordnung, aber ich weiß auch nicht was. Auf den ersten Blick sieht alles bestens aus. Ich bin verheiratet, ich liebe meine Frau. Ich habe eine gute Position, ich leiste gute Arbeit, ich werde nächstes Jahr wahrscheinlich weiter aufsteigen. Ich verdiene viel Geld. Und doch, irgendetwas fehlt. Irgendwas ist nicht da, bloß ich weiß nicht was." Ich dachte für mich: Nun, schwul ist Ricardo wohl nicht, auch wenn er sich so sorgfältig kleidet; und falls er es doch wäre, hat er immerhin eine Frau; wir werden es abwarten müssen. Aus seiner Eröffnung konnte ich wenig entnehmen, außer daß er beunruhigt war. Ich war mir nicht sicher, wieviel er noch verbarg und aufhob, bis er sich sicherer fühlte, oder wie tief ihn schon seine leichte Angst verwirrte in einem Augenblick seines Lebens, in dem er sich eigentlich wie ein König fühlen könnte.

Ich bat ihn, mehr zu erzählen: wann er zum ersten Mal das Gefühl gehabt hätte, daß irgendwas nicht stimmt; mir deutlicher zu erklären, was ihm denn vielleicht fehle; und wie es ihm denn dabei ginge, wenn ihm etwas fehlt. Aber ich lief mit allen drei Fragen ins Leere. Ricardo sagte, er fühle sich wirr. Ich lud ihn ein, mir mehr über die Verwirrung zu erzählen, aber ich lief auch damit ins Leere. Ich kam zu nichts. Allerdings war ich darüber nicht sehr beunruhigt oder enttäuscht, denn ich weiß, daß viele Klienten Schwierigkeiten haben, auf den Punkt zu kommen. Sie brauchen ihre Zeit, bis sie sich mit mir vertraut genug und geschützt fühlen, um wirklich ernsthaft über ihr Leben zu sprechen.

Der Rest der Stunde ging im gleichen Stil weiter. Was immer ich fragte, Ricardo ließ es verpuffen. Wenn ich schwieg, schwieg auch er. Einmal langte er nach seinem goldenen Zigarettenetui, ertappte sich aber dabei, lächelte mich reuevoll an und packte es in die Brusttasche zurück. Während ich über Ricardos Lebenssituation kaum irgendetwas Psychologisches erfuhr, war er mit den reinen Tatsachen entgegenkommender. Er war das jüngste von vier Kindern und der einzige Junge. Für seinen machohaften Vater war er der einzige Sohn. Von seiner Mutter wurde er vergöttert, weil er ihr letztes Kind war und so gut aussah. Der Vater trank, die Mutter resignierte, und er versuchte zwischen beiden zu vermitteln. Am College interessierte sich Ricardo für Kunst, traute sich aber nicht, sie zum Leistungsfach zu machen. Er war nicht der Rebell der Familie und stand ihrem Leistungsdenken viel zu nah, als daß er solch einen Bruch gewagt hätte. Er hatte mit dem Gedanken gespielt, Designer zu werden, dann aber gemeint, er hätte nicht genug Talent; und außerdem wäre er lieber richtiger Künstler statt Designer geworden. Andererseits wollte er auch Geld und alle seine Genüsse: schnelle Autos, tolle Kleidung, feine Restaurants – das Highlife. Da war für ihn das Leben eines Künstlers, der unterm Dach wohnt und zum Heizen alte Bilder verwenden muß, nicht gerade verlockend.

In diesem Ton ging es weiter, und Ricardo erzählte mir noch mehr über seine Vergangenheit, aber kein Wort über seine Gegenwart. Natürlich waren wie bei der echten *Scheherazade* (4) kleine Splitter mit interessanten und neugierig machenden Information eingestreut, aber nach mehr zu fragen war mir nicht gestattet. In mir tauchte die Fanatasie auf, ich sei in einem Bostoner Varieté, wie es früher gern von Harvard-Mitgliedern besucht, aber im Zuge der Modernisierungen abgerissen wurde, und ich könnte hören, wie die Arbeiter aus dem Publikum den Striptänzer anfeuern: „Ausziehen, ausziehen!" Ich könnte selbst einer von ihnen gewesen sein und würde Ricardo zurufen „Ausziehen!". Dabei fragte ich mich beschämt, ob ich denn darauf hinauswolle, meinen italienischen Fürsten nackt zu sehen und nach dem bewunderswert schönen Gesicht nun auch noch den schönen Körper betrachten zu können?

Die Stunde ging zu Ende, ohne daß ich mein Ziel erreicht hätte. Laura Perls hatte mir einmal eingeschärft, bereits in der allerersten Sitzung einen Kontakt zum Problem des Klienten, eine Verbindung zu seinem Schmerz oder Leid, eine Brücke zur Hoffnung herzustellen, also den Klienten so anzurühren, daß die späteren therapeutischen Kontakte daraus hervorsprießen können. Dies ist mir auch oft gelungen, aber bei Ricardo hatte ich es nicht geschafft oder nicht schaffen dürfen.

Vielleicht hatte Ricardo für diese erste Sitzung seine eigene Tagesordnung mitgebracht: sich darzustellen und mich in Augenschein zu nehmen (einen jüdischen Therapeuten mittleren Alters mit schütterem Haar, Bauchansatz und großen braunen Augen). Vielleicht war ihm das genug. Ich wußte auch, daß ich einigen therapeutischen Kredit genoß, weil mich seine Tante Maria sehr bewunderte, nachdem sie gelernt hatte, ihre Kopfschmerzen mit ihren abgelehnten Gefühlen der Angst, Lust und Schuld in Verbindung zu bringen und dann mit diesen Gefühlen zu arbeiten, anstatt sich mit Kopfschmerzen zu bestrafen.

Ich schloß die Sitzung mit der Frage ab, ob Ricardo noch irgendetwas von mir wissen wolle. Er antwortete „Nein", aber er ergänzte, er wisse, daß ich schwul bin, und das sei für ihn im Ordnung. Er fühle sich mit mir wohl, und auch einige seiner Freunde seien schwul. Über diese Schlußbemerkung mußte ich noch etwas nachdenken. Ganz eindeutig hatte Ricardo auch schon vor unserem Treffen gewußt, daß ich schwul bin, denn ich mache aus meinen sexuellen Neigungen kein Geheimnis. So, wie ich Klienten dazu ermuntere, offen zu sein, will ich es meinerseits, ohne mich aufzudrängen, ebenfalls sein. Zwar steht nicht „schwul" an meinem Klingelschild geschrieben, aber verstecken tue ich es auch nicht. Ricardos Tante Maria hatte es auch gewußt und muß es ihm vor unserem Termin auch weitergesagt haben. Viele Männer, mit denen ich Therapie mache, sind heterosexuell, und es ist immer interessant, wann im Laufe des Prozesses meine Homosexualität zum Thema wird. Daß Ricardo diesen Punkt gleich beim ersten Mal anschnitt, überraschte mich etwas, und ich war mir nicht sicher, was sich darin andeutete. Ich hatte ein paar vorläufige Einfälle dazu: Wollte er mich vielleicht von oben herab behandeln, indem er mir das Schwulsein erlaubte? Wollte er sich einschmeicheln? Wollte er die Erwartung mitteilen, daß so ein schöner Mann wie er von einem Schwulen wohl eine ganz besondere Behandlung erführe? Ich konnte in diesem Moment einfach nicht genauer klären, was an diesen Vermutungen stimmte, und so beschloß ich, sie auf sich beruhen zu lassen. Stattdessen fragte ich Ricardo, ob wir uns wiedertreffen sollten, und als er dies bestätigte, verhandelten wir über den Honorarsatz (einen hohen) und eine Uhrzeit, die uns beiden gut paßte. Dann ging er, und ich saß einen Moment alleine da. Ich fühlte mich wie von Verlockungen gequält, wie *Tantalus* (5), der die Frucht vor seinem Gesicht nicht greifen konnte, das Wasser zum Trinken nicht erreichen konnte. Allerdings war dies nicht so bedrohlich wie bei *Damokles* (6), über dessen Haupt stets das Schwert schwebte. Ich fragte mich, welche Assoziation wohl die treffendere sei.

Während der Sitzung hatte ich an Dorian Gray gedacht, an Ralph Lauren, einen Striptänzer im Varieté, Scheherazade, Tantalus und Damokles: alles mythenumwobene Gestalten. Ganz offensichtlich war ich trotz Ricardos Zurückhaltung sehr engagiert, vielleicht gerade wegen ihr. Und da Männerstrip mich schon immer anzog, freute ich mich auf unsere nächste Sitzung.

Ricardo war auch dieses Mal pünktlich, aber nicht so „rausgeputzt" (jiddisches Wort im Original). Am Wochenende hatte er Überstunden gemacht und deshalb den Vormittag frei; also kam er in „Freizeitkleidung": hellbraune weite Leinenhose, dunkelbraune Wildlederjacke mit Fransen und ein rosagestreiftes Sporthemd, das bis zum Nabel offenstand und den Blick auf das dichte schwarze Brusthaar freigab. Seine Frisur war ein wenig zerzaust. Ich hoffte, daß all diese Erscheinungsformen des Legeren auch Vorzeichen dafür wären, daß er selber diesmal offener wäre. Aber als er begann, bekam ich einen Schock.

Seit unserem letzten Termin hatte sich sein Leben verändert. Nicht wegen etwas, das in der Stunde passiert war, sondern weil sich das ganze Koordinatensystem seiner Ehe verschoben hatte. Am Tag nach unserer ersten Stunde hatte ihm seine Frau offenbart, daß sie eine Affäre mit einer Frau begonnen hatte. Nun, auf dem College hatte sie schon einmal eine Liebesgeschichte mit einer Frau erlebt, aber sie hatte dies für eine Jugendsünde gehalten, für einen Teil ihrer Erkundungen von Sexualität und für ein inzwischen abgeschlossenes Kapitel. Mit Ricardo war sie nunmehr sechs Jahre verheiratet, und schon davor waren sie zwei Jahre lang befreundet gewesen.

Vor drei Wochen nun hatte Rosa, seine Frau, einen Einkauf bei The Tailored Woman gemacht und war dort von einer attraktiven blonden Frau namens Nina angemacht worden. Ohne groß zu überlegen, war sie zu Nina mit nach Hause gegangen und hatte dort einen Nachmittag und Abend in heißer sexueller Begegnung erlebt. Zum Abendessen war sie noch nicht zurück, und Ricardo war schon ganz verrückt geworden. Abends um halb elf war sie wieder aufgetaucht, erschöpft und zugeknöpft. Am nächsten Morgen hatte sie Ricardo erzählt, sie sei in einem Laden in Ohnmacht gefallen, in der Ambulanz von Lenox Hill wieder zu sich gekommen, fürchte schwanger zu sein und hätte noch Angst davor, die Wahrheit zu erfahren.

Ricardo hatte ihr die ganze Geschichte geglaubt. Doch in den drei Wochen danach hatte Rosa nur vor sich hingebrütet, war launisch und unwillens, den Schwangerschaftstest vornehmen zu lassen. Nach Ricardos erster Therapiestunde hatte sie ihm die Wahrheit gestanden. Sie war nicht schwanger, sondern hatte Nina mehrmals wiedergetroffen und liebte sie. Nina drängte, daß sie zu ihr zöge und mit ihr zusammenlebte.

Ricardo war bestürzt. Schnell angelte er nach einer Zigarette und zündete sie sich an. Ich sagte nichts dazu. Seine Spannung war zu offensichtlich, als daß ich mich auf eine Auseinandersetzung über das Rauchen einlassen wollte. In dieser Sitzung würde es wohl nicht darum gehen, seine untergründigen Gefühlen· aufzudecken, sondern ihm wegen der Aufdeckungen seiner Frau Unterstützung zu geben. Mein erster Akt der Unterstützung war, ihn trotz unserer Abmachung rauchen zu lassen. Ich dachte auch an seine Bemerkung am Ende der letzten Sitzung, er hätte keine Probleme mit meiner Homosexualität, und wollte wissen, wie es ihm mit der von Rosa ginge.

Wir verwendeten die ganze Stunde darauf, Ricardos Angst vor den laufenden Ereignissen zu mildern. Allein schon, daß er die ganze Geschichte erzählte, brachte ihm Erleichterung. Bis dato hatte er niemandem, nicht einmal seinem besten Freund, seinen Eltern oder seiner Schwester, davon erzählt, sondern alles sorgsam unter Verschluß gehalten. Nun, daß er es hörbar aussprach, fand er, daß die Welt davon nicht unterging.

Nachdem sich Ricardo erleichtert hatte, gingen wir praktische Fragen an: Würde Rosa eine Psychotherapie beginnen wollen? Falls ja, könnte ich ihr eine verständnisvolle Therapeutin empfehlen, die bei mir in Ausbildung gewesen war. Würde Ricardo in dieser chaotischen Zeit lieber zweimal statt nur einmal pro Woche zu Sitzungen kommen? Falls ja, könnte ich ihm diese Zeit zur Verfügung stellen. Ich hielt es für wichtig, da er mit niemandem sonst über die Ereignisse in seiner Ehe reden wollte, ihm mehr Zeit zur Aufarbeitung anzubieten. Ricardo war dafür dankbar und nahm das Angebot gerne an.

Und wie sah es in Ricardos Gefühlen aus? Natürlich war er bestürzt und enttäuscht. Er wollte, er konnte einfach nicht glauben, daß die Liebe zwischen Rosa und ihm nur Lug und Trug gewesen sei. Dazu hatte er zu schöne Erinnerungen daran, und Rosa hatte ja auch beteuert, daß sie ihn sehr liebe. Über all das war er sehr verwirrt. Aber er wollte Rosa auch nicht verurteilen. Selber hatte er wohl noch keine homosexuellen Erlebnisse gehabt, aber gelegentlich waren ihm im Duschraum vom Fitneßclub oder Squashcenter und auch in der U-Bahn homosexuelle Fantasien gekommen. Das fand er aber in Ordnung und normal. Und schließlich war ja auch die ganze von ihm bewunderte Avantgarde schwul: Andy Warhol, Jasper Johns, Robert Rauschenberg, David Hockney. Ich ging an dieser Stelle bewußt nicht weiter auf Ricardos homosexuelle Interessen ein, sondern gab ihm weiter Unterstützung, mit dem, was in seiner Ehe passierte, klarzukommen. Er fühlte sich weiter zu Rosa gehörig und wollte die Ehe mit ihr fortführen. Dabei wäre es sicher gut, wenn sie zur weiteren Klärung in Therapie ginge. Derweil wolle er ihre weiteren Kontakte mit Nina zulassen, solange sie auch noch mit ihm Sex machen wolle und ihn über Treffen mit Nina auf dem laufenden hielte.

Ricardos hatte die akute Krise überstanden. Er war ruhiger und gefaßter. Er hatte die Geschichte laut aussprechen können, ohne daß dadurch das Weltenende anbrach. Wir hatten praktische Fragen und

Vorgehensweisen besprochen. Er war dankbar für die zusätzlichen Therapiestunden und für die Vermittlung von Rosa.

Ich überlegte mir, ob Rosa mit ihrem Coming–out nicht extra so lange gewartet hatte, bis sie Ricardo in Therapie wußte, und ob Ricardo nicht eine Ahnung davon gehabt hatte und deshalb den ersten Termin mit mir ausgemacht hatte.

Im übrigen nahm ich mir vor, Ricardo auf den Unterschied zwischen Psychotherapie und katholischer Beichte hinzuweisen. Meiner Erfahrung nach sind viele katholische Klienten im Beichten geübt und gehen mit ähnlichen Vorstellungen in eine Psychotherapie hinein. Da Bekenntnisse der Seele guttun, bieten sie mir oft Bekenntnisse an und erwarten dafür Vergebung. Aber mein Angebot besteht nicht aus Vergebung. Vielleicht bin auch ich so etwas wie eine Abart von Priester, oder genauer: ein „abartiger" Priester, aber mein Angebot besteht aus Erkundung, Begreifen und Annehmen dessen, was meinen Klienten passsiert, wer sie sind und welchen Beitrag sie zu ihrem eigenen Drama leisten (7). Bekenntnis, oder besser gesagt: Aufrichtigkeit, hat in Therapie zwar einen eigenen Platz, aber die Therapie läuft nicht darauf hinaus, sondern fängt damit erst an.

Ich war von dem, was Ricardo eingebracht hatte, selber bewegt. Das menschliche Drama war in einer Weise stimulierend, daß es auch einen kleinen voyeuristischen Genuß abwarf. Dies war keine alltägliche Geschichte, und ich dachte an Colette, Virginia Woolf oder Bryher, alle drei bisexuelle Schriftstellerinnen mit einem Ehemann und einer Geliebten. Gleichzeitig wurde mir bewußt, daß meine Leistungen als Ricardos Therapeut bislang minimal geblieben waren: In der ersten Sitzung hatte er kaum etwas von sich selbst gezeigt, in der zweiten sehr viel von seiner Frau. Über Ricardos eigenes Innenleben wußte ich immer noch sehr wenig. Mit seiner Not wegen Rosas Offenbarungen hatte ich echtes Mitgefühl, ich wußte auch, daß er meinen Beistand sehr schätzt, aber unsere eigentliche therapeutische Arbeit hatte noch nicht angefangen. Vielleicht würde er mir nun, nachdem er mir mit den Informationen über Rosa vertraut hatte, auch wertvolle und geheime Informationen über Ricardo anvertrauen.

Damit sollte ich recht behalten. Therapeuten lieben es ja, Recht zu haben. Und mehr als mir lieb ist, geht es mir genau so. Denn wenn ich zum Zeugen im Leben anderer Menschen gemacht werde, Vertrauen geschenkt bekomme und Geld damit verdiene, dann möchte ich auch an meine besonderen Fähigkeiten glauben und sie einsetzen, statt mich, wie manche meiner Kollegen, bloß für einen

Betrüger zu halten. Allerdings verleitet mich mein Bedürfnis, auf der richtigen Fährte zu sein, oft zum Vorwärtsdrängen mit meinen eigenen Erkenntnissen, so daß ich dann nicht mehr aufmerksam genug auf die Bedürfnisse des Klienten achtgebe. Ich bin mir dieses Problems bewußt, habe daran auch mit meinem Supervisor gearbeitet und muß mich immer wieder daran erinnern. In meiner Arbeit mit Ricardo überlegte ich, ob dies wohl auch hier mit hineinspielte.

Mit meiner Erwartung, daß mir Ricardo mehr vertrauen würde, hatte ich richtig gelegen. In den nächsten Sitzungen hörte ich zwar auch, daß Rosa weiterhin Nina traf, daß sie bei der benannten Kollegin eine Therapie angefangen hatte und daß beide nach außen über alles Schweigen bewahrten. Aber Ricardo eröffnete mir auch, daß er mit Rosa zusammen Drogen nähme, besonders als Begleitung zum Sex, und damit schon vor ihrer Ehe angefangen hatte. Sie kannten sich damit aus wie Apotheker. Ricardo wußte alles über Speed, Upper, Downer, Preludin, Tranquilizer, Kokain, Cannabis, Bennies, Dexedrin und was es noch so gibt. Das alles nähmen sie natürlich ausschließlich als Freizeitvergnügen. Ich nahm ihm das nicht ab. Ich wußte, daß seine Tante Maria bei Kopfschmerzen ein ganzes Sortiment von Pillen eingeworfen hatte und daß die übrige Familie oft zu jeder Art von Schmerzmitteln griff, um beunruhigende Gefühle gleich nach dem Auftauchen wieder zu betäuben. Sie waren Italiener, gewiß, aber das Vorurteil über sie stimmte halt in der Praxis nicht. Wohl sind manche Italiener sehr redegewandt und ausdrucksstark, aber manche auch genau so kontrolliert und verschlossen wie jeder Nordamerikaner. Als ich im Studium in Cambridge zum ersten Mal Bostoner Italiener traf, waren einige von ihnen genau so, wie man sie sich vorstellt: kleine alte Damen, von Kopf bis Fuß in schwarz zum Zeichen ewiger Trauer, das Haar zurückgekämmt und geknotet, die Trauer und die etwaigen Freuden, denen man mißtrauen muß, hinter schmale Lippe weggesperrt. Diese streng kontrollierten Gefühle mochten nur von Bacchus Geschenk an die Menschen, vom Wein, gelöst und getröstet werden. Und für ihre gegenwartsbewußten Kinder traten an seine Stelle andere Drogen.

Ricardo und Rosa hatten mit dem Drogenkonsum schon während des Studiums an der Universität von New York begonnen. Die Drogenkultur war Teil des Studentenlebens gewesen, und sie hatten sich daran beteiligt. Ricardo begriff, daß die Drogen für Rosa wahrscheinlich ein Mittel waren, um sich beim Sex empfindungsloser zu machen. Ihn selber konnten sie darüber hinwegtäuschen, daß Rosa mehr durch die Drogen als durch ihn befriedigt wurde; durch den Nebel der Drogen konnte er dies einfach seiner Wahrnehmung entziehen.

Ich gebe zu, daß ich für Drogenkonsum nicht viel übrig habe. Die Therapie mit Ricardo hatte ich sogar schon damit angefangen, daß ich ihn ums Nichtrauchen bat, obwohl wir zu diesem Zeitpunkt noch gar nicht gewußt hatten, daß Rosa und Ricardo drogenabhängig waren. Drogen sind stark und verführerisch. Ich glaube nicht, daß ich bei regelmäßigem Drogenkonsum suchtfrei bleiben könnte, und ich glaube auch nicht, daß es jemand anders kann. Nur einmal lernte ich einen schönen schwarzen Mann kennen, der steif und fest behaupte, Heroin rein als Gelegenheitsvergnügen zu nehmen, und der damit, wenn ich ihm wirklich glauben sollte, eine der seltenen Ausnahmen war.

Ich habe in geringem Maße eigene Drogenerfahrungen gemacht. Dabei sagte ich mir manchmal, es sei wertvoll, die Erfahrungen mancher Klienten besser zu kennen; aber so ganz glaubte ich dieser Rationalisierung selber nicht. Ich probierte Drogen vor allem aus Neugier, aber sehr ernsthaft betrieb ich meine Studien nicht. Zum „Drogie" bin ich nicht geschaffen, und es fiel mir leicht, wieder aufzuhören. Mir fiel eine Geschichte ein, die ich vor Ewigkeiten mal gehört hatte: Allen Ginsberg wollte Norman Mailer mit irgendeiner neuen Droge bekannt machen, jeder zog sich die Kleidung aus, bloß Norman behielt seine Shorts an. Solch ein Typ von Drogengebraucher bin auch ich: nicht wirklich hingebungsvoll, sondern weiterhin auf Kontrolle bedacht, und letztlich bereit, ohne solche hyper-ekstatischen Erlebnisse auszukommen.

Bei der Arbeit mit Abhängigen sage ich nicht, daß ich es mit Nancy Reagan halte und „Sag einfach nein!" anrate. Enthaltsamkeit läßt sich ja auch nicht so einfach zuwegebringen. Ich bin allerdings wie die anonymen Alkoholiker der Ansicht, daß man den Abhängigen zur Kontrolle und Beendigung seines Drogenkonsums auffordern muß. Üblicherweise frage ich den Abhängigen, ob sich auf einen Vertrag mit mir einlassen kann, einen Monat lang abstinent zu bleiben. Danach können wir dann untersuchen, wie gut er in dieser Zeit ohne Drogen oder Alkohol auskam. Aber wie bei den Verhandlungen um *Sodom und Gomorrha* (8), kann ich auch auf eine kürzere Periode, zum Beispiel nur eine Woche, heruntergehen. Falls sich ein abhängiger Klient auf nichts dergleichen einlassen will, nehme ich an, daß er am Drogenkonsum nicht ernsthaft arbeiten will.

Vielleicht hatte ich bei der Arbeit mit Abhängigen bisher auch nur Glück. Meine Erfahrung mit Alkohol- oder Drogenabhängigen ist sicher nicht sehr breit; es handelte sich vor allem um Klienten aus der Mittelschicht, nicht um Menschen von der Straße, deren ganzes Leben sich um die Sucht dreht. Manche waren auch das, was ich „jüdische Alkoholiker" nenne: da Alkoholabhängigkeit bei Juden weniger als bei irgendeiner anderen Volksgruppe Amerikas vorkommt, bekommen sie es schon in frühen Stadien mit der Angst zu tun und sind um so leichter von der Flasche zu entwöhnen.

Ich schlug Ricardo vor, auf jede Art von Droge einen Monat lang zu verzichten, und er war damit einverstanden. Dies schloß natürlich nicht seine Zigaretten mit ein. Bei jeder Sitzung teilte er mir mit, daß er keinerlei Drogen, nicht einmal Aspirin zu sich genommen hätte, und er zwinkerte mir zu, denn wir kannten beide Tante Marias Vorliebe für derlei legale Verschreibungen. Nun fühlte ich mich tatsächlich wie Ricardos Beichtvater, vor dem er den geläuterten Junkie spielte, der Buße getan hatte und nun geheilt war und im Zustand der Gnade lebte. Ich war mir da nicht so sicher, ließ ihn aber ausreden. Ich dachte auch an unsere erste Sitzung, in der ich die Fantasie eines Striptease hatte und beim Duft von Polo an ein Tier im Käfig dachte. Heute war er mit seinem Strip bis zu dem Punkt gekommen, daß seine Frau lesbisch ist, eine aufregende Liebesaffäre hat und genau wie er selber drogenabhängig ist. Ich fragte mich, welche neuen Enthüllungen mich noch erwarteten, und wann ich das eingesperrte Tier in einem nackteren Umfeld zu Gesicht bekäme. Noch immer fühlte ich mich hingehalten.

Sehr tief war ich in Ricardos Leben nicht einbezogen. Obwohl viel passierte, hatte ich noch keinen Schlüssel zu dem, wer er war und was das für ihn bedeutete. Vielleicht war ich zu ungeduldig. Als ich mich niedergelassen hatte, war ich oft sehr ungeduldig, hatte aber vor allem von Lore Perls den Wert und die Kunst der Geduld gelernt, so daß mich jetzt andere Therapeuten dafür loben. Ich nehme dieses Lob nicht ganz ernst, weil ich meine, es bezöge sich mehr auf ein Geschenk meiner Ausbilder als auf einen Teil meiner selbst. Dennoch, Geduld ist ein wertvolles Vermögen, um den Wechselfällen des Seelenlebens eines anderen Menschen nachzuspüren. Aus welchem Grund also war ich jetzt ungeduldig?

Ich dachte darüber nach, ob vielleicht Ricardos Schönheit etwas damit zu tun hatte. In den Sitzungen genoß ich, was für eine sexuelle Attraktivität dieser stolze italienische Pfau ausstrahlte, wie er

sein leuchtendes Federrad aufschlug und in den Spiegel schaute.
Wen erblickte er darin? Sicherlich nicht mich. Gewiß, er war dank-
bar für Rat und Hilfe: „Hören Sie mit ihrem Drogenkonsum auf",
„Hier ist die Adresse einer guten Therapeutin für ihre Frau", „Las-
sen Sie uns herausfinden, wie wichtig Nina für Rosa ist", „Lassen Sie
Rosa noch etwas mehr Zeit". Ich konnte nicht fühlen, daß er eine
Verbindung mit mir hatte. Ich hätte genau so gut sein Trainer im
Fitneßcenter sein können, „Durch diese Übungen entwickeln Sie die
Armmuskeln", „Durch jene entwickeln Sie den Deltamuskel", usw.

War ich nur einer aus Ricardos Hilfspersonal, das ihm das Leben
erleichterte? Ich wollte mehr sein. Wenn Psychotherapie den Gip-
fel einer persönlichen Wandlung erreichen soll, ist meines Erachtens
die Beziehung zwischen den beiden Partnern entscheidend. Dies ist
natürlich nicht nur meine ganz persönliche Ansicht, sondern von
Freud an haben immer wieder die großen Psychotherapeuten be-
tont, wie wichtig die therapeutische Beziehung ist, die Begnung
zweier Seelen (Freud sprach wirklich von „Seele", was nur in Stra-
cheys Übersetzung ins Englische als „Psyche" wiedergegeben wurde). Von Ricardos Seele war ich weit, weit weg.

Aber wie stand es mit Ricardos Körper? Ich überlegte, wieso ich
an Ricardo im Fitneßcenter dachte, wie er in Seidenshorts trainiert
und ich sein Trainer bin. Fand ich Ricardo attraktiver, als mir bislang bewußt war? Gewiß, er war sehr schön. Dennoch weiß ich, wie
schnell ich von körperlicher Schönheit genug bekomme. Sie wird
mehr zu einer Frage des ästhetischen Werturteils als zu einem Gefühl aus dem Bauch, ausgenommen in dem herrlichen Körper
wohnt auch eine quicklebendige Person. Ich fühlte mich noch immer genarrt, hatte aber allmählich genug davon. Ricardos Leben war
in Veränderung begriffen, unsere Beziehung aber blieb wie sie war.

Manchmal finde ich es nützlich, sich Psychotherapie als eine un-
gleiche Liebesgeschichte vorzustellen. Der Klient entfaltet in seiner
Liebe und seinem Vertrauen zu dem Therapeuten alles, was er hat:
seine Träume und Alpträume, seine schauerlichen Geheimnisse, verbotenen Lüste und teuersten Hoffnungen. Der Therapeut geht liebevoll und zärtlich auf diese Themen ein, voller Achtung, Geduld
und Verständnis. Wie bei Liebenden ist die kurze Zeit ihres Zu-
sammenseins kostbar, unantastbar, heilig. Und wie bei Liebenden,
gehören Lachen und kindliches Staunen untrennbar dazu.

War ich mit Ricardo so ungeduldig, weil ich weder seines Leibes
noch seiner Seele teilhaftig sein konnte? Ich fand diese Deutungs-

möglichkeit sehr hart und hatte an ihr meine Zweifel, aber ich wollte sie auch nicht ganz verwerfen. Ich habe manchmal genau so blinde Flecken wie irgendein Klient, besonders wenn ich mich bedroht oder bedürftig fühle. Diesen Gedanken wollte ich nicht vergessen, aber fürs erste auf die Seite legen. Vielleicht müßte ich außer mit Ricardo auch mit mir selber mehr Geduld haben.

Ricardo hielt seinen Vertrag über Drogen ein. Er stoppte ihren Konsum mit kaltem Entzug und war stolz und glücklich. Er fühlte sich jetzt gesünder, traute sich die Beherrschung seiner Gewohnheiten zu und sparte durch nichtgekaufte Drogen viel Geld. Daß er nun clean war, vergrößerte auch mein Ansehen bei ihm. Ich fühlte mich, als hätte ich ihm einen guten Aktientip gegeben, mit dem er mehrere Punkte Kursgewinn gemacht hatte. Oder war das zu hart ausgedrückt? Ricardo pries meine Weisheit, aber tatsächlich war ich doch nicht weiser gewesen als Nancy Reagan mit ihrem Motto „Sag einfach nein". Ich fühlte mich betrogen, zweifelte aber nicht daran, daß sich Ricardo über seine Drogenfreiheit aufrichtig freute.

An dieser Stelle hielt es Ricardo für angebracht zu enthüllen, daß er nicht bloß Drogen konsumiert, sondern gemeinsam mit Rosa zur Finanzierung der Sucht auch Drogen verkauft hatte. Nein, sie seien keine Pusher gewesen, die andere zu neuen Kunden machen, sondern hätten nur an Freunde gedealt. Anstatt gerade genug Dope für sie beide zu besorgen, hatten sie größere Mengen eingekauft und mit kleinem Gewinn weitergegeben, so daß ihr Drogenkonsum keine Löcher in ihren Haushalt riß. Ricardo stellt dies als harmlos und vernünftig dar. Ich fand dies jedoch erschreckend. Drogen zu konsumieren oder Drogen zu verkaufen sind zwei sehr verschiedene Dinge. Ich weiß nicht, ob Ricardo diesen Unterschied überhaupt begriff. Er hatte mit dieser Enthüllung vier Monate gewartet. Wenn dies alles gar so harmlos wäre, hätte er schon früher darüber reden können. Ich befragte ihn so genau wie möglich, um die Dimension seiner Drogendealerei ermessen zu können, aber ich kam damit nicht sehr weit. Er blieb vage, sagte, daß er nicht sehr viel gemacht habe und daß er mit Ende des Drogenkonsums auch mit dem Dealen aufgehört hätte.

Ich fragte mich, wieviel davon wahr wäre. Alkohol- und Drogenabhängige sind ja dafür bekannt, daß sie die Wahrheit verfälschen, um sich zu schützen und wohl überhaupt als Teil ihres Leugnungs- und Rationalisierungsprozesses. Ich konnte nicht lange darüber nachdenken, wie ich auf seine Mitteilung reagieren sollte, da eröffnete mir Ricardo des weiteren, daß er bei seinem Pusher hoch in der Schuld stand. Als er und Rosa Bestellungen für sich und ihre Kunden aufgegeben hatten, wären sie auf Kredit beliefert worden. Nun aber, da er damit aufgehört hatte, sähe er sich mit einem Schuldenberg bei seinem Pusher konfrontiert.

Ich war also weiterhin Ricardos Beichtvater. Dabei mußte ich aufpassen, nicht auch noch in die Rolle eines Drogenfahnders, eines strafenden Ordnungshüters zu geraten. Ich sprach mit Ricardo Möglichkeiten durch, wie er seine Schulden abzahlen und den Dealer abfinden könnte. Dabei hielt ich mich weitgehend mit Bewertungen zurück, ließ aber schon gelegentlich Gesten und Laute des Mißfallens einfließen. Ich wollte nicht, daß sich Ricardo von mir verurteilt und abgelehnt fühlte, aber er sollte doch einen realistischen Eindruck von der Ungeheuerlichkeit bekommen, mit Drogen zu dealen und sich dabei sogar noch in eine Schuldenabhängigkeit hineinzumanövrieren. Ich wollte klar, bestimmt und objektiv sein, genau wie ein guter Priester. Und Ricardo folgte wie einer, der in einen Orden aufgenommen werden möchte, dem auferlegten Rat. So weit ich weiß, trug er seine Schulden in den nächsten Monaten ab.

Er hatte mir schon so viel „gestanden", daß ich mich fragte, was jetzt noch kommen könne. Ich dachte auch darüber nach, weswegen ich denn unzufrieden war. Ricardo hatte viel eingebracht und sich daran gemacht, sein Leben aufzuräumen. Allerdings war mir unklar geblieben, was Drogenkonsum denn für ihn bedeutete, was er bei seiner Nebentätigkeit als Dealer empfand, was er im tiefsten Herzen über Rosas Liebe zu Nina fühlte, was er mit seinem Leben mehr als einer bloßen Normalisierung anfangen wollte. Gestalttherapeuten haben kein besonderes Interesse an Normalität und Anpassung. Unser Ziel ist, daß Klienten ihr Leben besser verstehen können, daß sie würdigen, wer sie sind, und wählen, was ihnen wichtig ist. Falls Ricardo aus tiefstem Grunde ein drogenabhängiger Dealer sein wollte (also nicht, weil er in diese Rolle hineinstolperte, sondern weil er sein Leben allen Ernstes so gestalten wollte), dann hätte ich mit diesem Ergebnis zwar meine Schwierigkeiten, wäre aber bereit, es zu akzeptieren. Jeder Mensch hat die Verantwortung für sein Leben und für seine Entscheidungen. Mir brauchen seine Entscheidungen nicht zu gefallen, aber er muß selber in Frieden damit leben, wer ist ist und wie er sein Leben lebt. Ich hatte nicht das Ziel, aus Ricardo einen typischen Yuppie mit guter Stelle, Penthouse und Yacht werden zu lassen. Vielleicht war ich mit seiner Therapie unzufrieden, weil wir unterschiedliche Vorstellungen hatten. Er wollte Therapie zum Beichten benutzen, schlechte Gewohnheiten ablegen und wieder ein kleiner Meßdiener werden. Ich stimmte zwar mit dem einen Ziel überein, mit Drogenkonsum und -verkauf aufzuhören, aber ich bezweifelte, daß er im übrigen bloß ein verirrter Meßdiener sei. Ich war der Überzeugung, wenn er nicht tiefer ergründete, wer er wirklich war, dann würden sich nicht-meßdienerhafte Verhaltensweisen von alleine wieder einstellen.

Ricardo sagte ehrlich, daß er an Selbsterkundung kein Interesse hatte. Er erlebe unsere Zeit miteinander, als wäre er ein Rennwagen der Spitzenklasse, dem Ersatzkolben eingebaut werden, der neu eingestellt würde und an dem vielleicht ein paar Kratzer überlackiert werden. Ganz eindeutig wollte er in die Behandlung nicht selber miteinsteigen. „Herr Doktor, sagen Sie mir, was ich machen soll" , „Machen Sie mich wieder heil, Herr Doktor". Hier lag ein Dilemma. Einerseits sagte ich Ricardo, daß er so sein darf, wie er ist, unabhängig von meiner Zustimmung. Andererseits sagte er, daß er an Psychotherapie nicht interessiert sei, sondern mechanisch wie ein passives Objekt repariert werden wolle, um danach „presto" weiterzurasen – und damit war ich dann nicht einverstanden. Bin ich denn ein Heuchler? Vielleicht in gewissem Maße ja. Ich habe meine eigenen Werte und Überzeugungen. Ich glaube, Ricardo war blockiert. Er hatte gelernt, durch Abtrennung von seinen tieferen Gefühlen und Bedürfnissen zu leben und hatte sich mit Drogen und mit dem Streben nach Geld, Kleidung, Autos, Möbeln abgelenkt. Ich wollte, daß er sich und seinem Leben ins Gesicht sah; er wollte, daß ich ihn für die nächste Runde fitmachte, damit er genauso ahnungslos, blind und blockiert weitermachen könnte. Würde ich Ricardo von meiner Sicht seines Lebens überzeugen können, und dürfte ich das überhaupt, wo ich doch an die Selbstverantwortung eines jeden für sein Leben glaubte?

Eine weitere Enthüllung erfolgte. Die wievielte war es? Rosas Liebesaffäre. Drogenkonsum. Dealen. Schulden beim Pusher. Desinteresse an Therapie. Wie viele Schleier würden noch fallen? An dieser Stelle mußte ich mein Interesse für Ricardo hintanstellen und auf mich selber hören. Ich sah nicht mehr seine Schönheit, sondern einen schalen, oberflächlichen jungen Mann, der sich das Leben versaut hatte und von der Therapie wie von einer Autowaschanlage wieder blankputzen lassen wollte. Ich war erstaunt, was für ein scharfes Urteil ich hier fällte. Das wies nach meiner Erfahrung darauf hin, daß ich wütend und verletzt war. Ich fühlte mich betrogen. Ricardo hatte keine Wertschätzung für mich und mein Therapieangebot übrig, sondern wollte mich nur in seinem Sinne benutzen. Ich fühlte mich herabgesetzt. Kein Wunder, daß ich so hart reagierte. Was war aus meinen schönen Vorstellungen von Therapie als einer Art Liebesbeziehung geworden? Dieses Angebot hatte Ricardo niemals angenommen, sondern er hatte mich abblitzen lassen. Jetzt mußte ich mich erst einmal beruhigen und genauer hinschauen, was zwischen uns beiden eigentlich ablief.

Zunächst einmal war Ricardo gar nicht recht klar, was einen Therapieprozeß ausmacht. Das war aber nicht sein Fehler. Er war mit seinem Erfahrungshintergrund von Bekenntnis und Vergebung hergekommen und verhielt sich weiterhin nach diesem Modell. Ich hatte ihm offenbar nicht deutlich genug gemacht, was ein Therapieprozeß verlangt. Der Fehler lag bei mir. Ich war nicht langsam genug vorgegangen und hatte nicht abgewartet, daß er verstand, worauf es mir ankam.

Desweiteren war ich enttäuscht und verärgert, wie wenig Interesse er für sein Innenleben zeigte. Er hatte sich wohl darauf eingestellt, in den Spiegel zu schauen und sich mit dem oberflächlichen Bild eines stolzen Pfaus ohne Tiefe zufrieden zu geben. Aber darauf hätte ich auch anders reagieren können, als ärgerlich zu werden. Denn wenn er blockiert war und Angst vor seinem Inneren hatte, dann war es eben genau das, was er in diesem Augenblick war. Würde ich ihn dafür zurückweisen, so würde ich mich und unsere gemeinsame Arbeit lächerlich machen. Bislang hatte ich mich gerade so wie Ricardo von seinen aufregenden äußeren Lebensereignissen, von Rosas Homosexualität, den Drogen und der prickelnden und glitzernden Oberfläche ablenken lassen. Stattdessen mußte ich die Tatsache, daß er sich und mir nicht näher kommen wollte, zum Thema der Arbeit machen. Ich sah klarer und wurde ruhiger. Ich schaffte es, mit Ricardo darüber zu sprechen und ihn zum Wesen von Psychotherapie zurückzubringen, zu seiner Selbsterkundung.

Ich dachte auch darüber nach, ob Ricardo zu mir auch auf Abstand ging, um sich zu schützen. Schwang hier ein sexueller Aspekt mit? Fürchtete Ricardo, daß ich in ihn eindränge und er sich dagegen wehren müsse? Und war dieser Gedanke nur eine Projektion meiner eigener Faszination von Ricardos blühender Sexualität, oder nahm er mich tatsächlich als bedrohlichen potenten Mann wahr, vor dem er sich durch Zurückhaltung schützen wollte?

Bevor ich dazu kam, diese Fragen anzusprechen, überraschte mich Ricardo mit neuen Enthüllungen. Zur nächsten Sitzung erschien er in hellem Aufruhr, mit ungekämmtem Haar, beflecktem Sporthemd und verschmutzten Turnschuhen. Er sprach schnell. Zwei Nächte zuvor war er in einer Bar gewesen, hatte sich sinnlos betrunken und war am nächsten Morgen im Bett eines fremden Mannes erwacht. Er war so betrunken gewesen, daß er nicht mehr wußte, was passiert war. Ich ließ ihn Vermutungen anstellen. Er sagte lammfromm, weil er so betrunken war, hätte er selber sicher nicht viel machen können, also müsse es mit ihm gemacht worden sein. Was, könne er nicht sagen. Ein Filmriß kann auch seinen Nutzen haben.

Dann wechselte Ricardo schnell das Thema zu Rosa. Sie war mit Nina immer noch sehr verliebt und hatte Ricardo mitgeteilt, daß sie tatsächlich ein Zusammenleben mit Nina ausprobieren wolle. Sie hatten beide geweint, und danach war Ricardo zu seinem Zug durch die Kneipen aufgebrochen. Aus einem Gespräch mit Rosas Therapeutin wußte ich, daß Rosa für Nina mehr empfand als bei einem bloßen Flirt mit der Bisexualität, daß sie ihre lesbischen Gefühle jahrelang unterdrückt hatte, um ihren konservativen Eltern zuliebe eine Ehe führen zu können. Nette katholische Mädchen werden nicht lesbisch, sofern sie nicht in Hölle und ewiger Verdammnis landen wollen. Nun aber war sie mit Unterstützung durch ihre Therapeutin dabei, ihre Homosexualität zu akzeptieren. Zwar hatte sie für Ricardo immer noch Gefühle der Liebe, aber ihre Leidenschaft galt Nina, mit der sie zusammenleben wollte.

Jetzt war mir Ricardos Nacht klarer. Allerdings hatte er nicht gesagt, wie er sich dabei fühlte. So fragte ich ihn noch einmal, was er gegenüber Rosa, ihrer Beziehung mit Nina und ihrer Entscheidung empfände. Und hiermit kam ich ihm so nahe wie noch nie. Sein Herz war gebrochen. Acht Jahre seines Leben hatte er zusammen mit Rosa verbracht. Sie hatten sich gemeinsam die Wohnung gekauft, die Möbel ausgesucht, Kinder geplant. Ich war bewegt. Aber mich beschäftigte immer noch, daß er vor allem von Wohnung und Möbeln sprach, jedoch nicht von seinem Herzen. Ich sagte mir, daß ich Ricardo keine Vorschriften darüber machen dürfe, auf welche Weise er seinen Schmerz ausdrücke. Aber einen weiteren Anstoß wollte ich ihm noch geben. Ob er sagen könne, was er dabei empfände, daß Rosa ihre Liebesbeziehung fortsetzen und ihn verlassen wollte? Als Antwort murmelte er etwas davon, sein Leben würde nun sehr leer sein. Dann kam er auf die Ereignisse von vor zwei Nächten zurück.

Rosas Mitteilung hatte ihn dermaßen aufgewühlt, daß er zu Hause Reißaus nahm. Er konnte sich nicht mehr erinnern, durch wie viele Bars er gezogen war und auf welche Weise ihn der andere Mann aufgelesen hatte. Vage wußte er noch etwas von einem Taxi, daß der Mann an ihm herumfummelte, und daß ihm übel wurde.

Ich fragte ihn, was die Ereignisse denn für ihn bedeuteten, aber er wußte keine Antwort. Dann forderte ich ihn auf, sich eine mögliche Erklärung auszudenken (was eine Standardmethode ist, wenn jemand blockiert ist). Darauf stieß er schnell hervor: „Sie sind ein Schwuler. Sie hatten es wohl darauf angelegt." Ich erwiderte: „Auch im Fall, daß Sie kein Schwuler sind, könnte man vermuten, daß sie es darauf angelegt hatten."

Er erschrak, aber ich fuhr fort: „Nehmen Sie an, sie wären auf Rosa wütend und wollten mit ihr quitt werden. Sie hatte Sie mit einer Frau betrogen. Warum sollten Sie sie dann nicht mit einem Mann betrügen?" Gewöhnlich gebe ich Deutungen nicht gern. Sie sind Aufgabe des Klienten, Teil seiner Arbeit, sich besser zu verstehen. Aber als Vorschlag und kleine Hilfe, wenn jemand blockiert ist, gebe ich Deutungen durchaus. Dabei mache ich allerdings deutlich, daß sie nur mein Verständnis darstellen, und daß sie niemand als Wahrheit übernehmen muß, sondern bloß als Vorschlag zu hören braucht. Ich kann nicht in den andern hineinsehen und wissen, was in ihm vorgeht. Ich kann ihm jedoch, wenn er bei der Selbsterkundung zögert, eine neue Sichtweise anbieten und dann abwarten, was er mit ihr anfangen kann.

Ricardo wurde nachdenklich. Er stimmte mir nicht zu, aber er widersprach auch nicht. Ich sagte ihm, er hätte sich meiner Meinung nach sehr schnell mit Rosas Romanze abgefunden gehabt, und viele andere Männer wären da nicht so nett. Er meinte dazu, daß er sich gar nicht so bedroht gefühlt hätte, weil es sich ja nicht um einen anderen Mann, sondern um eine Frau handelte. Er hätte geglaubt, Rosa könnte doch nicht im Ernst einer Frau den Vorzug vor der Liebe mit ihm geben.

Ich bat ihn, noch einmal zu dem Moment zurückzugehen, als er aus der Wohnung ging: Was hätte er da gefühlt? Er solle an genau den Augenblick denken, als er zur Tür hinausging: Was hätte er da gedacht? „Ich war sehr wütend und sehr verletzt. Ich hätte Rosa am liebsten verprügelt." Das war etwas Neues. Diesen Gedanken hatte er noch niemals gehabt. „Ich hatte Angst, mit ihr zusammen in der Wohnung zu bleiben. Und ich wollte, daß sie alleine zurückbleibt, gerade so, wie ich in den letzten Monaten allein geblieben war."Ich fragte Ricardo, ob er Rosa bestrafen wollte, um sich für das, was sie getan hatte, zu rächen. Er nickte, schloß die Augen und begann zu weinen. Dies war das erste Mal in all unseren Sitzungen, daß er das tat. Nun ist in meiner Praxis niemand gezwungen, Tränen zu vergießen, aber meiner Erfahrung nach beginnen Klienten oft, wenn sie starke Gefühle erleben, zu weinen, sei es vor Erleichterung, vor Schmerz oder vor Freude. Tränen sind eine sehr besondere Art der Kommunikation. Nur Menschen können weinen, und nur Menschen können lachen. Es gibt viele Arten von Tränen, und es gibt viele Arten von Gelächter. Ich nahm Ricardos Tränen als Zeichen dafür, daß er von dem Erlebten erschüttert war, und daß er sich sicher genug fühlte, um seine Tränen mit mir zu teilen. Von Macho-Männern wird eigentlich nicht erwartet, daß sie weinen, und schon gar nicht in einer psychologischen Praxis.

Ich bot Ricardo den Karton mit Papiertaschentüchern an, den ich stets gefüllt bereithalte. Er weinte noch etwas mehr, schnaubte, putzte sich die Nase, wischte sich die Tränen ab und begann zu sprechen. „Ich weiß wirklich nicht, was ich machen soll. Wir waren so lange zusammen. Ich fühl mich so allein. Das alles kann doch nicht wahr sein. Das kann doch mir nicht passieren, nicht uns. Sie müssen mir da heraushelfen. Ich bin zu allem bereit. Bitte." Ich saß still da und wartete ab. Nach ein paar Minuten hatte sich Ricardo gefaßt und sagte: „Herr Doktor, sagen Sie mir, was ich tun soll." Ich wollte nicht meine Standardantwort geben, daß ich niemandem sage, was er zu tun hat. So antwortete ich stattdessen: „Ricardo, das werden wir herausfinden. Ich garantiere Ihnen, Sie werden Ihren Weg finden und hier gut herauskommen."

Bei diesen Worten fühlte ich mich mehr denn je wie ein Priester, aber ich meinte, Ricardo brauche jetzt vor allem Trost. Er brauchte Hoffnung und Stärkung, also versuchte ich, ihm welche zu geben. Aber ehrlich gesagt, woher konnte ich denn wissen, ob er gut durchkäme? Nun, nach all meiner klinischen Erfahrung konnte ich sagen, sogar wenn es zu einer Trennung seiner Ehe käme, würde er dies überleben.

Ricardo brauchte ein Weilchen, um sich wieder zu sammeln, dann ging es ihm besser. Er nahm noch ein paar Papiertaschentücher und wischte sich das Gesicht trocken, holte einen kleinen Schildpattkamm heraus und brachte sein Haar in Ordnung, und siehe da, nach einem richtigen Weinen sehen manche Leute verjüngt und belebt aus. Ricardo strahlte und sah glänzend aus. Ich bewunderte erneut seine Schönheit und fragte mich, wie weit er sich ihrer bewußt war. Wir hatten noch nie darüber gesprochen, und sicher wäre eben auch nicht der passende Moment dafür gewesen, aber ich war doch ganz gebannt, wie lebendig sein Gesicht nun aussah nach dem Weinen.

Dann erzählte Ricardo, daß er nach dem betrunkenen Abend heimgekommen sei, im Büro angerufen und freigenommen habe und sich dann schnurstracks schlafen gelegt hätte. Da habe er einen lebhaften Traum gehabt. Dies war das erste Mal, daß Ricardo einen Traum einbrachte, so wie es das erste Mal war, daß er weinte. Vielleicht ging doch mehr in ihm vor als ich erwartet hatte.

Einer meiner Therapeuten, Isadore From, sah in einem Traum ein Geschenk, das der Klient seinem Therapeuten mitbringt. Ich weiß nicht, ob das immer so ist, aber diese Sichtweise ist ein möglicher und nützlicher Zugang zu einem Traum. Ein Traum ist dann nicht nur eine Mitteilung des Träumenden an sich selbst, eine verschlüsselte Botschaft, sondern im Therapiezusammenhang auch eine Möglichkeit zu sagen: Sehen Sie, ich achte genau auf das, was wir hier tun, ich schätze es, und ich biete Ihnen eine Kreation an, die ich eigens für uns beide zur weiteren Untersuchung hergestellt habe.

Die Untersuchung von Träumen kann sehr lohnenswert sein. Wenn jedoch der Klient sehr manipulativ ist, kann er seine Träume beeinflussen, so daß sie genau wie jede andere Mitteilung auf falsche Fährten lockt oder falschen Alarm auslöst. Im vorliegenden Fall hielt ich Ricardos Traum für eine eigenständige Reaktion auf die Ereignisse der vorausgegangenen Nacht wie auch der Therapie.

Ich bat ihn, den Traum in der Gegenwartsform zu erzählen, weil dadurch die Gefühle leichter wieder geweckt werden. Er erzählte mir folgendes:

„Ich bin nicht sicher, ob ich mich an alles erinnern kann und ob ich es richtig wiedergebe. Ich bin in Frankreich, obwohl ich in Wirklichkeit noch niemals dort war, denn in den Ferien fahre ich immer nach Italien. Gleichwie, ich bin also in Frankreich in Le Mans, wo der Grand Prix gefahren wird. Ich hab den Grand Prix schon mal im Fernsehen gesehen, und ich kenne einen Film mit Tom Cruise, wo eine Sequenz wohl beim Grand Prix spielt. Manche Leute meinen, ich sähe aus wie Tom Cruise, aber ich tu das gar nicht.

Ich bin größer und meine Nase ist länger. Und ich habe nicht diese amerikanische Art, gut auszusehen.

Auf jeden Fall, ich bin bei dem Rennen, aber ich weiß nicht genau, ob ich mitfahre oder nur Zuschauer bin. Da sind zwei Autos, an die ich mich erinnere. Das eine ist ein geschmeidiger, umfrisierter Maserati, rot und tief am Boden liegend. Das andere ist ein ganz schön angedellter VW Käfer, von der Art, wie sie seit ein paar Jahren nicht mehr hergestellt werden. Die Spitze ist eingedrückt, an den Seiten sind Beulen, er ist grün. Ich wundere mich, was er überhaupt auf der Piste will. Mir ist nicht klar, ob er am Rennen teilnimmt oder nicht. Ich hatte selbst einmal einen grünen Käfer, das war mein erstes Auto. Ich hatte ihn mir mit dem Geld gekauft, das ich in den Sommerferien bei einem Landschaftsgärtner verdient hatte. Da war ich noch auf der Schule. Ich hatte dieses Auto geliebt.

An mehr kann ich mich nicht erinnern. Ich weiß nicht, wer das Rennen gewann oder ob es überhaupt stattfand. Aber ich weiß, daß der Käfer aussah, als hätte er Prügel bekommen."

Ich war von Ricardo und seinem Traum sehr beeindruckt. Er hatte sich die Zeit genommen, mir eine Vielzahl wichtiger Hinweise und Querverbindungen zu geben, ohne daß ich ihn dazu aufgefordert hatte. Ich war auch von dem Traum selber sehr beeindruckt; er barg sicher viel wertvolles Material. Ich freute mich darauf, Ricardo mit dem Verstehen von Träumen vertraut zu machen.

Außerdem fand ich diese Entwicklung ganz aufregend, weil ich wußte, daß manche Klienten zwar schlecht in sich hineinschauen können, aber über Träume ein besseren Zugang zu sich finden. Ein Traum kann ihnen eine gewisse Distanz gewähren. Er ist wie ein Kunstwerk, eine Schöpfung, die immer noch etwas anderes ist als die ihn erzeugende Person selbst. Ich habe auch die Erfahrung gemacht, daß Menschen mit romanischem Hintergrund reichere Träume hervorbringen können als die Klienten aus anderen Kulturen. Nun habe ich zwar keine Studie durchgeführt, die spanische und italienische Träume mit denen aus anderen Ländern systematisch vergleicht; denn ich setze nicht jede Forschungsidee, die mir so kommt, auch um. Aber persönlich halte ich es für glaubhaft, daß Romanen lebhafter träumen als Angelsachsen oder Juden. Und mit dieser Annahme schöpfte ich Hoffnung, Ricardo könnte ein Durchbruch gelingen, wie ich ihn gar nicht erwartet hatte.

Ich erklärte Ricardo, Träume könnten wichtig sein und verdienten, das man sich etwas genauer mit ihnen befaßt. „Dieser Traum hat eine Mitteilung für Sie, wie verstehen Sie ihn?" Ich war darauf gefaßt, mich in Geduld zu fassen, aber ich wußte auch für den Fall, daß Ricardo blockiert wäre, Mittel und Wege, um mit ihm an dem Traum weiterarbeiten zu können. Ricardo sagte, er wisse nicht so recht. Er könne sich nur noch schwer an Einzelheiten erinnern und hätte auch etwas ausgelassen. Ich versicherte ihm, das sei durchaus in Ordnung. Er solle einfach weitermachen so gut es geht und mir erzählen, was der Traum seiner Meinung nach bedeutet und wie er sich dabei fühlte.

„Die Situation sieht gefährlich aus. Diese bedrohliche Atmosphäre, wie sie bei Autorennen üblich ist. Alles kann passieren. Ich hatte Angst und war gleichzeitig aufgeregt." Ricardo machte eine Pause und sah mich erwartungsvoll an. Wie war das? Hatte er mit seinem Traum alles richtig gemacht? Ich lächelte und meinte: „Das ist sehr interessant. Könnten Sie dasselbe wie über ihren Traum auch über ihr momentanes Leben sagen?"

„Sie meinen, gerade zur Zeit wäre mein Leben gefährlich und beängstigend? Ja sicher ist es das. Alles kann passieren. Ich bin sicher, so ist das tatsächlich. Aber ich möchte das nicht sehen. Ich habe Angst davor. Und witzigerweise finde ich es gleichzeitig aufregend. Es hört sich verrückt an, aber es geht mir so. Ich müßte mich beschissen fühlen, aber offen gesagt bin ich guter Dinge. Und es wird alles gutgehen. Also ich weiß auch nicht, was das zu bedeuten hat."

Ich für mein Teil strahlte, und Ricardo fuhr fort. „Oh, jetzt fällt es mir wieder ein. Es hatte einen Zusammenstoß gegeben. Deshalb sah der Käfer so angeschlagen aus. Ihm war einer genau in der Mitte reingefahren. Aber nicht der Maserati; sondern irgendein anderer. Er hatte Beulen, war aber nicht völlig kaputt. Er könnte sich reparieren lassen und wieder fahren." Dann fügte Ricardo hinzu: „Wissen Sie, als Kind war ich ein Beatles-Fan („Beatles" klingt wie „beetles" = VW Käfer. A.d.Ü.). Ich hatte alle Alben und Bänder von ihnen. Eigentlich war gerade Hardrock angesagt, und die Beatles waren ein bißchen aus der Mode, aber ich fand sie einfach toll. Vor allem „Seargant Pepper's Lonely Hearts Band". Das Plattencover hatte ich besonders gern mit allen vier Beatles darauf in wunderschönen Uniformen."

Ich schlug Ricardo vor, sich vorstellen, der grüne VW Käfer in seinem Traum sei er selbst. Er verstand sofort. „Sie meinen also, es ist, als ob ich selber einen Zusammenstoß hatte und Beulen abbekommen habe und daß mein Äußeres repariert werden muß. Es ist, als ob ich einen Stoß in den Magen bekommen hätte, aber ich komme wieder hoch. Ich werde es schaffen."

Ich lächelte wieder. „Ich glaube, Sie haben recht. Das ist ein Großteil von dem, was Ihr Traum sagt. Träume können auch mehr als eine Bedeutung haben, aber leider ist unsere Zeit für heute vorbei. Ich möchte Ihnen als „Hausaufgabe" mitgeben, über andere Bedeutungen Ihres Traums nachzudenken. Stellen Sie sich einmal vor, Sie wären der Maserati, und beobachten Sie, was Ihnen dabei einfällt. Und stellen Sie sich vor, Sie und Rosa wären zwei Autos, und denken Sie über Le Mans nach, und sehen Sie dann, was dabei hochkommt. Schließlich können Sie sich auch einmal vorstellen, sie selber wären beide Autos. Wir können dann später all Ihre Einfälle zusammenfügen."

Mir war klar, daß ich damit das Risiko einging, Ricardo zu viel Traumarbeit alleine machen zu lassen. Aber ich wollte, daß er noch mehr von der Aufregung über Träume und ihre möglichen Enthüllungen erleben konnte. Er wurde rot vor Freude und Erregung und sagte: „Wow, das ist viel, wow!" Dabei rechnete ich schon damit, daß wir in der nächsten Sitzung nicht mehr dazu kommen würden, alle Traumbedeutungen durchzugehen, aber ich freute mich auf jeden Fall über den guten Anfang, den wir heute gemacht hatten. In Therapiestunden kommt oft mehr hoch, als man aufgreifen und durcharbeiten kann. Es gibt meist viele Fährten, denen man folgen kann. Aber ich habe gelernt, auf Perfektion, oder vielleicht sollte ich besser sagen: auf zwanghafte Vollständigkeit, zu verzichten. Ricardo würde nicht jeden Bissen des leckeren Traums, den er gebacken hatte, aufessen müssen. Und ich würde nicht darauf aufpassen müssen, daß er auch noch den letzten Krümel seines nahrhaften Traums verzehrte. Er hatte einen guten Anfang gemacht, mit sich selber auf neue Weise zu kommunizieren, und es hatte uns beiden Vergnügen bereitet. Andere Träume und andere Sitzungen würden noch folgen.

Zur nächsten Stunde erschien Ricardo in großer Erregung: Drei Träume hatte er gehabt. Und er brannte darauf, sie alle zu erkunden. Er fühlte sich fast wie auf Kokain, sagte er. Offenbar hatte er hier einen Weg aufgetan, um mit seinen Gefühlen in engeren Kontakt zu kommen, und wie es sich für einen guten Werbefachmann gehört, waren sie auch gleich in einem ansprechendem Format abgepackt. Er hatte herausgefunden, daß er ganz einfach zu Träumen gelangen konnte, nämlich indem er nichts weiter tat, als sich vor dem Einschlafen einen Traum vorzunehmen. Er war ganz glücklich,

Träumen als das entdeckt zu haben, als was es Freud bezeichnete: den Königsweg zum Unbewußten.

Ich freute mich aus mehreren Gründen darüber. Nach seinem Vollrausch hätte Ricardo durchaus auch in Depression und Rückzug verfallen können. Stattdessen jedoch faßte er sich, entdeckte den Wert des Träumens und gewann Lebendigkeit und Energie zurück. Statt über die ungute jüngste Situation und die Ereignisse des letzten halben Jahres zu brüten, wollte er voller Eifer mehr über sich herausfinden. Er war mutiger, freier und offener für sein weiteres Leben geworden.

War ein Wunder geschehen? Ja und nein. Aus meiner Erfahrung als Psychotherapeut weiß ich, daß Wunder geschehen können. Klienten sind unendlich beweglich, sie können sich in gänzlich unerwarteter und wunderbarer Weise wandeln. Therapie verläuft ähnlich wie ein Roman von *Iris Murdock* (9): Die Hauptfiguren verändern sich auf völlig unvorhersehbare Weise, und der Autor befaßt sich damit, was für ein Wunder diese Verwandlung doch ist.

Ich kann auch von einer etwas rationaleren Warte betrachten, wie solche Wunder geschehen. Eines der gestalttherapeutischen Prinzipien heißt „Polarität", also daß ein Mensch in sich die beiden Enden eines Kontinuums vereint. „In jedem Dicken steckt ein Dünner und schreit danach, befreit zu werden", sagte einmal *Cyril Conolly* (10) und formulierte damit, ohne es zu ahnen, ein Prinzip der Gestalttherapie. Auch der Zen-Buddhismus weiß von dieser Einheit der Gegensätze, und genau so I-Ging, das Buch der Wandlungen.

Man kann Änderungen auch mit Hilfe der Begriffe „Vordergrund" und „Hintergrund" beschreiben. Immer wenn ich einen Klienten treffe, der besonders nett und umgänglich, aufmerksam und zugewandt erscheint, suche ich aufgrund meiner Erfahrung nach der anderen, der ärgerlichen, bösartigen und ablehnenden Person, die sich im Hintergrund versteckt. Und mit Sicherheit tritt sie, wenn der passende Moment gekommen ist, auf den Plan.

Menschen sind kompliziert und setzen sich nicht nur aus einer Handvoll Dimensionen zusammen. Wenn sich jemand mit bestimmten Grundzügen darstellt und ich glaube naiverweise, daß ich ihn nun kenne – wie Ricardo mit seiner Gefühlsblockade, den ich für den ganzen Ricardo hielt – dann treten, oh Wunder, ganz andere und oft entgegengesetzte Züge zu Tage, und ich bin überrascht und erstaunt.

183

Ricardo teilte mit, daß einige seiner Träume nur sehr kurz seien, worauf ich ihm erklärte, daß ein Traum auch nicht lang zu sein braucht, um etwas Wichtiges zu enthüllen. Außerdem erinnerte ich ihn daran, daß ihm ja auch während des Erzählens weitere Einzelheiten wieder einfallen können. Das genügte ihm, um das folgende zu erzählen:

„Der erste Traum ist ziemlich kurz. Beim letzten Mal hatte ich von einem Rennwagen geträumt, einem Maserati. Dieses Mal ging mein Traum über einen Lancia. Er ist gelb, leuchtend-hellgelb. Nicht dottergelb, sondern kanariengelb, aber noch viel intensiver. Die Mechaniker bereiten ihn zum Rennen vor. Der Kompressor läuft, der Motor heult auf, er kann jeden Augenblick starten. In letzter Minute nehmen sie noch mal ein Poliertuch zur Hand und wischen ihn liebevoll blank, auch wenn er gleich im Rennen mit Sand und Staub zugedeckt wird. Es ist der letzte Augenblick der Perfektion, genau bevor das Rennen beginnt. Dann werde ich wach."

„Den nächsten Traum hatte ich einen Tag später. Ich bin in Afrika auf Safari. Vielleicht sind wir in Zululand, ich weiß nicht mehr genau, bei welchem Stamm. Wir sind irgendwo am Fluß, am Niger. Eingeborene machen auf ihren Trommeln tam-tam. Sie sind sehr laut, und die Schläge sind sehr stark. Man hört die Musik in der ganzen Umgebung, bis in den Urwald hinein. Mir ist danach, zu tanzen, aber ich halte mich zurück. Ich bin mit einer Gruppe Völkerkundler zum Beobachten hier, nicht zum Mitmachen. Dann fangen die Männer an zu tanzen. Sie tragen Federn, Perlen, Armbänder, Bemalung, sonst nichts. Auf dem Gesicht haben sie kunstvolle Muster aufgemalt, und auf dem Körper genau so. Sie haben nur einen winzigen Lendenschurz an. Die Frauen sitzen am Boden und schauen zu. Ich schaue zu und höre zu, gemeinsam mit den anderen Völkerkundlern. Das ist alles, was ich noch weiß."

„Der dritte Traum ist ein bißchen erschreckend. Er geht mit etwas durcheinander, was ich als Kind tatsächlich erlebt habe. Also es passiert nicht genau das gleiche, aber Teile davon sind wieder da. Er fängt so an, daß ich mit meinem Vater in ein Warenhaus gehe. Sie wissen, meine Familie handelte mit Nähnadeln, und mein Großvater hatte ein Geschäft. In diesem speziellen Warenhaus war ich aber mit meinem Vater nie gewesen. Es stehen lange Reihen Kleiderständer mit hunderten von Abendkleidern herum, eines schöner als das andere. Sie sind sehr teuer, viel teurer als die, mit denen mein Vater tatsächlich zu tun hatte. Ich gehe zu einem von ihnen hin und streichel über den Stoff, aber mein Vater wird sehr ärgerlich, fegt mir die Hand weg und faucht: „Faß die ja nicht an!" Dann ändert sich der Traum: Ich bin ein Kind und es ist Halloween. Das ist der Teil, der wirklich gruslig ist, und der mit dem zusammenhängt, was ich als Kind wirklich erlebt habe. Ich habe ein Kleid von meiner älteren Schwester an und bin bereit, rauszugehen und mit den Nachbarn *Trick or treat* (11) zu spielen. Mein Gesicht ist mit Rouge und Lippenstift angemalt, und mir ist ganz heiß und scheußlich zumute. Ich weiß noch, wie fürchterlich das war, angemalt und heiß und stickig. Einer der Nachbarn, ein großer behaarter Mann, kommt zur Tür herein, sagt „Was ist denn das für eine Fregatte?", packt mich am Hintern, kneift mich und lacht schallend los. Ich fange an zu weinen. Und ich werde weinend wach."

Ich hatte Ricardos Träume mit vielen verschiedenen Gefühlen angehört. Die Lebendigkeit und Intensität der Träume hatten mich tief beeindruckt. Die Bilder und Symbole waren klar und kräftig. Ich wußte, jetzt hatte sich Ricardo dem starken Gefühlsstrom geöffnet, über dessen Stau ich geklagt hatte. Doch war ich auch wieder besorgt. Könnte der Damm brechen? Würde Ricardo vom Stoff seiner Träume zu rasch überflutet? Das Gute an Träumen ist, daß sie aus dem Wachbewußtsein ausgekoppelt sind, so daß sich der Träumende jederzeit hinter die Formel „Oh, es ist nur ein Traum" zurückziehen und den Inhalt wieder schlafen schicken kann.

Bei der Arbeit mit einem Klienten muß man immer darauf achtgeben, daß ihn die Intensität seiner Gefühle nicht überwältigt. Doch im vorhinein kann ich nicht genau wissen, was allzu erschütternd und explosiv wird. Deswegen gehe ich lieber auf Nummer sicher. Lieber warte ich ab, bis der Klient eine schwierige Einsicht wirklich verkraften und integrieren kann, als daß ich sie ihm über den Kopf haue bzw. ihn so erschrecke, daß er vor der Therapie und sich selber davonläuft und das gefundene Material wieder begräbt.

Daran mußte ich bei Ricardos Träumen denken. Ich wollte Vorsicht walten lassen und ihn nicht über die Stelle hinausdrängen, bis zu der er selber gehen wollte. Ohne einen Klienten zum Kind zu machen, kann man ihm doch im rechten Augenblick eine Deutung oder Einsicht anbieten, die dann nicht zerstörerisch, unpassend oder bedrohlich wirkt, sondern gehört, verarbeitet und produktiv genutzt werden kann. Ich wollte mein bestes tun, wußte aber natürlich nicht, was Ricardo täte. Er hatte mich schon so oft überrascht, daß ich nicht vorhersehen konnte, was für Enthüllungen er noch machen würde und wie er mit ihnen dann umgehen würde.

Ich fragte Ricardo, was der erste Traum für ihn bedeute. Er schwieg einen Augenblick, dann sprach er leise, fast flüsternd: „Der Traum mit dem Rennwagen. Ich weiß nicht. Bei dem brauche ich Hilfe. Ich sehe vor allem dieses helle, leuchtende Gelb wie von einem Kanarienvogel." Dann verstummte er.

Nach vielleicht einer Minute sagte ich: „In der Gestalttherapie betrachten wir Träume als Schöpfungen dessen, der träumt. Jeder Bestandteil des Traums steht für etwas im Träumenden. Nehmen Sie sich die Zeit und identifizieren Sie sich mit dem Lancia. Spüren Sie, wie es ist, der Lancia aus ihrem Traum zu sein. Und leihen Sie dann dem Lancia ihre Stimme, sprechen sie selbst als ihr Lancia." Ricardo schaute mich belustigt an und meinte: „Das ist schwer. Das klingt mir ein bißchen verrückt." Ich erwiderte: „Machen Sie nur zu. Versuchen Sie es. Sie sind ja nicht in der Schule. Dieser Traum ist ihr eigener, und hier ist eine Möglichkeit, der Bedeutung näher zu kommen, die er für Sie hat. Sprechen Sie selbst als Ricardos Lancia."

Ricardo zog zum Spaß die Brauen zusammen, nahm eine Pose ein wie Rodins *Denkender* mit der Hand unterm Kinn, verzog das Gesicht zu Grimassen, öffnete den Mund wie zum Sprechen, und machte den Mund wieder zu. „Was ist gerade passiert?", fragte ich. „Was wollten Sie gerade sagen?" Ricardo sah so attraktiv aus wie noch nie zuvor, als er so dasaß und nach Worten rang.

„Ich bin Ricardos Lancia. Ich bin auf volle Touren hochgefahren. Ich werde heute ins Rennen fahren, und ich will gewinnen. Ich bin ein starker italienischer Wagen. Ich habe einen guten Motor, und ich bin wunderschön anzusehen." Dabei errötete Ricardo. „Ich will das Rennen gewinnen. Das ist mir ganz wichtig. Aber die anderen Wagen sind auch sehr stark, und ich bin nicht sicher, ob ich es schaffe." Er machte eine Pause, und ich setzte nach: „Bleiben Sie dabei. Machen Sie weiter." Ricardo fuhr fort: „Ich habe es gern, wenn ich so glänze und wenn sich meine Mechaniker so um mich kümmern." Nun war es an mir, zu erröten. „Ich will an all den Staub und Dreck gar nicht denken. Und ich bin mir nicht sicher, ob ich das Rennen gewinne."

Ich kann kaum sagen, wie gut es Ricardo gefiel, was mit ihm als Lancia passierte, und er schaute mich beifallheischend an. Auch ich hatte meine Freude daran, nickte mit dem Kopf und lächelte. „Sagt Ihnen das irgendetwas, Ricardo?"

Ricardo antwortete schnell und mühelos. „Ja sicher. Ich lebe auf der Überholspur, ich bin ständig im Rennen. Ich arbeite in der Werbebranche, die auch als Rattenrennen bezeichnet wird. Ich sehe gut aus, und ich trage gute Kleidung." Und dann verfinsterte sich sein Gesicht und er fügte hinzu: „Und ich bin nicht sicher, ob ich das Rennen gewinne."

Dann bat ich Ricardo, als die gelbe Farbe zu sprechen. Er lachte. „Bei einem Kanarienvogel denke ich immer an jemanden, der ‚singt', also der zu den Bullen geht und alles gesteht. So ähnlich wie ich. Ich komme hier her und zeige ihnen alle meinen dreckigen Geheimnisse. Gelb ist die Farbe der Feiglinge. Hätte ich mehr Rückgrat, dann brauchte ich nicht hierherzukommen. Dann könnte ich mich allein um meine Scheiße kümmern."

Noch nie hatte ich Ricardos negative Gefühle gegenüber der Therapie so freiheraus gehört. Dabei hatte ich schon immer den Verdacht, daß er hinter all der Dankbarkeit für seinen „Doc" noch intensivere Gefühle verbarg. Hier war nun der Beweis. Ich sagte: „Also fühlen Sie sich wie ein Feigling, der zu mir als dem Polizisten geht und gesteht?" Darauf ging Ricardo nicht ein, sondern fuhr fort: „Bei Lancia denke ich an Mario Lanza, einen italienischen Tenor. Meine Eltern hatten die seine Platten und spielten sie andauernd. Er war auch einer, der singt. Genau wie ein Kanarienvogel. Und in der Umgangssprache bedeutet das nichts anderes als ‚verraten'. Genau das, was ich hier mache." Jetzt hörte er sich ziemlich wütend an.

Ich war in einem Konflikt. Einerseits hätte ich Ricardo gerne mehr darüber sagen lassen, wie er sich als Klient in Therapie fühlt. Andererseits wollte ich damit weitermachen, die Bedeutung seines Traums zu erkunden. Da wir noch am Anfang der Stunde waren, glaubte ich, wir kämen noch zu beidem. „Ich möchte gerne mehr auf Ihre Gefühle als Kanarienvogel eingehen, aber lassen Sie uns zuerst noch den Rest des ersten Traums anschauen. Was ist mit den Mechanikern?"

„Die Mechaniker, das sind Sie. Sie fuschen und fummeln in meinem Innern herum. Sie stecken in alles ihre Nase hinein. Sie lassen mich nie für mich sein." Also würden wir seine Gefühle gegenüber mir und der Therapie doch direkt besprechen müssen. „Also ich bin der Mechaniker?"

„Sie tun bloß Ihre Arbeit. Was mit mir ist, geht ihnen doch so am Arsch vorbei. Wenn ich nicht genau die pfiffige Antwort finde, die Sie von mir hören wollen, kucken sie betrübt. Sie sind so typisch kleinbürgerlich. Sie sagen nichts dagegen, denn dafür sind Sie sich zu fein, aber wenn ich von Kokain und Speed spreche, kann ich ihre Mißbilligung förmlich riechen. Sie glauben, Sie wären kein Priester, aber Sie benehmen sich genau wie einer. Die Priester verurteilen, und Sie verurteilen, und ich muß hierher kommen und Ihnen alles gestehen. Wozu soll das bloß gut sein?" Und gerade wie in der letzten Sitzung, fing Ricardo an zu weinen.

Ich bot Ricardo den Karton mit Papiertaschentüchern an. Er murmelte ein leises „Danke" und weinte weiter. Dann sagte er: „Ich weiß auch nicht, was in mir vor sich geht. Alles bricht zusammen. Ich fühl mich so hilflos. Ich weiß ja, daß Sie Ihr bestes für mich tun. Aber ich hab das Gefühl, ich stecke in einem bodenlosen Dreck und Morast und weiß nicht, wie ich da rauskommen soll."

Ich versuchte so sanft wie möglich zu reagieren. „Ich weiß, daß Sie durch schwere Zeiten gehen. Es ist nicht leicht für Sie, hierher zu kommen und auszuloten, was in Ihrem Inneren vor sich geht. Das war bisher nicht ihr üblicher Stil. Und manchmal verliere ich bei ihren Bemühungen die Geduld. Ich kann Ihren Ärger auf mich verstehen. Ich hatte in letzter Zeit den Eindruck, daß Sie hier besser zurechtkommen und glaubte sogar, – aber Sie mögen das auch anders sehen – daß Ihr Ärger und Ihre Tränen Anzeichen dieser Besserung sind. Sie sind jetzt viel eher bereit, ihre Gefühle offen auszudrücken, so daß Sie und Ihre Mitmenschen erkennen können, wo Sie wirklich sind. Ich wette, wenn Sie sich erlaubt hätten, zu Rosa so wütend zu sein wie zu mir, dann hätten Sie beide gewußt, daß zwischen Ihnen irgendwas nicht stimmt."

Und ich fuhr fort: „Ich kann akzeptieren, wenn Sie auf mich wegen Drogen ärgerlich sind. Ich kann es nur schwer ertragen, wenn Menschen, mit denen ich arbeite und um die ich mich kümmere, sich mit gefährlichen Substanzen selber schaden. Ich will darin nicht neutral bleiben, allerdings will ich Sie auch nicht verurteilen. Dabei ist es für mich schon in Ordnung, wenn sie so ehrlich wie eben ihre Gefühle über mich zum Ausdruck bringen. Und Sie interessieren mich durchaus und gehen mir nicht am Arsch vorbei. Einzig für Ihren Arsch interessiere ich mich nicht und werde auch nicht mit Ihnen bumsen. So etwas tue ich nicht mit meinen Klienten. Ich versuche auf andere Weise zu zeigen, daß ich mich um sie kümmere."

Ricardo lachte. „Vielleicht ist das die Bedeutung von Staub und Dreck im Traum. Gerade wo das Auto so schmuck aussieht. Vielleicht hab ich mir manchmal gewünscht, Sie würden mich bumsen. Ich blicke da eben selbst nicht durch. Aber manchmal finde ich, daß

Sie sexy aussehen, obwohl Sie alt sind und Glatze haben. Und ich wünschte mir dann, daß Sie mich anmachten. Ich weiß, man sagt ja sowieso, daß sich jeder einmal in seinen Therapeuten verliebt, aber vielleicht will ich es auch tatsächlich. Vielleicht will ich erleben, wie es mit einem Typen ist, wenn es auf geschützte Weise passiert, wo ich keine Angst haben muß, daß ich verletzt würde. Rosa hat Nina gefunden, vielleicht werde ich glücklicher mit einem Mann. Was meinen Sie dazu. Bin ich schwul?"

Ich war verblüfft über Ricardos Umschwung von heftigem Ärger zu einem ziemlich intimen Angebot. Und so, wie ich seinen Ärger hingenommen hatte, ohne mich groß zu verteidigen, ausgenommen vielleicht meine Haltung zu Drogen, so wollte ich jetzt auch sein Angebot hinnehmen, ohne mich groß zu verteidigen.

„Ich könnte ehrlich nicht sagen, ob Sie schwul sind oder nicht. Jeder hat bisexuelle Gefühle, meinte Sigmund Freud, und Carl Gustav Jung sagte dasselbe. Aber wenn man homosexuelle Gedanken hat, ist man deswegen noch lange nicht schwul. Es ist eine der häufigsten sexuellen Fantasien aller Menschen, bei homosexuellen Aktivitäten mitzumachen, aber deswegen sind nicht alle Menschen schwul. Wo Sie stehen und welche Wege der Sexualität Sie wählen, müssen Sie für sich herausfinden. Dieser Teil Ihrer Erkundungen wird allerdings, so leid es mir tut, nicht hier stattfinden. Sicher kann ich die bloße Vorstellung davon genießen, aber das ist auch alles. Sex mache ich mit Klienten nicht, sogar dann nicht, wenn sie so attraktiv verpackt erscheinen wie ein schlanker Lancia, der blankgewachst ins Rennen gehen will. Zur Zeit fühlen Sie sich von allzu viel Dingen, die um Sie herum geschehen, in Bewegung versetzt. Machen Sie langsamer. Gönnen Sie sich mehr Zeit. Lassen Sie uns einen Weg finden, daß Sie sich hier und im Leben wieder sicherer fühlen können. Lassen Sie sich die nötige Zeit, um herauszufinden, was für Sie das Richtige ist. Sie brauchen nicht an einem Rennen teilzunehmen, sondern können in aller Ruhe ihr Leben gestalten. Seien Sie der Mechaniker, der genau weiß, worauf er achten muß, damit die Oberfläche glänzt und damit die inneren Teile, der Motor, der Vergaser und die Benzinzufuhr, harmonisch zusammenspielen."

Während ich über das glänzende Auto sprach, hatte Ricardo gelächelt. Er sagte: „Ich bin erleichtert. Ich will auch nicht wirklich mit Ihnen Sex haben, nur bin ich zur Zeit so durcheinander, daß ich manchmal nicht weiß, was ich will. Ich bin froh, daß Sie mit mir nichts anfangen werden, sogar wenn ich Sie anmache. Ich habe von

manchen Therapeuten gehört... Und offen gesagt, manchmal hatte
ich mich gefragt, was in Ihnen wohl vorgeht. Können wir jetzt zum
nächsten Traum übergehen? Sind wir mit dem ersten fertig?"

Ich sagte: „Die Entscheidung liegt bei Ihnen. Es ist Ihr Traum, es
ist Ihre Stunde."

Ricardo sagte: „Dann wollen wir mal sehen. Also Afrika. Man hat
es auch den Dunklen Kontinent genannt. Als Junge war ich ein As
in Erdkunde. Ich wollte Entdecker werden." Und dann lachte er.
„Und jetzt habe ich Gelegenheit, mich selber zu entdecken, obwohl
ich nicht sicher bin, daß ich's wirklich will." „Afrika wurde der
Dunkle Kontinent genannt, nicht weil dort Schwarze wohnen, sondern weil er so unbekannt ist. Ich glaube, ich kenne mich selber
auch nicht besonders gut. Und die Zulus, die halten wir für Wilde.
Aber in Wahrheit sind sie stolze und große und schöne Menschen.
Und was meine wilde, dunkle Seite angeht – ich weiß auch nicht.
Ich könnte mich mit den Stolzen, Großen, Schönen identifizieren."

Ich sagte: „Erzählen Sie den Traum ruhig weiter." Aber ich dachte im Stillen an Joseph Conrads *Heart of Darkness* (12), das in Afrika spielt, und an Jungs Begriff des Schattens als der dunklen Seiten
des Menschen, die ihm verborgen ist, aber sein Leben mitbestimmt.

Ricardo war nachdenklich. „Die Trommeln. Manchmal werden
Trommeln dazu benutzt, Neuigkeiten durch den Urwald zu senden.
Aber hier waren sie zum Tanzen da, mit ihrem immer gleichem
Rhythmus. Eine sehr laute Trommelmusik."

Ich unterbrach: „Können Sie die Trommel sein, können Sie als die
Trommel sprechen?" Denn ich befürchtete schon, Ricardo würde
seinen Traum jetzt nur noch intellektuell erkunden, ohne die zugehörigen Gefühle zu erleben, was für ihn aber nützlicher wäre.

„Ich bin die Trommel. Ich bin eine Eingeborenentrommel und
mache Musik. Die Männer hämmern auf mir rum, und ich gebe be-
bende Laute von mir." Ricardo machte eine Pause und sah mich fra-
gend an. Ich nickte, um ihn zum Fortfahren zu ermuntern. „Ich bin
leer, aber wenn die Männer auf mir spielen, bin ich erfüllt mit
Schwingungen, und ich gebe einen Laut von mir, zu dem die Menschen tanzen wollen. ... Es ist verrückt ..." Ricardo unterbrach sich
und blickte mich wieder an.

„Es ist Ihr Traum, Ricardo. Manchmal übertreibt ein Traum die
Bedeutungen. Falls Sie zum Beispiel im Traum jemanden ermorden,
bedeutet das nicht, daß Sie ein Mörder sind, sondern vielleicht nur,
daß Sie auf ihn wütend sind." Ich wollte ihn nicht in der Traum-

arbeit unterbrechen, sondern meinte, daß er Unterstützung braucht, um nicht von seinen eigenen Äußerungen überwältigt zu werden.

„Daß ich kein Mörder bin, weiß ich. Aber die Trommel im Traum scheint mir doch zu sagen: Du bist schwul. Stimmt das denn nicht?"

Ich antwortete: „Die Worte, die Sie als Trommel sagten, scheinen darauf hinzuweisen, daß in Ihnen auch eine passive Seite steckt. Über die hatten wir bislang noch nicht gesprochen. Wie war das, wenn Sie mit Rosa Sex hatten?"

„Sie war oben, oder ich war oben und habe sie gebumst. Manchmal auch in den Hintern. Aber eher selten, weil sie das nicht mochte, denn es tat ihr weh." Ich fragte nach: „Und was mochten Sie am meisten?" „Ich fand das alles gut. Aber manchmal habe ich mich auch einfach auf den Rücken gelegt und die Augen zugemacht, und sie hat alles gemacht und mich zum Kommen gebracht: das waren die glücklichsten Momente, an die ich mich erinnern kann. Bedeutet das nicht, daß ich schwul bin?"

„Ricardo, die meisten Freier gehen zu Prostituierten, um sich einen blasen zu lassen. Sind sie darum schwul? Blasen ist blasen, egal wessen Mund einen zum Kommen bringt. Zum Schwulsein gehört aber mehr. Ihre Jahre mit Rosa zeigen, daß Sie bislang rein heterosexuell waren, Ihr Abend in der Bar mit dem Mann und Ihr Traum lassen aber vermuten, daß Ihre Sexualität auch noch andere Seiten hat, die Sie erkunden wollen. Vielleicht ähnlich wie Rosa. Können Sie damit etwas anfangen?" Ich wollte so langsam wie möglich vorgehen, um Ricardo nicht unterwegs zu verlieren. Falls er durch einen betrunkenen Abend und einen Traum mit seinen verborgenen sexuellen Sehnsüchten in Berührung kam, sollte er jede nur nötige Zeit haben, um sich mit dem, was da auftauchte, gutzufühlen.

Ricardo wurde sehr ernst. Er war nicht sonderlich glücklich über das, was sein Traum enthüllte, aber er ging auch nicht auf die Flucht. Er sagte: „Machen wir weiter. Ich hatte gesagt, mir war zum Tanzen zumute, aber ich hielt mich zurück, weil ich als Forscher nur zum Beobachten da war, nicht zum Mitmachen." Und hier leuchtete sein Gesicht auf. „Vielleicht bin ich doch nicht schwul. Vielleicht will ich ja nur zugucken und beobachten! Ich halte mich aus dem Tanz heraus!"

Ich sah mich in einer schwierigen Lage. Einerseits wollte ich mich nicht auf die Frage „Bin ich schwul?" festnageln lassen. Das war etwas, worauf Ricardo von selber kommen müßte. Andererseits aber wollte ich ihn vor dem bewahren, was Therapeuten als *Homo-*

sexualitätspanik bezeichnen. Damit ist gemeint: Wenn Menschen an der Schwelle zur Entdeckung ihrer Homosexualität stehen, aber durch die Homophobie der Gesellschaft mit Angst und Schuldgefühlen erfüllt sind, werden sie von negativen Gefühlen überflutet und erleiden Panikattacken, bis ihre sexuellen Gefühle ganz betäubt sind. Ricardo hatte Rosas homosexuelle Gefühle mit ziemlicher Leichtigkeit akzeptiert, und ich fragte mich sogar, ob dies nicht allzu leicht vor sich gegangen war. Aber nun seine eigenen homosexuellen Gefühle zuzulassen, das war noch einmal eine andere Angelegenheit. Ich weiß, welchen Kampf ich einst selber auszufechten hatte, und ich wollte Ricardo den seinen erleichtern. Wie schwer genau er für ihn war, wußte ich allerdings nicht. Kurz vor einer Homosexualitätspanik schien Ricardo nicht zu stehen, aber über die Aussicht, schwul zu sein, war er auch nicht gerade erleichtert. So beschloß ich, im Prozeß fortzufahren und dabei auf alles so genau wie nur möglich achtzugeben. Zu meiner eigenen Orientierung fragte ich ihn: „Wie fühlen Sie sich mit dem, was bei Ihrem Traum herauskam?"

„Ich bin etwas erschrocken. Erst hatte ich ja gesagt, ich weiß, alles geht in Ordnung. Aber jetzt bin ich nicht mehr so sicher."

„Sollen wir die Traumarbeit hier beenden?"

„Nein, ich will damit weitermachen. Ich fühle mich gut. Ich will jetzt weiter."

Darüber war ich erleichtert. Ich schenkte Ricardo Glauben und meinte, trotz seiner Belastung und seiner gehörigen Angst würde er nicht in Panik verfallen.

„Der Traum ist enorm", brachte Ricardo heraus und bewegte den Kopf hin und her, als wolle er Nein sagen. „Die Männer sind sparsam bekleidet, sie tanzen mit nichts am Leib außer Perlen, Schmuck und Bändern. Sie könnten auch auf *Fire Island* (13) sein oder in *Studio 54* (14). Ja, was geht hier eigentlich in mir vor? Kann ich das alles vor mir selber leugnen? Schmaler Lendenschurz? Körperbemalung?"

Ich unterließ es bewußt, Ricardo in der Rolle der Perlen und Federn oder des Lendenschurzes reden zu lassen, sondern fragte: „Was meinen Sie dazu? Welches Gefühl haben Sie dabei?" Mein Beschützerinstinkt sagte mir, daß ich ihn nicht dazu vorantreiben sollte, auch noch den letzten Tropfen seines Traums zu kosten, sondern daß er gerade schon genug zu verarbeiten hatte.

„Wie ich mich fühle? Was ich dazu meine?" Ricardo machte eine Pause. „Ha. Ich weiß nicht. Schauen Sie mal, was alles passiert ist, seit ich zu Ihnen komme. Mit nichts von alledem hätte ich je gerechnet. Ich wußte nur im Innersten, daß irgendetwas zwischen Rosa und mir nicht stimmte. Wir hatten zwar schönen Sex, aber irgendetwas hatte nicht gestimmt. Bloß, du lieber Himmel, wir sind halt katholisch. Bei all diesem Mist an Vorschriften, immer alles richtig zu machen, wer denkt da schon so weit? Und jetzt sowas. Also gut, Rosa wird homosexuell, das muß noch nichts über mich sagen. Aber tut's das wirklich nicht? Hatte ich sie mir nicht vielleicht genau darum ausgesucht, weil ich wußte, die sie homosexuell ist, und weil ich es von mir auch wußte? Ich weiß nicht, aber könnte das sein? Ich glaube es ja nicht unbedingt. Sie liebt mich, und ich liebe sie. Obwohl das natürlich noch nichts darüber sagt, ob sie homosexuell ist oder ob ich es bin. Ich traue mich nicht einmal an die Vorstellung heran, ich könnte der Schurz sein, der einem Typen um die Lenden hängt. Ich muß mir Zeit lassen, bis ich an all das denken kann."

Ich fragte Ricardo: „Was möchten Sie mit dem dritten Traum machen?" Er sagte: „Ich glaube, für heute habe ich genug getan. Wir können später darauf zurückkommen. Ich meine schon, daß ich es noch will, aber nicht heute. Denken Sie an den Traum mit dem Maserati und der Rennstrecke in Le Mans. Ich habe Ihnen davon noch nichts erzählt, aber ich habe daran alleine weitergearbeitet. Und dabei kam etwas ganz Ähnliches heraus. Erst hatte ich gedacht, ich könnte es ja für mich behalten, und Sie hatten auch nicht mehr danach gefragt. Aber ich glaube jetzt, es kommt sowieso überall dasselbe hoch."

„Ricardo, ich glaube auch, daß Sie für heute genug getan haben. Und ich sehe es auch so, daß Sie einfach Zeit brauchen, um das zu verarbeiten, was alles passiert ist. In den letzten sechs Monaten hat sich ja so viel geändert. Sie haben das Recht, sich einfach die nötige Zeit zu lassen, um herauszufinden, wie Sie damit am besten umgehen." Darüber schien Ricardo erleichtert zu sein. Den Rest der Stunde verwendeten wir auf etwas, was an seinem Arbeitsplatz passierte. Als er die Sitzung verließ, war er im großen und ganzen mit sich selber in Frieden.

Nach der Sitzung dachte ich über der Verlauf seiner Therapie nach. In seinem Leben hatten sich so viele Umstände verändert, und ich weiß noch, wie sehr ich darauf bedacht gewesen war, ihn mit seinem Innenleben in Kontakt zu bringen. Jetzt war mir klar, warum er zu Beginn so blockiert war. Er hatte von Rosas Sexualität nichts wissen wollen, und wohl auch nicht von seiner eigenen. Und seine beiden jüngsten Träume kündigten an, daß sogar noch mehr kommen würde. Ich glaubte, in ihnen starke Hinweise auf eine Neigung zu Travestie gesehen zu haben. Ich halte mich ja gewöhnlich mit der Deutung von Träumen zurück. Aber in diesem Fall schossen mir die Einfälle nur so in den Sinn, als Ricardo von dem kleinen Jungen erzählte, dem in den Kleidern seiner Schwester ganz heiß wird, oder von den Eingeborenen, die in Federn und Perlen tanzen. Ich dachte auch an seine erlesen elegante Kleidung, die mich oft an einen Pfauen erinnerte; nun erschien es doch in einem anderen Lichte. Es war zwar Heterokleidung, mit der er sich herausputzte, aber darin mag sich auch ausgedrückt haben, daß er sich gerne in schöne Frauenkleider geworfen hätte, so wie sie in seinem dritten Traum auf den Kleiderständern hingen.

Ich empfand viel Mitgefühl für Ricardo. Anfangs, als wir uns zum ersten Mal begegnet waren, hatte er sich mit Drogen vor sich selbst versteckt. Dann hatte er sich eines nachts bewußtlos getrunken und war mit einem Mann im Bett. Nun benutzte er in der Zeit, da er nicht wach war, seine Träume zur Entdeckung seiner selbst. Und bei alledem fühlte er sich auf dem richtigen Weg. Er hatte Rosas Homosexualität leicht akzeptiert, vielleicht würde er das mit seiner eigenen auch; wir würden sehen. Und was die Vorstellung von der Travestie anging, so war dies ja vielleicht bloß meine Fantasie; auch dies würden wir ja noch sehen. Ganz eindeutig war all meine Ungeduld mit Ricardo verschwunden. Jetzt war ich umgekehrt bereit, ihm alle nur erdenkliche Zeit und Unterstützung zu gewähren.

Diese Sitzung war der Höhepunkt meiner Arbeit mit Ricardo. Er kam noch ein paar Monate in Therapie, hatte aber keine Träume mehr. Rosa zog aus, und er arbeitete daran, welche Art von Scheidung er lieber wollte, nach dem Zerrüttungsprinzip oder gütliche Trennung. Sie liebten sich immer noch, aber es gab auch auf beiden Seiten viel Ärger aufeinander. Nachdem Rosa sich zu einem Leben als Lesbe entschlossen hatte, beendete sie ihre Therapie. Sie bat Ricardo, ihrer Familie nichts davon zu sagen, und er sagte auch seiner Familie nichts. Ihre Coming-outs waren erst zur Hälfte geschafft.

Ricardo sprach nicht mehr viel über seine homosexuellen Gefühle, sondern vor allem über seine Arbeit und sein Verhältnis mit Vater und Mutter. Über seine neuesten sexuellen Unternehmungen machte er nur von Zeit zu Zeit eine Bemerkung: Er pflegte sich einmal in der Woche zu betrinken und dann mit einem Mann im Bett landen. Darauf sagte ich ihm, es sei kein Naturgesetz, daß man sich erst betrinken müsse, bevor man mit einem Mann schlafen kann. Ich erinnerte ihn an einen Aufsatz von *Logan Pearsall Smith* (15), dem zufolge man nicht erst die Hütte niederbrennen muß, um einen leckeren Schweinebraten zu bekommen. Er lachte und hatte den Punkt wohl kapiert.

Ricardo hatte sich von seinen Träumen und der Erkundung seines Innenlebens wieder wegbewegt, aber seinen Weg auf eigene Weise fortgesetzt, und dazu gehörte nicht, über das Erlebte hinterher zu reden. Ich hatte noch ein paar Mal versucht, ihn zu seiner begonnenen Arbeit zurückzubringen, doch ohne Erfolg. Er blieb höflich, machte aber nicht mit. Einmal fragte ich ihn, ob er mit seinem dritten Traum noch irgendwie weitergearbeitet hätte; darauf sagte er, er hätte ihn vergessen.

Ich dachte über das Tempo seiner Therapie nach. Am Anfang waren die äußeren Veränderungen sehr schnell gekommen, hatten aber wenig Verbindung mit Ricardos Innerem gehabt. Als dann die inneren Veränderungen einsetzten, waren sie sehr, sehr schnell hereingebrochen. Darauf hatte er zwar nicht mit Panik reagiert, wohl aber mit einem Rückzieher. Ich behielt die Hoffnung, er würde nach einer Weile bereit sein, die Büchse der Pandora zu öffnen. Der Mythos erzählt, nachdem aus der Büchse alle Übel der Welt entwichen waren, sei in ihr noch nur eines zurückgeblieben: die Hoffnung. Durch sie wurde alles erträglich. Als ich dies einmal einem depressiven Klienten erzählte, erwiderte dieser: „Oh nein, ganz verkehrt. Das letzte in der Büchse war die Hoffnung, aber dies ist die schlimmste aller Illusionen. Es gibt keine Hoffnung." Darauf erwiderte ich, daß ich an Hoffnung glauben muß, und daß ich sie für das Entscheidende halte, um in einer Therapie Erfolg zu haben.

Ricardo wollte mit mir über nichts mehr reden, was in seinem Inneren vorging. Etwa zwei Monate nach der Sitzung mit den drei Träumen meinte er, daß er die Therapie beenden wolle. Darüber sprachen wir dann noch einmal einen Monat, aber ohne zu irgendeinem Punkt zu gelangen. Ich sagte ihm, wenn er es sich einmal wieder anders überlegte, würde ich gern mit ihm weiterarbeiten, und er dankte mir für dieses Angebot. Ich habe nie wieder etwas von ihm gehört.

Von seiner Tante Maria bekomme ich jedes Jahr als Zeichen ihrer Dankbarkeit Karten zum Weihnachts- und zum Jüdischen Neujahrsfest. Sie weiß, daß ich nicht religiös bin, und sie gibt selber nichts auf Weihnachten, aber sie nutzt die Gelegenheit gern zum Kontakthalten und freut wohl auch darüber, wenn wir beide in unserer schein-religiösen Gesellschaft darüber lachen. Ich bekomme ihre Karten aber gerne, um Neues aus ihrem Leben zu hören. Und über Ricardo hält sie mich auch auf dem Laufenden. Er und Rosa sind jetzt geschieden. Seine Familie hat von ihrer Homosexualität erfahren, aber kein Wort darüber verloren. Er lebt mit einem „Freund" zusammen, der auch Italiener ist.

Eines Tages ging ich mit meinem Partner zu einer Travestieshow, zu der uns ein Mitwirkender eingeladen hatte. Ich könnte schwören, daß ich dort Ricardo in einem schwarzen Cocktailkleid aus Chiffon sah, bei dem aus dem Décolleté das bekannte dichte schwarze Brusthaar herauslugte. Ich entschloß mich, ihm nicht auf die Spur zu gehen. Es war Ricardos Geheimnis, und ich wollte ihn nicht verfolgen. Er sah in seinem Fummel genau so gut gekleidet aus wie in seiner beruflichen Armani-Verkleidung.

Ich dachte auch an den Tag, an dem ich Ricardo zum ersten Mal begegnete und den Duft von Polo roch. Ich fragte mich, welche Duftnote er wohl an diesem Abend trug. Und ich fragte mich, welchen Transvestitennamen er wohl angenommen hatte. Mir fiel Joan Crawford in Clare Luces *Die Frauen* (16) ein, wie sie als „Crystal" auftritt und ihre rotlackierten Nägel vorführt. Vielleicht wäre „Crystal" ein besserer Name als „Salome". Statt an Wildes Victorianische Zeit würde ich lieber an den Schlag der Urwaldtrommeln erinnert. Aber Ricardos neuer Name ist natürlich nicht meine, sondern seine Entscheidung.

Anmerkungen

Anke und Erhard Doubrawa, Geleitwort der Herausgeber

(1) Rosenblatt, Daniel: Gestalttherapie für Einsteiger. Eine Anleitung zur Selbst-Endeckung. Wuppertal 1995.

(2) Der Weg zur Gestalttherapie. Lore Perls im Gespräch mit Daniel Rosenblatt. Wuppertal 1997.

(3) Rosenblatt, Daniel: Bin ich meines Bruders Hüter? Gestalttherapie mit Aids-Patienten. Vortrag in englischer Sprache. Deutsche Übersetzung liegt bei. Erhältlich bei: Gestalt-Institut Köln / GIK Bildungswerkstatt, Rurstr. 9, 50937 Köln.

Thomas Bliesener, Vorwort

(1) „Je mehr sich was ändert, um so mehr bleibt es gleich." (Französische Redewendung).

(2) Good bye to Berlin. Hundert Jahre Schwulenbewegung. Berlin 1997.

(3) Tuchman, Barbara: Der ferne Spiegel. Das dramatische 14. Jahrhundert. München 1982.

(4) Rosenblatt, Daniel: Türen öffnen. Was geschieht in der Gestalttherapie. Köln 1986.

(5) weitere Kontakte: Verband lesbischer und schwuler Psycholog(inn)en (VLSP), Postfach 221330, 80503 München.

1. Eine Gestaltgruppe mit schwulen Männern

(1) Titel der deutschen Ausgabe: Perls, Friederich S. / Hefferline, Ralph / Goodman, Paul: Gestalttherapie, [Bd. 1:] Lebensfreude und Persönlichkeitsentfaltung (Taschenbuchausgabe: Gestalttherapie. Grundlagen); [Bd. 2:] Wiederbelebung des Selbst (Taschenbuchausgabe: Gestalttherapie. Praxis). Stuttgart 1979 (Taschenbuchausgabe: München 1991).

(2) vgl. auch: Der Weg zur Gestalttherapie. Lore Perls im Gespräch mit Daniel Rosenblatt. Wuppertal 1997, S. 101ff.

(3) Stoehr, Taylor: Here Now Next. Paul Goodman and the Origins of Gestalt Therapy. San Francisco 1994.

(4) Stonewall: Name einer von Schwulen und besonders Transvestiten besuchten Bar in der Christopher Street im Greenwich Village in New York. 1969 bei einer der wiederholten schikanösen Polizeikontrollen platzte den Besuchern der Kragen, sie gingen hinaus auf die Straße und sperrten die Polizeibesatzung ins Haus. In den Tagen danach kam es zu weiteren spontanen Demonstrationen von Schwulen in den Straßen von New York und anderen Städten. Die Parole hieß „Out of the closets!", also „Heraus aus dem Versteck im Schrank!" Die Gay Liberation kam in Gang und setzte sich wenig später auch in Deutschland in der Schwulenemanzipation fort. Heutzutage findet in Erinnerung an diese Ereignisse in allen großen europäischen Städten Ende Juni der CSD oder Christopher Street Day, eine Art schwuler Sommerkarneval mit hunderttausenden von Teilnehmern, statt.

(5) John Dewey entwickelte die Philosophie des Pragmatismus und in Verbindung damit radikale Ideen der Erziehung zu selbständigem Handeln nach dem Grundsatz des „learning by doing". Er hatte großen Einfluß auf die fortschrittliche Schulbewegung.

(6) „Fortune Magazine" wurde von Henry Luce gegründet. Es wendet sich vor allem an Wirtschaftskreise, seine Leitartikel folgen einer konservativ-republikanischen Linie, die Leserschaft ist in der Regel vermögend.

(7) US Steel: ein konservatives Unternehmen, zu Beginn des Jahrhunderts der größte oder zweitgrößte Konzern der Welt.

(8) „politics magazine" wurde in den vierziger Jahren von Dwight Macdonald als anarchistische Publikation gegründet. Als Fritz und Lore Perls nach Amerika kam, hatte er auf der Liste der kennenzulernenden Personen zwei: Dwight Macdonald und Paul Good-

mann (der ebenfalls Anarchist war), deren Zeitschrift bzw. Artikel in dieser Zeitschrift sie in Südafrika gelesen hatten.

(9) „Partisan Review" wurde wurde Ende der dreißiger Jahre von von nichtstalinistischen, besonders trotzkistischen Linksintellektuellen gegründet. Zu den Herausgebern gehörten Dwight Macdonald und William Phillips, zu den Autoren gehörten Paul Goodman, Susan Sontag, Lionel Trilling und Mary McCarthy. Dwight Macdonald brach mit ihnen und gründete „politics magazine", weil er dagegen war, von Deutschland eine bedingungslose Kapitulation fordern und auf Japan Atombomben abzuwerfen.

(10) Die Gewerkschaft der Automobilarbeiter, United Automobile Workers, wurde Mitte der dreißiger Jahre unter maßgeblicher Mitwirkung der Sozialisten Walter und Victor Reuther gegründet, deren Eltern aus Deutschland stammten und in der Sozialdemokratie verwurzelt waren. Walter Reuther leitete später den größten amerikanischen Dachverband der Industriearbeiter, Congress of Industrial Organizations, der von John L. Lewis ebenfalls in den dreißiger Jahren gegründet worden war und gleichfalls der Demokratischen Partei nahestand. Victor Reuther leitete das Bildungsreferat des Verbandes, seine Generalsekretärin war meine Schwester Diana. Ich selber arbeitete im Krieg neben dem Studium für Frank Winn, den Herausgeber der Mitgliederzeitschrift „Auto Worker" mit einer Auflage von einer Million Exemplaren. Außerdem war ich einmal Walter Reuthers dritter Sekretär, d.h. ich hatte nicht besonders viel zu tun. Das ist gerade mal fünfzig Jahre her, und ich war damals zwanzig. Meine Magisterarbeit an der Columbia Universität schrieb ich über „Arbeitsbeziehungen zwischen dem Konzern General Motors und der Automobilarbeiter-Gewerkschaft".

CIO, Congress of Industrial Organizations, wurde in den dreißiger Jahren von John L. Lewis als Dachverband für die Gewerkschaften der Automobil- und der Stahlarbeiter sowie der Seeleute gegründet. AFL, American Federation of Labor, war der zweitgrößte gewerkschaftliche Dachverband, hatte seine Mitglieder mehr in Kleinbetrieben und Handwerk und vertrat eine konservativere Linie.

(11) Morris Schwartz und Alfred Stanton verfaßten „The Mental Hospital", einen Forschungsbericht über die legendäre therapeutische Gemeinschaft Chestnut Lodge, einer Privatklinik in Washington DC.

(12) Petit Trianon ist ein Schlößchen in der Anlage von Versailles. Um den Zwängen des Hofs zu entfliehen, trat Marie-Antoinette, Gattin von Ludwig XIV., dort als Milchmädchen auf.

(13) Kathy Spaeth ist eine Gestalttherapeutin in San Francisco. Sie war mit Laura Perls befreundet, wuchs mit Gurdieff auf und verfaßte einen wichtigen Artikel über „Trance als Form der Gestalttherapie".

(14) Samuel Taylor Coleridge, 1772-1834, englischer Dichter, Theaterkritiker und Philosoph und bedeutender Repräsentat der literarischen Romantik.

(15) „tucken" oder „herumtucken" nennt man den beliebten verbalen Mannschaftssport von schwulen Mäd... Verzeihung, Männern, die sich in pausenloser geistreicher Ironie überbieten und das vermeintliche Zerrbild vom Schwulen in selbstironischer Übersteigerung uraufführen. Im harmlosesten Falle albern, bei geübten Ätztucken aber auch zu gediegenem Sarkasmus kultiviert. „Tucke" heißen alle Schwulen, die gut herumtukken können, aber da dies, außer bei Schrankschwestern, letztlich nur eine Frage der Gelegenheit ist, nennen manche Schwule alle Schwulen „Tucke".

(16) Auf dem englischen Thron folgten den Tudors (Elisabeth und Heinrich V bis VIII) die Stuarts, darunter Karl (Charles) I und Jakob (James)I . Mit Bezug darauf nannte ich meine beiden Partner Charles und James „meine Stuart Könige".

(17) „cruisen": alleine durch einschlägige Straßen flanieren, Grünanlagen oder Rastplätze spazieren, schwule Saunen oder Kneipen ziehen, etc., um einen Traumprinzen anzumachen und für die Nacht abzuschleppen.

(18) „Monster" und „Boatel" sind zwei der vielen schwulen Kneipen auf Fire Island. Das ist ein schwimmendes Hotel und veranstaltet für die schwule Gemeinde einen Nachmittagstanz im Stile des Ritz. Hier trifft man sich um vier bis sechs, nimmt einen Drink, und startet danach in die Nacht. Alles sehr gediegen und „camp" (vgl. Kap. 2, Anm. 5).

(19) Fleischmarkt: Hier speziell das allsommerliche 24-Stunden-Cruising auf der Strandpromenade und im Buschgelände mit verzweigten Trampelpfaden auf Fire Island.

(20) Sadomasochismus: sich rasch vergrößernde und ausdifferenzierende Teilkultur zunächst vor allem unter Schwulen, in den letzten Jahren auch unter Heterosexuellen. Spezielle Praktiken: Bondage = Fesselung (mit Seilen, Ketten, Handschellen). Natursekt, Watersports: Einbeziehung von Urin beim Sex. Scat: Einbeziehung von Kot beim Sex. Einlauf: Einbeziehung von Klistieren. Drill: sexuelle Spiele mit Befehl und Gehorsam analog zum Militär. Mehr zum Beispiel in: Andreas Maydorn und andere: Wie man's macht - Das schwule Sexbuch. Berlin 1993.

(21) Drag Queen: Schwule, die sich bei passender Gelegenheit mit alles überbietenden, weiblichen Verkleidungen hervortun. Frauenkleidung an Männern nennt man auch Fummel.

(22) Eleonora Duse, Geliebte von d'Annunzio, größte italienische Darstellerin zu Beginn des Jahrhunderts. Sarah Bernardt, „göttliche" französische Darstellerin zu Beginn des Jahrhunderts, brilliante Erscheinung, pflegte in einem Sarg zu schlafen und einen Tiger als Haustier zu halten. Die Duse und die Bernhardt sind frühe Beispiele für Diven und typische schwule Ikonen.

(23) Der französische Film „La Maitresse" von Barbet Schroeder, mit Gerard Depardieu in einer Hauptrolle, handelt von einer Frau, die ein sadomasochistisches Bordell betreibt.

(24) Timothy Leary und H. Alpert (der sich später „Baba Ram Dass" nannte) waren junge Professoren in Harvard, den Studenten Drogen gaben und wegen ihrer Experimente mit LSD zu Gurus der Drogenbewegung in den sechziger Jahren wurden. Sie verloren deswegen ihre Universitätsstellungen.

(25) Das Esalen-Institut bei Big Sur an der kalifornischen Pazifikküste war in den 60er und 70er Jahren das weltweit berühmteste Zentrum für die neuen Psychotherapieverfahren, die unter dem Begriff der Humanistische Psycholgoie zusammengefaßt werden. Fritz Perls lebte und arbeitete mehrere Jahre an diesem Ort.

(26) Poppers ist ursprünglich Amylnitrit, wirkt gefäßerweiternd, wird als Medikament gegen Angina-pectoris-Anfälle eingesetzt und von Schwulen bei Tanz und Sex gerne für ein minutenkurzes, ozeanisches Hochgefühl benutzt. Quaaludes ist ein Medikament, das stimmungsausgleichend und beruhigend wirkt. Darvon ist ein Medikament zur Schmerzunterdrückung. Bewirkt sanfte Heiterkeit.

(27) Die Encounter-Bewegung entwickelte sich in Esalen (Kalifornien) mit William Schutz zur gleichen Zeit wie die Gestalttherapie. Sie verwendete zum Teil auch die gleichen Techniken, allerdings in stärker manipulativer und dramatisierender Weise. Fritz Perls haßte und beneidete sie und betitelte sie als „Anschalter".

(28) Deutscher Titel: Wem die Stunde schlägt. USA 1943, Regie: Sam Wood, nach dem gleichnamigen Roman von Ernest Hemmingway.

(29 Harry Stack Sullivan begründete die „interpersonelle Richtung" der Psychiatrie, bei der sich der Psychiater persönlich mehr als sonst einbringt. Er nahm gerne schizophrene junge Männer unter seine Fittiche und lebte mit ihnen zusammen.

(30) Charles Tart war ein humanistischer Psychologe, der ernsthafte wissenschaftliche Forschungen über transpersonelle Phänomene wie Trance und außersinnliche Wahrnehmung durchführte. Später interessierte er sich wohl auch für Parapsychologie.

(31) vgl. auch: Der Weg zur Gestalttherapie. Lore Perls im Gespräch mit Daniel Rosenblatt. Wuppertal 1997, S. 41f.

(32) GRID: gay related immune deficiency. Vorläufige, von Medizinern deskriptiv gemeinte Bezeichnung in der Anfangszeit der ersten Aidsfälle, solange diese nur unter Schwulen auftraten und keiner bekannten Krankheit zugeordnet werden konnten. Von der Presse rasch mit abwertendem Beiklang gebraucht.

(33) AIDS: acquired immune deficiency syndrome. Spätere, patienten-neutrale Bezeichnung für dieselben Krankheitserscheinungen. Dieser Begriff wird zugleich eingeschränkt auf die letzte, Phase einer HIV-Infektion, das manifeste Vollbild mit schweren Krankheitserscheinungen. Dagegen ist die erste Phase einer Infektion mit dem HIV (=human immunodeficiency virus) frei von Symptomen und kann bis zu zehn Jahren währen. Die zweite Phase des Übergangs zum Vollbild AIDS wird manchmal ARC (aids related complex) genannt; sie ist durch vielfältige, schwere, aber kurierbare Erkrankungen gekennzeichnet. Weitere Informationen bieten z.B. die Broschüren der Deutschen Aidshilfe (Berlin).

(34) vgl. Kap. 5, Anm. 18.

(35) vgl. Rosenblatt, Daniel: Psychotherapie im Aids-Zeitalter. Aspekte der Arbeit

mit Aids-Kranken. In: Gestaltkritik 1/1994, S. 3ff. Erhältlich bei: Gestalt-Institut Köln / GIK Bildungswerkstatt, Rurstr. 9, 50937 Köln.

2. Gestalttherapie und Homosexualität

(1) vgl. Kap. 1, Anm. 1.

(2) Der amerikanische Sexualforscher Alfred Charles Kinsey und seiner Mitarbeiter führten Interviews mit ca. 18.000 Amerikanern zu ihrem Sexualverhalten durch und veröffentlichten die Ergebnisse zum sexuellen Verhalten von Mann und Frau in den Jahren 1948 und 1953. Diese Untersuchungen wurden zwar zuerst wegen ihres ungewöhnlich offenen Umgangs mit dem Tabuthema Sexualität stark kritisiert, jedoch bereiteten sie den Boden für spätere weitere Untersuchungen des menschlichen Sexualverhalten.

(3) Der Wolfenden-Report, ein Gutachten im Auftrag der englischen Regierung, erschien in den fünfziger Jahren und empfahl, alle einvernehmlichen sexuellen Akte zwischen Erwachsenen von Strafe freizustellen. Dadurch wurde der Weg zur Entkriminalisierung der Homosexualität gebahnt.

(4) Die Ballade über das Zuchthaus Reading Goal schrieb Oscar Wilde, nachdem er dort wegen Homosexualität eingesessen hatte. Titel der deutschen Ausgabe: Wilde, Oscar: Die Ballade vom Zuchthaus zu Reading. Leipzig 1936.

(5) camp: ein Stil in Kleidung, Wohnung, Lebensart und Umgangsweise, der sich nicht definieren, aber kaum übersehen läßt: ungewöhnlich, stilwidrig, hyperoriginell, kitschig, witzig, übertrieben, leichtfüßig, ironisch, selbstironisch, etc. Die kontinentale Schwester von camp heißt Tuntenbarock

(6) Der englisch-amerikanische Schriftstelle Christopher William Bradshaw Isherwood beschriebe seiner eigener Erfahrungen als Lehrer in Berlin (1928 - 1933) in seinem Roman in Episoden „Leb wohl Berlin" (Frankfurt 1992). Dieser Roman diente später als Vorlage für das Musical „Cabaret", das in der Filmversion mit Liza Minelli (USA 1972, Regie: Bob Fosse) weltbekannt wurde.

(7) Der Berliner Psychoanalytiker und Sexualforscher Magnus Hirschfeld gab Anfang dieses Jahrhunderts das - auch von Freud für seine eigene Arbeit als sehr nützlich angesehene - „Jahrbuch für sexuelle Zwischenstufen" heraus. Er gilt als leidenschaftlicher Verfechter der Rechte Homosexueller.

(8) Evelyn Hooker wendete den Rorschach-Test auf Hetero- und Homosexuelle an und fand beim Vergleich, daß Homosexuelle sogar sogar ein ganz klein wenig gesünder abschnitten. Anfang der fünfziger Jahre war dies geradezu radikal. Isadore From war eine ihrer Versuchspersonen.

(9) vgl. Rosenblatt, Daniel: Ins Fleisch beissen. Ein Gespräch über Gestalttherapie, Geschichte und Politik. Von Anna und Milan Sreckovic. In: Gestaltkritik 1/1993, S. 9ff. Erhältlich bei: Gestalt-Institut Köln / GIK Bildungswerkstatt, Rurstr. 9, 50937 Köln.

(10) vgl. Kap.1, Anm. 2.

(11) eigene Übersetzung aus dem Amerikanischen; vgl. auch: Perls, Friederich S. / Hefferline, Ralph / Goodman, Paul: Gestalttherapie. Grundlagen (Taschenbuchausgabe); München 1991, S. 221.

(12) eigene Übersetzung aus dem Amerikanischen; vgl. ebd., S. 87f.

(13) vgl. Rosenblatt, Daniel: Kritische Reflexion gegenwärtiger Tendenzen in der Gestalttherapie. In: Gestaltkritik 2/1996, S. 15ff.. Erhältlich bei: Gestalt-Institut Köln / GIK Bildungswerkstatt, Rurstr. 9, 50937 Köln.

(14) eigene Übersetzung aus dem Amerikanischen; vgl. auch: Perls, Friederich S. / Hefferline, Ralph / Goodman, Paul: Gestalttherapie. Grundlagen (Taschenbuchausgabe); München 1991, S. 91.

(15) eigene Übersetzung aus dem Amerikanischen; vgl. ebd., S. 125.

(16) vgl. Rosenblatt, Daniel: Wie wenig wir wissen! Wie viel wir zu lernen haben. Erinnerungen an Isadore From. In: Gestaltkritik 2/1995, S. 3ff. Erhältlich bei: Gestalt-Institut Köln / GIK Bildungswerkstatt, Rurstr. 9, 50937 Köln.

3. Hetero- und homosexuelle Beziehungen

(1) Zuerst erschienen unter dem Titel: Similarity and Difference Between Heterosexual and Homosexual Relationships. In: Voices. Summer 1982, S. 83ff.

4. Zwölf Männerskizzen

(1) Robert E. Lee Branford ist ein frei erfundener Name für diesen Klienten.
(2) vgl. Kap. 1, Anm. 20.   (3) vgl. Kap. 1, Anm. 21.
(4) Deutscher Titel: Die Glocken von St. Marien. USA 1945, Regie: Leo MacCarey.
(5) Deutscher Titel: San Francisco. USA 1936, Regie: W.S. van Dyke, David Wark Griffith.

(6) Ein Yeshiva Bucher ist ein Hebräisch-Schüler, abgeleitet von den jiddischen Bezeichnungen „Yeshiva" für Hebräisch-Schulen und „Bucher" für jemanden, der Bücher liest.

(7) Haman, der zu Zeiten des Alten Testaments am persischen Hofe lebte, plante ein Massaker an den Juden. Esther erfuhr von dem Plan und konnte die Juden retten. Das jüdische Frühlingsfest Purim nimmt darauf Bezug. Hamantaschen sind kleine dreieckige Kuchenteilchen mit Mohn- und Aprikosenfüllung und werden von den Juden zur Feier der Errettung gegessen.

(8) „Dildo" heißt ein künstlicher Ersatz für ein erigiertes männliches Glied. Neben ökologisch gediegenen Varianten wie Salatgurke und Banane kommen vor allem aufblasbare Gummiprodukte und Hartlatexerzeugnisse zum Einsatz.

(9) IRS, Internal Revenue Service, ist die Finanzbehörde, die von den Bürgern der USA Einkommenssteuer eintreibt.

(10) Der Roman „Das Bildnis des Dorian Gray" von Oscar Wilde (Frankfurt 1994) handelt von einem schönen Mann, der unverändert jung bleiben kann, während sein Bildnis alt wird.

(11) The Town House, Oak Room usw. waren Homosexuellenbars im Osten von Manhattan. Sie wurden vor allem von reichen älteren Männern besucht. Jüngere Männer verkehrten dort nicht zur Prostitution, sondern um ältere kennenzulernen, während ja in den üblichen schwulen Kneipen die Jüngeren nach Jüngeren Ausschau hielten und auch der Kleidungsstil viel informeller war: keine Krawatte, Hemd, Pullover und Jeans.

(12) „Wie heißt Ricardo jetzt?", ausführlich: Kap. 8.

(13) „Ein sonniges Gemüt", ausführlich: Kap. 5.

(14) Trucks sind die großen Lastzüge für Ferntransporte. In den Trucks, die am Hafengelände parkten, cruisten junge Männer und machten an Ort und Stelle anonymen Sex. Ach, die guten alten Zeiten ...

(15) Fire Island, langgestreckte Düneninsel vor Long Island bei New York. Wegen der beiden schwulen Ansiedlungen Cherry Grove und The Pines zum Capri bzw. Sylt von Nordamerika geworden.

(16) Opportunistische Infektionen sind typische Zweiterkrankungen, die sich auf der Grundlage einer aidsbedingten Abwehrschwäche einstellen können, z.B. eine Pilzerkrankung der Lunge (Pneumocystis carinii), eine Gehirnentzündung (Zytomegalie) oder auch eine Tuberkulose.

(17) „Schattenarbeit", ausführlich: Kap. 7.

(18) BBD&O, Batten, Barton, Dursten & Osborne, war die größte und berühmteste Werbeagentur mit Sitz auf der Madison Avenue.

(19) Simon Legree ist in dem Roman „Onkel Toms Hütte" von Harriet Beecher-Stowe der grausame Aufseher, der Eliza verfolgt. Im weiteren Sinne nennt man so jeden grausamen Menschen.

(20) „Oreo" heißt eine Süßigkeit, die außen schwarz ist und innen einen weiße Cremefüllung hat wie unsere „Mohrenköpfe". Übertragen nennt man so einen Schwarzen, der die Ansichten von Weißen in sich aufgenommen hat. Einem Oreo kann man nicht vertrauen.

201

(1) „Schrankschwester" heißt ein Mann mit unterdrückten oder versteckten „homophilen Neigungen", aus denen sich nach dem Coming-out oft eine florierende homosexuelle Lebensweise entwickelt. Literarisches Beispiel: Gustav Aschenbach im „Der Tod in Venedig".

(2) Das Ehepaar Clyde und Florence Kluckhohn lehrte Sozialanthropologie an der Harvard Universität.

(3) Vgl. Kap. 1, Anm. 21.

(4) Deutscher Titel: Ein Käfig voller Narren. Frankreich 1978, Regie: Edouard Molinaro.

(5) vgl. Kap. 1, Anm. 15.   (6) vgl. Kap. 1, Anm. 17.   (7) vgl. Kap. 1, Anm. 14.

(8) vgl. Kap. 4, Anm. 14.   (9) vgl. Kap. 1, Anm. 19.

(10) Billie Burke, Frau von Florenz Ziegfeld, ging nach seinem Tode wieder ans Theater und zum Film und spielte immer die Rolle einer älteren, kopflosen, verrückten, albernen, lustigen Dame. Zazu Pitts spielte die gleichen Rollen wie Billie Burke. In jüngeren Jahren hatte sie bei Stummfilmen auch in ernsthaften Rollen mitgewirkt.

(11) Studio 54, Anvil: legendäre New Yorker Orte zum Tanzen, Cruisen und (in der Zeit vor Aids) Sex auf der Stelle.

(12) vgl. Kap. 1, Anm. 32.   (13) vgl. Kap. 1, Anm. 33.   (14) vgl. Kap. 1, Anm. 33.

(15) vgl. Kap. 4, Anm. 16.   (16) T-Zellen bzw. T-Helferzellen: spezieller Bestandteil des menschlichen Abwehrsystem. Ihr HIV-bedingtes Abnehmen kann als Gradmesser für die Krankheitsentwicklung und -prognose benutzt werden.

(17) Louise Hay: Charismatische „Heilerin" bzw. „Ermutigerin", die vor allem in Kalifornien mit Massenveranstaltungen unter Aidskranken berühmt wurde. Zahlreiche Bücher und Kassetten, auch in deutscher Sprache.

(18) Kaposisarkom: spezieller Hautkrebs als eine der indirekten Folgen von HIV. Heutzutage durch neuentwickelte Medikamente wieder seltener.

(19) Zytomegalie: Gehirnentzündung. Spezielle Komplikation bei HIV-Infektion. Gefürchtet, da oft mit dem Verlust der Persönlichkeit verbunden.

(20) GMHC: Gay Men's Health Crisis, ursprünglich nur in New York. Älteste und erfahrenste schwule Organisation zur gesundheitlichen Vor- und Nachsorge mit festangestellten Mitarbeitern und hunderten unbezahlter Freiwilliger.

6. Eine verrückte Trauerfeier

(1) Harry Helmsley wurde durch Immobiliengeschäfte in New York Multimillionär. Nach seinem Tod in den achtziger Jahren erbte seine Frau Leona das Vermögen, hinterzog Steuern und saß dafür eine kleine Gefängnisstrafe ab. Sie hat jetzt wohl eine Milliarde Dollar und ist wegen ihres Geizes verhaßt.

(2) vgl. Kap. 1, Anm. 32.   (3) vgl. Kap. 1, Anm. 4.

(4) Das CDC, Center for Disease Control, ist eine Einrichtung der amerikanischen Regierung zur Überwachung und Bekämpfung von Infektionskrankheiten, somit auch Aids. Betreibt auch Gesundheitsprogramme zur Aufklärung und Vorbeugung.

(5) Brooks Brothers und J. Press sind Bekleidungsgeschäfte mit sehr ordentlicher und feiner Kleidung für Absolventen der besten Universitäten des Landes, der „Ivy League" (Harvard, Yale, Princeton und andere), und für solche, die gerne so erscheinen möchten.

(6) „Annie" heißt ein Musical über das kleine Waisenkind Annie, das von Daddy Warbucks angenommen wird und schwere Zeiten durchmachen muß.

(7) Das Schlußlied „Tomorrow" erzählt voll Optimismus davon, wie wunderbar alles in der Zukunft wird (was bei der Trauerfeier für einen Toten eine seltsame Ironie darstellt).

(1) Deutscher Titel: Starman. USA 1984, Regie: Larry Franco. Sciencefiction-Film mit Jeff Bridges in einer Hauptrolle.

(2) Titel der deutschen Ausgabe: Shaw, George Bernard: Frau Warrens Beruf. Stück in 4 Akten. Frankfurt/Main 1986.

(3) Ethan Allen stellt billige Imitate amerikanischer Möbel her.

(4) vgl. Kap. 1, Anm. 17.　(5) vgl. Kap. 4, Anm. 15.　(6) vgl. Kap. 1, Anm. 18.

(7) vgl. Kap. 1, Anm. 19.　(8) vgl. Kap. 1, Anm. 1.　(9) vgl. Kap. 1, Anm. 5.

(10) Peekskill liegt in Westchester, einer reichen Ansiedlung im Umland der Stadt New York. Zu Beginn des Kaltes Krieges unterstützte der linksorientierte schwarze Sänger Paul Robeson die Präsidentschaftskandidatur von Henry Wallace (der unter Truman Vizepräsident war) und seiner linken Fortschrittspartei. Während einer Rede Robesons kam es zu Unruhen, bei denen viele Menschen verletzt wurden. Dies war wie der erste Schatten des Kalten Krieges, bei dem es zur Entzweiung zwischen Linken und Liberalen und zum Haß der Rechten kam. Wallace verlor die Wahl.

(11) Titel der deutschen Ausgabe: Spark, Muriel: Die Blütezeit der Miss Jean Brodie. Zürich 1990

(12) Titel der deutschen Ausgabe: Spark, Muriel: Mädchen mit begrenzten Möglichkeiten. Zürich 1992

(13) Barbara Cortland schrieb über hundert billige, einfache und sehr erfolgreiche historische Romane. Sie sind berühmt dafür, daß stets ein schöner starker Mann erscheint und der Heldin das enge Mieder aufreißt. Die Autorin ist, wie sich später herausstellte, auch mit Prinzessin Diana verwandt.

(14) vgl. Kap. 4, Anm. 9.

(15) Ozzie und Harriet stammen aus der Fernsehserie „The Nelson Family" aus den fünfziger Jahren und stehen für die Familienwerte der amerikanischen Mittelschicht. Ricky Nelson wurde für viele Teenager zu einem Idol. „Leave it to Beaver" und „Father Knows Best" sind weitere Fernsehserien über das bürgerliche amerikanische Familienleben. Über alle drei wird von Linken, Liberalen und Schwulen gerne gelästert und gelacht.

(16) St. Barts, eigentlich St. Bartolomé, ist eine französische Karibikinsel, auf der sich wie auf Sylt und Capri die Schönen und Reichen, wenn auch nicht notwendigerweise immer Homosexuellen, ein Stelldichein geben.

(17) Norma Desmond, die Heldin in Billy Wilders Film „Sunset Boulevard" aus den fünfziger Jahren, ist einer alternder Filmstar mit einem jüngeren Liebhaber. Sie wird von Gloria Swanson gespielt, die in frühen Stummfilmen mit Buster Keaton gespielt hatte. A. Lloyd Webber machte daraus ein Musical.

(18) O'Neill, Eugene Gladstone: Strange interlude. A play. New York 1928. 1932 erfolgreich mit Norma Shearer und Clark Gable verfilmt. Neu verfilmt unter dem Titel „Strange Interlude"; deutscher Titel: Verhängnisvolle Liebe. USA 1987, Regie Herbert Wise.

(19) Stark Young war zu Beginn des Jahrhunderts ein bekannter Theaterkritiker.

(20) Lynn Fontanne und ihr Mann Alfred Lunt waren Theaterstars am Broadway. Lynn waren ausgesprochen schön und brilliant. Beide waren mit Noel Coward befreundet und spielten in seinem Stück „Design for Living" mit.

(21) Deutscher Titel: Serenade zur dritt. USA 1933, Regie: Ernst Lubitsch. Nach einem Bühnenstück von Noel Coward.

(22) Noel Pierce Coward (1899 - 1973), englischer Schriftsteller, Schauspieler, Produzent und Komponist. Coward wurde 1970 geadelt. Sein Film „Brief Encounter" gilt als Klassiker; deutscher Titel: Flüchtige Begegnung. Regie: Alan Bridges, England/Italien 1974.

Daniel Rosenblatt hat ein Theaterstück über Noel Coward geschrieben: „Bottoms Up - The Private Lives of Noel Coward", also etwa: „Aktiv werden - Aus Noel Cowards Privatleben" (Bottom heißt auch der sexuell Passive, top auch der sexuell Aktive. A.d.Ü.). Die Premiere findet am 27. März 1998 im HomeGrown Theatre am Broadway statt.

(23) Hellman, Lilian: Children's hour. London 1994.

(24) Lawrence, David H.: Der Fuchs. In: Lawrence, David H.: Sämtliche Kurzromane. Zürich 1975.

(25) Walter Pidgeon und Greer Garson spielten in Filmen zusammen, z.B. während des Krieges in dem großen Erfolg „Mrs. Miniver", der von der englischen Standhaftigkeit gegen die deutschen Blitzerfolge handelt, und in „Madame Curie", der die polnische Entdeckerin des Radiums portraitiert. Zwei sehr „campe" und gediegene Figuren.

(26) „Senior Citizen" ist eine Bezeichnung für Pensionäre, die deren Lebenserfahrung und Wichtigkeit für die Gemeinschaft aufwerten will.

(27) Marvin Gaye (1939 - 1984), amerikanischer Soulmusiker, Sänger, Kompunist und Multi-Instrumentalist. Einer der wichtigsten Vertreter der afroamerikanischen Soulmusik.

(28) Simkin, James S.: Gestalttherapie. Mini-Lektionen für Einzelne und Gruppen. Wuppertal 1994.

(29) Edith Sitwell schrieb in den zwanziger Jahren das Gedicht „Parade", das die Vorlage zu einem avantgardistischen Ballett mit Bühnenbild von Picasso wurde.

(30) Noel Coward trägt den Adelstitel „Sir" allerdings trotz seiner steuerbegünstigten Ansiedlung in der Karibik. Für die Deutung des Traum ist dies allerdings ohne Bedeutung, sondern hier geht es nur um die Querverbindung „Karibik".

8. Wie heißt Ricardo jetzt?

(1) vgl. Kap. 4, Anm. 10.   (2) vgl. Kap. 1, Anm. 4.

(3) BBD&O sowie Benton, Bowles and Grey waren in New York in den siebziger Jahren die größten Werbeagenturen.

(4) Scheherazade ist die Märchenerzählerin in Tausendundeiner Nacht. Sie behält stets den Schluß der Geschichte für sich, so daß die Neugier der Zuhörer erhalten bliebe und sie jede Nacht weiter erzählen sollte.

(5) In der griechischen Mythologie wurde Tantalus damit gequält, daß er Essen und Trinken sehen, aber nicht erreichen konnte.

(6) In der griechischen Mythologie war Damokles durch ein über ihm an einem seidenen Faden hängendes Schwert ständig in Lebensgefahr.

(7) vgl. Rosenblatt, Daniel: Gestalttherapie für Einsteiger. Eine Anleitung zur Selbst-Entdeckung. Wuppertal 1995.

(8) Im alten Testament hätten sich die verderbten Städte Sodom und Gomorrha vor Gottes Gericht erretten lassen, wenn sich eine Handvoll Bewohner mit gerechtem Lebenswandel hätten finden lassen - doch es fanden sich nicht einmal drei.

(9) Von der englischen Schriftstellerin Iris Murdoch stammen Romane mit sehr kompliziertem Gefüge, in dem die Figuren zudem ihre Ansichten plötzlich und radikal ändern, z. B. in „The Severed Head", „An Italian Girl" und „The Sea".

(10) Cyril Conolly, Herausgeber des Fortune Magazine (vgl. Kap. 1, Anm. 6), hatte diese Lebensweisheit formuliert, ohne dabei aus Therapieerfahrungen zu schöpfen.

(11) „Trick or treat" ist der Ruf der Kinder an Halloween, wenn sie in Verkleidung bei den Nachbarn um Süßigkeiten betteln. Bekommen sie diese („treat"), lassen sie den Nachbarn in Frieden; bekommen sie es nicht, spielen sie ihm üble Streiche („trick").

(12) Titel der deutschen Ausgabe: Conrad, Joseph: Herz der Finsternis. Frankfurt 1995

(13) vgl. Kap. 4, Anm. 15.   (14) vgl. Kap. 5, Anm. 11.

(15) Logan Pearsall Smith, amerikanischer Schriftsteller mit Veröffentlichungen von den zwanziger bis in die vierziger Jahre.

(16) Claire Boothe Luce war die Ehefrau von Henry R. Luce, dem Gründer des Time-Life-Magazins und des Fortune Magazins. Sie schrieb das satirische, freche, witzige reine Frauenstück „The Women". Nach dem Krieg gingen sie als Botschafter in das stark kommunistisch orientierte Italien und waren dort wegen ihrer konservativ-republikanischen Haltung sehr unbeliebt.

205

Edition Gestalt-Institut Köln / GIK Bildungswerkstatt im Peter Hammer Verlag

Daniel Rosenblatt

GESTALTTHERAPIE FÜR EINSTEIGER

Eine Anleitung zur Selbst-Entdeckung

Aus dem Amerikanischen von Marein von der Osten-Sacken
„Hier erfinde ich, was zwischen dir und mir geschehen könnte, damit du
eine Ahnung davon bekommst, wie das Denken und wie die Techniken
funktionieren, die womöglich benutzt werden, damit du wachsen, in
Berührung mit deinen Gefühlen kommen und versteckte Seiten deiner
selbst erforschen kannst, um du selbst zu werden."
119 Seiten / broschiert / ISBN 3-87294-699-4 / DM 19,80

Lore Perls im Gespräch mit Daniel Rosenblatt

DER WEG ZUR GESTALTTHERAPIE

Aus dem Amerikanischen von Ludger Firneburg

Mit der Geschichte der Gestalttherapie wird immer noch fast ausschließlich Fritz Perls verbunden. Der Beitrag seiner Frau Lore Perls bleibt häufig
unerwähnt, obwohl sie von Anfang an maßgeblich an der Entwicklung beteiligt war. Und nicht nur das. Lore Perls steht für einen ganz bestimmten
Stil: für liebevolle Aufmerksamkeit, für Wohlwollen, Einfühlungsvermögen
und Unterstützung der KlientInnen in einer sehr bodenständigen Arbeit.
Eben für die „mütterliche" Dimension der Gestalttherapie.
Dieses Buch macht zum ersten Mal eine Reihe von Gesprächen zugänglich, die Daniel Rosenblatt mit Lore Perls führte: Sie erzählt über ihre
Kindheit und Jugend, ihre Flucht aus dem Nazi-Deutschland und vor allem
über den Weg von der Psychoanalyse zur Gestalttherapie.
139 Seiten / broschiert / ISBN 3-87294-758-3 / DM 19,80

Herausgegeben von Anke und Erhard Doubrawa

206

Edition Gestalt-Institut Köln / GIK Bildungswerkstatt im Peter Hammer Verlag

Stephen Schoen
WENN SONNE UND MOND ZWEIFEL HÄTTEN
Gestalttherapie als spirituelle Suche

Aus dem Amerikanischen von Ludger Firneburg u. a.
Dieses Buch handelt von der spirituellen Dimension des Kontaktes zwischen TherapeutInnen und KlientInnen, besonders aus der Perspektive der Gestalttherapie. „Es könnte für Euch TherapeutInnen und KlientInnen verblüffend sein, wenn Ihr erkennt, daß Ihr in Eurer Therapie immer etwas Spirituelles tut'."
119 Seiten / broschiert / ISBN 3-87294-735-4 / DM 19,80

James S. Simkin
GESTALTTHERAPIE
Minilektionen für Gruppen und Einzelne
Aus dem Amerikanischen von Ruth Reinboth

Ein historisches Dokument der Gestalttherapie, von einem der ersten Gestalttherapeuten. Ein kraftvolles Buch, leicht zu lesen, gut verständlich und voll mit Anregungen für die eigene Suche als KlientIn. Eine Pflichtlektüre für TherapeutInnen, und für solche die es werden wollen.
126 Seiten / broschiert / ISBN 3-87294-634-X / DM 19,80

Arnold Beisser
WOZU BRAUCHE ICH FLÜGEL?
Ein Gestalttherapeut betrachtet sein Leben als Gelähmter

„Veränderung geschieht, wenn jemand wird, was er ist, nicht wenn er versucht, etwas zu werden, das er nicht ist."
Arnold R. Beisser, der diesen Satz in einem frühen Beitrag zur Gestalttherapie schrieb, hatte an der Stanford Universität Medizin studiert und gerade die nationalen Tennismeisterschaften gewonnen, als er im Alter von 25 Jahren an Kinderlähmung erkrankte und fast vollständig gelähmt wurde. In seinem Buch schildert Beisser eindrucksvoll seine Versuche, mit diesem radikalen Einschnitt in sein Leben fertig zu werden.
156 Seiten / broschiert / ISBN 3-87294-774-5 / DM 26,80

Herausgegeben von Anke und Erhard Doubrawa

Edition Gestalt-Institut Köln / GIK Bildungswerkstatt im Peter Hammer Verlag

Stefan Blankertz

DIE THERAPIE DER GESELLSCHAFT

Perspektiven zur Jahrtausendwende

Das Vorhaben des Autors Stefan Blankertz ist mutig in seiner Zielsetzung, zurückhaltend in der Forderung nach Nutzanwendungen, eindeutig in seiner Grundhaltung zu Moral und Würde. Aus Einsichten von Mystik, Philosophie und Theologie der Vergangenheit Einsichten für heute und morgen gewinnen, Geschichte aus dem Blickwinkel zum Ende des Jahrtausends sehen, führt bei Stefan Blankertz nicht zu neuen Lehr-gebäuden, sondern zu provisorischen Gedanken, knappen Argumentationen, Kurzgeschichten mit offenem Ausgang. So schreibt er nicht nur über die Therapie der Gesellschaft, sondern versucht sie auch praktisch voranzutreiben: Denn erst in der eigenen Stellungnahme der Leserinnen und Leser entsteht die wirkliche Einsicht.

226 Seiten / broschiert / ISBN 3-87294-781-8 / DM 29,80

Stefan Blankertz

GESTALT BEGREIFEN

Ein GIK-Arbeitsbuch zur Gestalttherapie-Theorie

Dieses Buch will die Frage beantworten, wie gestalttherapeutische Praxis und gesellschaftskritische Theorie miteinander verzahnt sein müssen, damit aus GestalttherapeutInnen nicht AnpassungstechnikerInnen werden. Es ist die Quintessenz aus 20 Jahren Studien zu Paul Goodman, dem Mitbegründer der Gestalttherapie, 15 Jahren Reflexion therapeutischer Theorie und 5 Jahren Erfahrung in der Ausbildung von GestalttherapeutInnen.

111 Seiten / A 4 / Spiralbindung / ISBN 3-87294-725-7 / DM 29,80

Frank-M. Staemmler und Werner Bock

GANZHEITLICHE VERÄNDERUNG
IN DER GESTALTTHERAPIE

Fritz Perls entfaltete sein therapeutisches Können mehr intuitiv als in theoretisch gesichertem Rahmen. Die Autoren dieses Buches folgen einer kritischen Revision der Entwicklung der Gestalttherapie und legen eine neue, systematische Beschreibung vor. Ein Buch, das aus mehr als einem Viertel Jahrhundert der praktischen und theoretischen Beschäftigung mit Gestalttherapie erwachsen ist.

140 Seiten / A5 / broschiert / ISBN 3-87294-780 DM 38,80

Herausgegeben von Anke und Erhard Doubrawa